NÉ POUR JOUER

DE LA MÊME AUTEURE

La Vie rêvée de Blanche Gardin, Archipel, 2020.
Daniel Auteuil. Sous le masque, Archipel, 2022.

NATHALIE SIMON
AVEC PIERRE ARDITI

NÉ POUR JOUER

Ses vérités

Robert Laffont

ISBN : 978-2-221-27630-3
Dépôt légal : novembre 2024
Éditions Robert Laffont – 92, avenue de France 75013 Paris
serviceclients@lisez.com

« Je passerai mon dernier quart d'heure à râler,
à râler d'indignation. »

René Fallet

À nos parents respectifs.

Cette biographie n'aurait pas été possible sans le concours de Pierre Arditi qui a joué le jeu en m'accordant des entretiens. Qu'il en soit ici, et d'emblée, très chaleureusement remercié.

Prologue

« Tu mourras vieux, toi ! » lui avait prédit Yvonne, sa mère belge, couturière et croyante. Pierre Arditi a passé le cap des 70 ans et fête ses 50 ans de carrière lorsqu'il évoque l'anecdote. Il regarde sa main avec attention : « C'est vrai qu'elle est belle ma ligne de vie… Moi, je n'y crois pas, mais j'y crois quand même… J'étais petit quand elle m'a dit ça. Dans les années 1950, 50 ans, c'était très vieux. Il n'est pas question que je m'en aille comme ça. » Surtout pas à l'époque – et encore moins aujourd'hui[1].

La première fois que Pierre Arditi pense à la mort, il a 7 ans. « C'est quoi la mort ? » demande-t-il à sa mère. Celle-ci répond : « C'est comme quand tu dors, mais tu ne rêves plus. » Le petit garçon est terrorisé. Depuis, l'adulte qu'il est devenu a toujours du mal à trouver le sommeil, ne dort que quelques heures par nuit et rarement profondément[2]. Le sujet le taraude tellement qu'il y a plusieurs années, il a commencé à écrire un livre dont il a déposé le titre : *Ce sommeil où l'on ne meurt pas*. De fait, le comédien n'a pas de temps à perdre et,

1. Entretien avec l'auteure, 4 septembre 2015.
2. Entretien avec l'auteure, 10 octobre 2023.

pour lui, dormir, c'est perdre du temps. « J'aurai toute la mort pour ralentir », prévient un Pierre Arditi qui ne fait rien à moitié et bénit ce qui lui arrive.

Cet insomniaque rappelle aussi volontiers ce que le général de Gaulle avait, un jour, répondu à un journaliste : « Je ne vais pas mal merci, mais rassurez-vous, un jour, je ne manquerai pas de mourir. » Par bonheur, début décembre 2022, le gaillard aux yeux sombres et brillants, toujours séducteur et roublard, me promet : « Ne vous inquiétez pas, je ne vais pas mourir maintenant ! » Un an plus tard, il surmontera trois malaises dus, semble-t-il, à la fatigue.

⋆

Valeur sûre du théâtre, du cinéma et de la télévision, omniprésent, marathonien du verbe, Pierre Arditi se présente comme un acteur « généraliste ». Le Covid, qu'il a attrapé, et les confinements successifs en 2019-2020 ne l'ont pas empêché de tourner plusieurs longs-métrages et séries à cette période-là et de préparer des pièces de théâtre. « Je n'arrête pas ! » se réjouissait-il tout en regrettant de ne pas pouvoir monter sur scène le soir.

Sa soif de jouer était et reste inextinguible. Le poids des ans ne freine pas ses ardeurs, sa frénésie, sa course en avant. D'après Bernard Murat, ancien patron du théâtre Édouard-VII et l'un de ses meilleurs amis, Pierre Arditi ne sait pas dire non. « Jusqu'à la fin de sa vie, il sera sur scène ou à l'écran, il mourra sur les planches[1]. »

Son comparse aime dire qu'il fait ce qu'il décide, au gré de ses envies. Et ce, depuis ses débuts. « On est l'acteur

1. Entretien avec l'auteure, 27 septembre 2023.

de l'homme qu'on est », répète-t-il. Arditi applique la consigne du dramaturge Henri Bernstein : « Il faut vivre violemment, il faut être terrible… » « À partir d'un certain moment, ce qui nous reste à vivre, c'est ce que nous avons vécu », soupire-t-il toutefois, dans un sourire angoissé, cet homme qui, quand il repense à sa jeunesse, devient nostalgique.

Le comédien a toujours aimé le mot « jouer ». « Je n'ai jamais été raisonnable, c'est un métier où il ne faut pas l'être », répète l'ancien fumeur. D'ailleurs, il a du mal à ne « rien » faire, bien qu'il prétende le contraire. Quand il séjourne en Normandie, il lit la presse, regarde les informations, les émissions politiques, fait son marché et cuisine en famille. On a vu comportements plus calmes.

Parler de boulimie à son sujet agace cet hyperactif. Plusieurs justifications viennent plutôt à son esprit lors des entretiens qu'il m'accorde : « Je vais avoir toute la mort pour me reposer, jouer c'est ma vie ! » « La jeunesse est avant tout un état d'esprit[1] », « Je ne suis pas un boulimique, boulimique, c'est une maladie, être boulimique, ça détruit, moi je fais du théâtre, de la télévision et du cinéma pour me construire. » « Il est hyperdoué, ça ne lui pose pas de problème[2] », admire de son côté Brigitte Fossey.

Fort de cette certitude, Pierre Arditi entend rester de plain-pied dans le présent. Travailler sans cesse l'empêche de penser à la fin inéluctable, d'être oppressé par l'angoisse de l'échéance fatale. Sur un plateau, il fait toujours beau, le temps est comme suspendu. « La mort m'emmerde », assène-t-il.

---

1. En 2019-2020 quand on lui suggère d'écrire sa biographie.
2. Entretien avec l'auteure, 4 septembre 2023.

Michel Vuillermoz, ancien sociétaire de la Comédie-Française, est impressionné par sa folle appétence : « Il tourne la journée, joue au théâtre le soir, dîne après avec une bouteille de bon vin, se couche, je ne sais pas à quelle heure, et se lève pour aller retourner avec un enthousiasme[1] ! »

À l'inverse d'Alain Delon, Pierre Arditi abhorre depuis toujours la solitude. Il affirme aisément qu'il ne pourrait pas vivre seul. Selon lui, le personnage dont il est le plus proche est le héros d'une nouvelle d'Edgar Poe, *L'Homme des foules*. « C'est un homme qui se promène dans Paris. À la tombée de la nuit, il se met à courir pour atteindre les quartiers éclairés. Au milieu des autres, il retrouve son oxygène[2]. »

1. Entretien avec l'auteure, 12 mai 2023.
2. *Le Figaro*, 11 juin 1983.

1

L'enfance

L'acteur est né Pierre, Marie – il doit ce prénom à sa mère qui était chrétienne –, Denis Arditi, le 1er décembre 1944, à la maternité Tarnier, rue d'Assas, dans le 6e arrondissement de Paris. Puis a vécu une enfance dont il aime se souvenir, au sein d'une famille adorée qui a habité pendant plusieurs décennies un grand et vieil appartement au quatrième et dernier étage d'un immeuble situé 35 rue des Martyrs, dans le 9e arrondissement de la capitale.

« Tout était ancien et vétuste, écrit sa demi-sœur Rachel dans un livre en partie autobiographique, *J'ai tout dans ma tête*. Le mode de chauffage au poêle, la cuisine où était demeurée une cheminée d'origine en faïence bleu et blanc, le parquet en point de Hongrie qui n'avait jamais été poncé et où tout pied nu posé prenait le risque de se planter une écharde, la baignoire à sabot dans ce qui était non pas une salle de bains, mais un minuscule cabinet de toilette. Chez mon père, point de sonnette : on frappait, comme dans les contes. Tout indiquait qu'on y vivait comme dans une ferme du XIXe siècle[1]. »

---

1. Rachel Arditi, *J'ai tout dans ma tête*, Paris, Flammarion, 2023.

Pierre Arditi, qui fait parfois un « pèlerinage » pour revoir les lieux, explique de son côté qu'« une bonne partie de ce [qu'il est] a été enfantée, au sens pur du terme, là[1] ». Et d'ajouter en souriant : « La guerre finie, mon père nous emmenait, qui sur le cadre du vélo, qui sur le panier derrière, on avait au moins 5 ans. Je me souviens de la plateforme des bus, du contrôleur qui passait le billet dans une machine qui faisait le même genre de bruit qu'un moulin à café. Et que quand le chauffeur redémarrait, il tirait sur un levier qui avait un bruit de chasse d'eau et que hop, le bus repartait[2]. »

Le comédien n'a pas non plus oublié les camions des éboueurs qui travaillaient à 5 heures du matin. « Les poubelles étaient en métal et c'est l'une des raisons pour lesquelles je ne dors pas trop le matin… Mais ces bruits me rassurent au fond, je suis vivant[3]. » Déjà fleur bleue, le petit Pierre tombe amoureux d'Anne-Marie, la jeune femme du Sélect, le café situé en face de l'appartement familial.

*

Rue des Martyrs, son père Georges, peintre, loue en plus un atelier d'une centaine de mètres carrés qui aurait été celui de Géricault. Le lieu donne sur un jardin de la rue Clauzel et sur une véranda qui mène à l'entrée principale de l'appartement. Pierre et Catherine, Rachel

1. Fabienne Pascaud et Thierry Thomas, *Pierre Arditi, un acteur au présent*, documentaire, collection « Empreintes », 2010.

2. Entretien avec l'auteure, 10 octobre 2023.

3. Entretien avec l'auteure, 15 janvier 2023.

et Danièle, les quatre enfants, assistent à des cours d'escrime dans le jardin. Solitaire, tel un ours, l'artiste passe, lui, des heures dans sa tanière. Mais quand il en ouvre la double porte, c'est pour s'occuper de ses rejetons, gamins émerveillés par les couleurs et les taches de peinture qu'il y a partout dans l'atelier, mais qui n'ont pas le droit de toucher aux tableaux.

« Nous étions petits, se souvient Catherine Arditi. Papa craignait qu'on abîme des choses. Quand on rentrait de l'école, maman disait : "Allez dire bonjour à Papa." "Qu'est-ce que c'est ?" demandait celui-ci d'une voix forte. "C'est nous, papa." "Ah, oui, bon, j'arrive !", lançait-il, faussement agacé[1]. »

Pierre Arditi est un garçon choyé. Yvonne Leblicq et Georges Arditi s'entichent de ce premier bébé aux bonnes joues et aux yeux écarquillés. La sœur de Pierre, Catherine, voit le jour, elle, le 14 février 1946. Ils ont quatorze mois de différence. Fragile, la fillette ne pèse que deux kilos et demi à la naissance, ne supporte pas le lait et a tendance à maigrir. Un grand pédiatre prévient même sa mère qu'elle a peu de chance de survivre.

Inquiète, cette dernière porte souvent Catherine dans ses bras. Pierre, petit diable turbulent, incontrôlable et égoïste, jaloux, ne supporte pas de ne plus être le roi de la maison. Il se montre exclusif, en particulier avec sa maman. « J'étais un garnement possessif, égocentrique, et narcissique déjà, mais très possessif surtout, se remémore-t-il à 42 ans, sourire aux lèvres, sur le fameux *Divan* jaune, émission de Henry Chapier. C'est-à-dire que je me croyais propriétaire de mon père, de ma mère, de ma sœur et de l'univers qui m'entourait. J'étais le patron

1. Entretien avec l'auteure, 5 septembre 2023.

absolu de tout ça et je faisais payer cher aux autres s'ils ne voulaient pas me laisser faire[1]. »

*

Retour en 1939, cinq ans avant la naissance du petit Pierre. À la déclaration de guerre, Georges tente de s'engager, mais il est réformé pour raison de santé. En juillet 1940, il déclare au gouvernement de Vichy, la loi l'y contraignant, qu'il est juif. Mais il refuse de porter l'étoile jaune et se révolte même quand ses propres parents, Esther et David, cousent le bout de tissu sur leurs vêtements[2].

Bientôt, sentant que la situation est grave et que le sort des Juifs est périlleux, il part gare de Lyon avec des membres de sa famille, son chevalet sous le bras, pour prendre le dernier train et se réfugier en zone libre. « Il s'est rendu à Marseille avec ses deux frères, Joseph, surnommé "Poulou", leur sœur Denise, la famille Saïas, Laure, la sœur de notre grand-mère avec son mari Lazare Saïas, et leurs enfants, précise Catherine Arditi. Ils ont ensuite habité à quinze dans un deux-pièces du boulevard Sidi-Brahim. Où notre grand-mère préparait à manger sur un réchaud à alcool[3]. »

Avec les bombardements, les voies abîmées, le trajet vers la Cité phocéenne a été chaotique. Alors que la famille s'est arrêtée dans une pension à Aurillac, en Auvergne, Georges croise une jeune femme en vacances avec ses parents. Une splendide Belge de huit ans son

1. France 3, 1987.

2. Catalogue de l'exposition *Georges Arditi (1914-2012). D'un réel à l'autre*, Milan, Silvana Editoriale, 2023. Exposition musée Estrine et la Piscine de Roubaix, 17 février-28 juillet 2024.

3. Entretien avec l'auteure, 5 septembre 2023.

aînée dont il tombe immédiatement amoureux. Elle se prénomme Yvonne. Cette dernière ne résiste pas à son beau regard sombre. Inspiré, Georges dessine de nombreux portraits de la jeune femme. Dont la vente financera le retour d'Yvonne et de sa famille à Bruxelles, à la fin de l'exode. La distance ne jugulera pas leur amour puisqu'elle le rejoindra dans le Paris occupé, où Georges revient parfois, avec prudence, revoir les siens.

Le peintre franchit un jour de 1942 la ligne de démarcation à Châteauroux. Mais une autre fois, sans nouvelles d'Yvonne, il risque sa vie malgré l'avis défavorable de ses proches en allant la chercher à Bruxelles. « Lui, Juif de Salonique, l'a ramenée à Paris en traversant la Suisse avec l'aide d'un passeur, explique Pierre Arditi. Quand elle était fatiguée, mon père l'a portée sur son dos. À un moment, ses lacets ont lâché et ils ont entendu les chiens des Allemands qui gardaient la frontière. Il restait quelques mètres avant d'être hors de danger, ils ont passé de justesse la ligne[1]. »

Ensuite, direction Marseille. Ils ne peuvent pas se marier – Yvonne a divorcé d'un premier mariage – mais s'en moquent. Ils ne s'uniront qu'en 1971. Catherine Arditi possède d'ailleurs un dessin au crayon représentant sa mère signé par son père, conçu à Paris en 1972. « Je l'ai fait en trente-six heures, sans un seul coup de gomme[2] », avait-il lancé, pas peu fier.

« J'ai été chéri, confie Pierre Arditi. Ma mère nous a chéris tous les deux, Catherine et moi, mon père aussi, mais j'étais l'enfant préféré par rapport à ma sœur, qui a été merveilleusement traitée, mais autrement[3]. » L'intéressée ne s'est elle-même jamais sentie lésée.

1. Entretien avec l'auteure, 14 janvier 2024.
2. Entretien avec l'auteure, 5 septembre 2023.
3. Entretien avec l'auteure, 10 octobre 2023.

Au contraire, elle a toujours adulé son frère et recherché son soutien. Elle est d'ailleurs systématiquement présente quand il est récompensé par ses pairs ou pour l'ensemble de sa carrière (Légion d'honneur…). Lui est venu avec sa femme, Évelyne Bouix, quand elle a été élevée au grade de chevalier de l'ordre national de la Légion d'honneur en 2016. Une fratrie solide.

Le passé de la famille n'en est pas moins douloureux. Les frères de Georges Arditi sont morts : Joseph a été arrêté à La Cadière, dans le Var, et déporté à Auschwitz en décembre 1943. Il n'en est pas revenu. Quant à Jacques, il a été emporté par une lame de fond aux Sables-d'Olonne à l'âge de 17 ans, au cours de l'été 1934, sous les yeux de Georges. Le cœur brisé, les parents ont reporté leur amour sur leur dernier fils ainsi que sur sa progéniture. « On était les seuls petits-enfants, ce qui explique que nous ayons été très gâtés par notre grand-mère », confie Catherine Arditi.

Georges raconte aussi à ses enfants que, pendant la Seconde Guerre mondiale, l'appartement de la place Wagram a été mis sous séquestre comme « bien juif ». En 1943, avec Yvonne, alors enceinte de Pierre, le peintre a loué un petit appartement dans la Cité des fleurs, dans le 17e arrondissement de Paris. Il a fait son possible pour aider les résistants, utilisant le pseudonyme de Guéret, qu'il a trouvé en posant au hasard le doigt sur une carte de France. Il a d'ailleurs prêté ce nom à Pierre Kahn-Farelle, dit Pierre-des-faux-papiers, dont le réseau, composé de vingt-cinq camarades, fabriquait fausses cartes d'identité, documents contrefaits et tampons pour le mouvement Libération. En échange, celui-ci a loué plus tard au couple un nouveau logement, rue de la Cerisaie.

« En mars 1944, les résistants ont été dénoncés et raflés par des Allemands, raconte Catherine Arditi. Onze d'entre eux, dont Pierre Kahn-Farelle, ont été exécutés. Papa a été sauvé par la concierge, qui l'a prévenu. » Une plaque témoigne encore aujourd'hui de la présence de résistants dans la Cité des fleurs.

⋆

Il n'y a pas beaucoup d'argent dans la famille Arditi. Bohème, Georges a du mal à joindre les deux bouts. Il est occupé à peindre des tableaux ou des décors de théâtre. « On était complètement fauchés[1] ! » confirme l'artiste. Qui l'écrit à son cousin Georges Canetti[2], quelques jours avant Noël (1947 ?) : « Notre situation matérielle ne s'améliore pas. Yvonne a commencé à coudre ces temps-ci, mais les commandes sont longues à venir. Pour pouvoir le faire, nous avons pris quelqu'un pour les enfants. » Touché, son cousin lui donne parfois de l'argent.

« [Ma mère] a transformé le monde quotidien où il n'y avait pas de moyens en monde où tout semblait être là, à profusion, admire Pierre Arditi. Je ne sais pas comment [mes parents] se débrouillaient puisqu'ils n'avaient pas de fric[3] ! »

D'après Catherine Arditi, Yvonne était une femme au foyer « exceptionnelle » : « Papa peignait beaucoup,

1. *Vivement dimanche*, 14 janvier 2001.

2. Médecin chercheur et biologiste et frère d'Elias Canetti, prix Nobel de littérature et de Jacques Canetti, fondateur des Trois Baudets.

3. Fabienne Pascaud et Thierry Thomas, *Pierre Arditi, un acteur au présent*, *op. cit.*

mais ça ne rapportait pas tellement. Alors Maman cousait pour nous faire vivre, elle passait des nuits blanches à travailler[1]. » « Je n'ai jamais vu qu'il n'y avait pas beaucoup de sous chez nous », reprend son frère.

Une lettre de Georges adressée à Yvonne, datée du 28 août 1948, témoigne des difficultés financières de la famille et du dévouement de sa compagne. « Je t'avoue que je ne comprends pas bien pourquoi tu t'échines tous les soirs ? Certes, je sais qu'on ne fait pas ce qu'on veut dans ce damné métier, mais tout de même, tous les soirs ! Je comprends fort bien et imagine mieux encore, hélas, combien tu dois être épuisée à ce rythme… À part une femme de ménage, un certain nombre d'heures par semaine, je ne vois pas actuellement ce que nous pourrions envisager de mieux. Quelqu'un pour garder les enfants ? Ce serait folie. Tu sais où nous en sommes. Ce que tu gagnerais paierait juste le personnel, et encore. Quant à moi, je ne sais quand il me rentrera de l'argent[2]. »

Même lorsque l'argent commencera à rentrer, Yvonne refusera que leurs « poussins », Pierre et Catherine, déjeunent à la cantine de l'école. Cordon-bleu, elle préfère leur préparer les volailles à la crème et les frites aussi croquantes que légères dont « Pierrot » et sa sœur « Kiki » n'ont jamais retrouvé le goût. « Maman cuisinait aussi très bien la blanquette de veau et le lapin à la moutarde que Pierre adore[3] », se souvient Catherine Arditi.

« Elle s'occupait de tout le monde, était toujours souriante, très maternelle, je l'appelais Babouchka[4] », raconte de son côté la comédienne Évelyne Dandry,

---

1. Entretien avec l'auteure, 5 septembre 2023.
2. Correspondance de Georges Arditi, prêtée par Rachel Arditi.
3. *Ibid.*
4. Entretien avec l'auteure, 1er février 2024.

proche de la famille et qui a connu Yvonne. D'après la journaliste Viviane Blassel, premier grand amour de Pierre Arditi qui l'a vue aussi, elle était « moins femme au foyer » qu'on pouvait le croire tout en l'étant : « Elle préparait les meilleures boulettes de viande que j'ai jamais mangées de ma vie ! Elle était accueillante, sereine, ouverte, relativement effacée, mais en même temps très présente[1]. »

« Décidément, tu as mis la main sur un mauvais numéro avec moi, ma pauvre chérie, tu méritais certainement mieux », se désole de son côté Georges, le 9 août 1946, dans un courrier envoyé du village du Castellet, dans le Var. Désargenté comme souvent, il est descendu travailler dans le Sud avec l'espoir que Modiano, un de ses amis, lui achètera une des toiles quand il rentrera à Paris. « Et toi, ma bonne chère femme, que fais-tu alors ? Comment te débrouilles-tu avec les boules[2] ? Ne sont-ils pas trop difficiles ? demande-t-il à Yvonne. Quand tu as un coup de collier à donner avec la couture, laisse Pierre chez maman. N'aie pas peur, il n'y est pas mal et ça te permettra de travailler plus tranquillement[3]. »

Un jour, pour les soulager, un couple d'amis propose aux Arditi d'emmener leurs enfants à la campagne, en banlieue. « On va les prendre chez nous, ça vous fera du bien », assurent-ils. Mais la séparation est difficile. Catherine pleure le jour et la nuit, Pierre est triste. « Les gens nous ont ramenés à la maison, se souvient la comédienne. Ma mère était si malheureuse que, de son côté, elle n'avait pas pu travailler. Elle a tout rattrapé quand

---

1. Entretien avec l'auteure, 6 janvier 2024.
2. Pierre et Catherine.
3. Correspondance de Georges Arditi prêtée par Rachel Arditi.

on est rentrés. Nous, on se moquait de se retrouver à la campagne ou ailleurs, on voulait être avec elle. Et on ne supportait pas d'être loin d'elle. »

Pierre Arditi explique que sa mère a été, pour son père, une « partenaire de vie et de créativité ». Yvonne était, dit-il, « femme de peintre, un métier à part entière »[1]. De fait, couturière à son compte, c'est elle qui fait vivre le ménage et veille sur leur progéniture comme sur la prunelle de ses yeux.

« Elle avait une qualité de regard sur le monde et sur la vie, une tolérance extrême et un amour des autres qui, à mon avis et à mon sens, est tout ce qu'il faut être dans la vie, déclare-t-il un jour. Alors je lutte avec moi-même pour essayer de rejoindre l'image de ma mère qui me poursuit, dont je n'ai pas du tout envie de me débarrasser[2]. »

Née en 1906, à Bruxelles, Yvonne Arditi s'éteint le 15 novembre 1982, à l'âge de 76 ans. Des suites d'un cancer. Pour son fils, c'est une déflagration. Il a 38 ans, est en train de tourner *La vie est un roman* sous la direction d'Alain Resnais[3], vit dans le 14e arrondissement, près de la rue Froidevaux[4] (« Pour s'appeler comme ça, il faut le faire[5] ! » s'esclaffe-t-il). Afin de garder une proximité avec elle, il obtient de la faire enterrer au cimetière du Montparnasse, rue Lalande, à deux pas de chez lui. « Je voulais qu'elle ne soit pas loin, confie-t-il. J'avais réussi

1. Entretien avec l'auteure, 10 octobre 2023.
2. *Le Divan* de Henry Chapier, France 3, 1987.
3. Le metteur en scène est mort le 1er mars 2014, à l'âge de 91 ans.
4. De 1978 à 1984-1985, d'après Frédéric Arditi, entretien avec l'auteure, 23 février 2024.
5. Entretien avec l'auteure, 15 janvier 2024.

à avoir une concession là. Quand je sortais, je pouvais lui dire : "Bonjour Maman, je reviens." Je lui parlais… et je lui parle toujours. J'ai même eu la sensation qu'elle avait froid sous la terre, moi qui suis totalement athée ! » Et d'écrire, à la fin des années 1980, dans *Libération* : « Je me souviens que ma mère n'est pas morte, qu'elle a froid en ce moment sous la terre parce qu'il fait froid et qu'elle le sent justement parce qu'elle n'est pas morte. » Un ressenti qu'il reprend dans une émission de Mireille Dumas : « Quand ma mère est morte, je suis allé dans l'appartement et on est allés trier les papiers, ce qui n'est jamais très marrant… J'ai trouvé un dessin, qui est maintenant chez moi. Derrière, il y avait un mot manuscrit de ma mère qui m'était adressé, et que je n'avais jamais vu… J'ai gardé ce mot. Il m'a fait beaucoup de mal et, en même temps, beaucoup de bien. C'est une trace absolument indélébile que tout a eu lieu. Je ferai la même chose avec mon fils afin de lui dire qu'il ne faut pas qu'il ait mal le jour où je disparaîtrai et que, sans doute, je serai quelque part[1]. »

⋆

Mais n'anticipons pas. Et revenons à l'enfance de Pierre et Catherine. Tous les dimanches, ils déjeunent chez « Mémé Étiennette », leur grand-mère paternelle et son mari, « Daddy », qui habitent au 3 place Wagram, dans le 17e arrondissement de Paris. L'appartement, que la famille occupe depuis 1914, appartenait à Bella Asséo, la grand-mère maternelle de Georges Arditi. S'il a été pillé en 1942, ils ont pu y reloger. Georges, Yvonne et les

1. « Pierre Arditi : la vie, l'amour chez Mireille Dumas », *Vie privée, vie publique*, France 3, 12 décembre 2009.

enfants y ont même vécu un temps avant d'emménager rue des Martyrs.

Pierre y apprend à pédaler sur un tricycle, puis sur un « vrai vélo » à deux roues, « naturellement ». « On m'avait peut-être prêté celui d'un autre enfant. C'est aussi comme ça que j'ai appris à nager. Un jour, je n'ai plus utilisé de bouée[1]. » Quant à Mémé Étiennette, elle était un « personnage balzacien » dira-t-il. Ainsi, elle fait cuire un poulet dans un tout petit four à bois et donne à Catherine et à Pierre, avant tout le monde, les morceaux de « blanc » tout chauds. Alors que la volaille rôtie, comme le gigot d'agneau qu'elle prépare à la perfection, sont des plats coûteux à l'époque. « J'en ai mangé des bonnes des volailles, mais je n'ai plus jamais retrouvé le goût des siennes, se remémore en salivant le comédien. On avait un poulet par tête de pipe, ou un pigeon, ou un canard[2]. » Et sa sœur de préciser : « En arrivant chez elle, on entendait le crépitement du poulet qui finissait de cuire. Pierre et moi, on en salive encore[3]. »

« J'avais une grand-mère qui nous jugeait bien si nous allions aux toilettes et en fonction de ce que nous y avions fait. La petite commission nous voyait qualifier de gens moyens, la grosse, de gens très bien, de rois du pétrole ! » rit Pierre Arditi. De fait, chez l'aïeule, les deux enfants sont au paradis. « Quand on revenait de là-bas, par réflexe, on demandait des œufs à la coque à 3 heures du matin. "Non, mais tu vas me faire le plaisir d'aller dormir immédiatement !" grognait notre mère pour remettre les pendules à l'heure[4]. »

1. Entretien avec l'auteure, 15 janvier 2024.
2. Entretien avec l'auteure, 10 octobre 2023.
3. Entretien avec l'auteure, 5 septembre 2023.
4. Entretien avec l'auteure, 15 janvier 2024.

Des parents très attentionnés, eux aussi. Yvonne leur achète par exemple les albums de *Tintin*. « Nous avions une espèce de rite, raconte Catherine. Dès qu'un album paraissait, assis sur le lit chacun d'un côté, maman nous le lisait. Et on le relisait seuls ensuite[1]. » Pierre dévore ces bandes dessinées en avalant des bouts de pain trempés dans des œufs crus battus avec du lait et du sucre ou des crèmes au chocolat Mont-Blanc.

Un jour, les gamins attrapent les oreillons. Yvonne offre alors *Tintin à l'oreille cassée* à Pierre et *Tintin en Amérique* à sa sœur. « Lire *Tintin* petit vous marque à vie, pense Bruno Podalydès. C'est une littérature plutôt masculine. Lue par sa mère, Pierre a dû se l'approprier autrement. Je vois très bien tout son cheminement[2]. »

*

Les enfants posent parfois pour leur père. « Taisez-vous ! » leur commande ce dernier lorsqu'ils s'agitent trop. Une huile sur toile datée de 1950 les représente regardant dans sa direction. Pierre, 6 ans, est debout en arrière-plan derrière un gros bouquet de fleurs, Catherine, assise sur une chaise plus grande qu'elle, les mains croisées sur les genoux. « On n'avait pas le droit de bouger[3] », confirme-t-elle. « J'étais petit, je n'avais pas la patience, renchérit son frère. C'était un cauchemar, il ne fallait pas remuer un doigt. "Reste tranquille !" disait-il sans cesse. »

1. Entretien avec l'auteure, 5 septembre 2023.
2. Entretien avec l'auteure, 15 septembre 2023.
3. Entretien avec l'auteure, 5 septembre 2023.

Ce ne sera pas le cas de leurs demi-sœurs, Danièle et Rachel, nées des amours de Georges Arditi avec Nicole Paroissien, une Australienne, traductrice d'anglais, dont il tombe amoureux en 1970. Elle a 26 ans, est rayonnante, ils se retrouvent souvent chez des amis dans le sud de la France, elle est évidemment son modèle, ils tombent amoureux.

Danièle naît le 6 mai 1974. Rachel, deux ans plus tard, le 18 juillet 1977. Georges veille sur elles en secret pendant huit ans. « Catherine nous avait offert à Danièle et à moi la même robe noir et bordeaux, mon père avait dit : "Il est bien ce motif", raconte Rachel. Catherine et Pierre ont été au courant de notre existence dès notre naissance, mais ont souhaité, par respect pour leur mère, ne pas nous rencontrer tout de suite[1]. »

Georges se montre plus tolérant avec ses petites dernières qu'autrefois avec leurs aînés. « Tout ce que vous voulez mes amours », leur murmure-t-il avant de les installer devant la télévision, ce qu'il n'aurait jamais dit ou accepté auparavant. De fait, les fillettes sont sages comme des images. Et pour cause, elles ont le regard fixé sur les dessins animés ! Elles aussi, il les peint. « Il nous demandait de rester immobiles, explique Rachel, qui a choisi un portrait que son père a fait d'elle pour la couverture de son livre. Danièle et moi regardons dans la même direction, nous avons l'air absorbées, comme les personnages de mon père, d'ailleurs. Parce qu'on se levait tôt pour regarder *Inspecteur Gadget*[2] ! » Un comportement qu'il refusait à Catherine et Pierre, Georges Arditi n'ayant jamais voulu entendre parler de télévision, cet objet rare et coûteux dans les années 1950,

1. Entretien avec l'auteure, 20 octobre 2023.
2. *Ibid.*

lorsqu'ils étaient petits. Tout juste la regardaient-ils le mercredi soir, veille du jour férié, chez Mémé Étiennette qui avait acheté un poste à leur seule intention.

En vieillissant, le peintre s'est donc montré plus compréhensif avec la jeune génération. Celle de ses filles comme de ses petits-enfants. Frédéric, surnommé « Ploufi », le fils de Pierre Arditi et de la comédienne Florence Giorgetti, né le 19 juin 1969, à Paris, est également, du haut de ses trois pommes, privilégié. Son grand-père laisse barbouiller celui qui deviendra aussi un artiste à son aise sur les toiles et les murs. Voire s'exprimer sur celles qu'il a déjà exécutées ! « J'ai repeint l'atelier de mon grand-père du sol au plafond avec mon cousin Alexandre[1] », raconte ainsi Frédéric Arditi dont le timbre de voix ressemble à celui de son propre père. « Vas-y, mon petit chéri, je repeindrai après », lui susurrait Georges avec tendresse. Au grand dam de son père ! Et il précise : « Quand Pierre disait à son père : "Ce n'est pas normal qu'il puisse s'approcher des tableaux et peindre dessus", mon grand-père répondait : "Si, c'est normal, parce que ce n'est pas la même époque de ma peinture. À celle où Ploufi était petit, j'étais jeune, c'était ma période abstraite. Cela ne me dérangeait donc absolument pas qu'il vienne à l'atelier, peigne et recouvre les tableaux s'ils ne lui plaisaient pas." L'argument peut s'entendre car, lorsque Pierre et Catherine étaient enfants, George était dans une période ultra-classique, italienne, quattrocento et compagnie, il était hors de question que deux mômes s'approchent à moins de dix mètres d'une toile. »

⋆

1. Entretien avec l'auteure, 23 février 2024.

À 7 ans, Pierrot ne tient pas en place. Il peine à saisir les lignes que son père esquisse au fusain noir sur la toile blanche. « Enfant, lorsque je regardais mon père peindre, chacun de ses coups de pinceau me semblait être une sorte de "passe" mystérieuse, incompréhensible, qui fascinait et heurtait à la fois ma raison enfantine. Son "trait" était épais ici, transparent là, brouillé ailleurs[1]. »

Quand Pierre lui demande pourquoi il peint comme ça, Georges lui répond : « Si je pouvais te dire pourquoi je peins comme ça, je ne peindrais pas ! » « Je crois que c'est la réponse du peintre Paul Delvaux, déjà âgé, à une demoiselle, précise Arditi fils, qui compare d'ailleurs l'art du comédien à celui du peintre[2]. "Pourquoi tu joues comme ça ?" demande-t-on souvent. Je ne sais pas. Tous deux, nous sommes artistes. Mais le peintre est seul, lui, si personne ne vient le voir, il n'existe pas. On a cet avantage, nous les acteurs, d'être des coauteurs – pour être prétentieux – avec l'auteur. Les gens viennent ou pas, mais il existe une réponse. Alors que j'ai toujours connu mon père dans une solitude étonnante. Ça ne veut pas dire que les gens ne venaient jamais voir ce qu'il faisait, puisqu'il vendait, mais je me souviens très bien de sa solitude, sa blouse tachée, les traces de peinture qui recouvraient le parquet, il s'en foutait[3]. »

⋆

Pierre et sa sœur vont à l'école, au 35 rue Milton, à deux pas de la rue des Martyrs. Pierre chez les garçons,

---

1. Pierre Arditi (avec Christophe Casazza), *Le Goût de ma vie*, Paris, Hugo Doc, 2019.
2. Entretien avec l'auteure, 10 octobre 2023.
3. Entretien avec l'auteure, 15 janvier 2024.

Catherine chez les filles. « Dès que je rentrais, ma mère était dans la cuisine. Alors je criais "Je joue !", je fermais la porte de ma chambre, et tout le monde savait qu'il ne fallait pas me déranger jusqu'au dîner... » explique son personnage dans *Lapin*, la pièce que Samuel Benchetrit a écrite pour lui et Muriel Robin en mai 2023, où il incarne un double de lui-même qui s'appelle d'ailleurs Pierre Arditi.

Dans cette œuvre, l'humoriste demande à ce comparse à quoi il jouait enfant. « Pierrot » répond : « Aux films que je voyais, aux pièces, aux grands acteurs... À Michel Simon, à Louis Jouvet... je transformais ma chambre, j'arrangeais les lumières et le mur contre mon lit disparaissait, cela devenait une salle, une grande salle, pleine d'un public venu me voir, m'écouter... C'était le plus beau théâtre de Paris, ma chambre[1]... » Le vrai Pierre et son double ne font qu'un.

Avec leurs copains de l'immeuble de la rue des Martyrs – il n'y a que des garçons –, Catherine et Pierre collectionnent les points Tintin sur des paquets de café. Au bout d'un certain nombre, leur mère les emmène à la Maison de Tintin, à Bruxelles, pour les échanger contre des décalcomanies et des figurines du héros d'Hergé.

Car les enfants passent souvent leurs vacances avec Yvonne chez « Bon-Papa Leblicq » qui vit dans la capitale belge. Leur grand-mère maternelle, Delphine Joséphine Kuppens, est morte quand Catherine était bébé. « Elle m'a pris dans ses bras, mais je ne l'ai pas connue[2] », observe Pierre Arditi. Durant ces congés, les deux enfants s'amusent avec leur cousin Jean-Claude,

1. Samuel Benchetrit, *Lapin*, Paris, L'Avant-scène théâtre, 2023, p. 76.
2. Entretien avec l'auteure, 15 janvier 2024.

le fils du frère d'Yvonne, « oncle Jean », marié à « tante Ninette ».

Le petit Pierre fait de la patinette dans les couloirs de l'appartement de ses grands-parents – en parquet – et considère aujourd'hui la Belgique comme sa seconde patrie. Quand il se rend à Bruxelles, il verse même quelques larmes en voyant la Grand-Place. L'une de ses madeleines de Proust ? Le tramway. Il n'oublie pas non plus de déjeuner ou de dîner au restaurant de l'Hôtel Amigo. « Le monde vu en Belgique ressemblait à la France, explique-t-il. Il était à la fois étranger et familier. Pour autant, à nos yeux d'enfants, ce pays représentait l'étranger. Où l'on parlait la même langue, qui n'était pas loin, même si le train à vapeur mettait quatre heures. Dans les wagons avec les compartiments, on voulait les places près des fenêtres, qu'on ouvrait pour avoir l'impression de conduire nous-mêmes la locomotive. Résultat, au terminus, nous étions noirs comme des charbonniers ! Le pays était donc familier, mais avec des gens et une nourriture différents, sans oublier l'attrait des bandes dessinées *Tintin*, *Blake et Mortimer*, que je continue à lire[1]… »

Dans les années 2000, Arditi reviendra à Bruxelles pour assister à un concert de Johnny Hallyday au stade du Heysel. « Nous sommes allés dans sa loge. Il a fumé trois paquets de cigarettes en une heure. Je me suis dit : "Il ne pourra pas chanter", mais il est ensuite entré en scène et a chanté comme s'il n'avait jamais fumé de sa vie ! Il a tout cassé. Comme tout le monde, Évelyne et moi étions en transe. Après, avec son équipe et quelques proches, nous avons traversé Bruxelles, accompagnés par la quasi-totalité des motards de la ville. Ils devaient être une centaine. Nous sommes arrivés au restaurant

1. Entretien avec l'auteure, 10 octobre 2023.

Le Mozart. "Je viens là pour l'anguille au vert", m'a confié Johnny – je l'ai goûtée, c'était très bon. »

Une seule fois, Catherine et Pierre sont partis en colonie de vacances, animée par une organisation communiste appelée Les Vaillants. Georges Arditi, qui un temps avait vendu *L'Humanité* dans la rue (plus tard, il lira *Le Monde*), « avait sa carte du parti, mais des amitiés dans d'autres bords politiques[1] », précise sa fille Rachel. « À la maison, on était de gauche… raconte celle-ci. Pas ma mère, qui votait à droite, mais je pense que c'était pour embêter papa[2]. »

Ces semaines-là, Pierre et Catherine dorment sous des toiles de tentes. « Les monos avaient 16 ou 17 ans, on avait l'impression que c'étaient des grands », s'esclaffe l'actrice. Son frère se souvient surtout d'une petite Annie qui ressemblait à un garçon manqué. « Elle avait du charme, elle avait un ou deux ans de plus que moi », révèle-t-il pensif.

⋆

Plus jeune, Pierre voit bien que son père est un homme atypique, original. Quand ils prennent le métro ensemble, son apparence le gêne. Notamment parce que Georges porte un duffle-coat, considéré à l'époque comme un « vêtement de pauvre ». Avec le recul, il regrette ce sentiment : « Ça tenait chaud, ce n'était pas cher et il y avait beaucoup de peintres qui en portaient. Il mettait aussi de grosses chaussures. Ce style n'était pas pour être à la mode ou un uniforme, il avait des

1. Entretien avec l'auteure, 20 octobre 2023.
2. Entretien avec l'auteure, 5 septembre 2023.

chemises à col ouvert ou quelquefois des cravates très colorées. Il avait déjà une volonté de vivre autrement, avec la couleur. Il était en fait à la fois dégingandé et décontracté, plein de grâce et d'élégance[1]. »

Georges Arditi attachait de l'importance à son apparence, hors des codes d'alors. Quand il aura un peu de sous, dans les années 1960, le peintre s'achètera parfois une veste chez Arnys, maison chic du 14 rue de Sèvres, à Paris.

Devenu adulte, son fils l'a d'ailleurs imité. « Un jour, il nous a fait visiter son appartement rue Bonaparte, près de la place Saint-Germain-des-Prés, et montré les placards remplis de costumes[2] », raconte le producteur Jean-Pierre Guérin. Viviane Blassel, journaliste de mode, renchérit : « Pierre a toujours aimé les beaux vêtements[3]. »

Reste que quand on est enfant, le look « décalé » ou l'originalité d'esprit d'un père ne sont pas toujours évidents à assumer par rapport à ses camarades. Les pères de ceux-ci, des médecins ou des avocats, préféraient le costume-cravate et les manteaux classiques. Ils possédaient aussi une voiture – souvent un gros modèle –, voire une maison de campagne… alors que Georges Arditi, lui, n'a pas le permis de conduire, il ne le passera que le jour où Pierre fera son service militaire.

« Vous savez que les enfants n'aiment guère les parents qui ne ressemblent pas aux autres, parce que ça leur fait peur, observe Pierre Arditi. Mais mon père m'a expliqué que l'essentiel n'était pas là[4]. »

1. Entretien avec l'auteure, 10 octobre 2023.
2. Entretien avec l'auteure, 23 janvier 2024.
3. Entretien avec l'auteure, 6 janvier 2024.
4. Entretien avec l'auteure, 10 octobre 2023.

Catherine Arditi en sait quelque chose : « Quand on est petit, ça gêne parce qu'on veut être dans le moule, mais en grandissant, vers 14-15 ans, au contraire on en devient fier. Lorsque les copains venaient à la maison, mon père leur montrait ses tableaux[1]. » « Souvent, on a envie de ressembler à ses parents, d'avoir leur style, mais moi ce n'était pas le cas plus jeune », admet son frère.

« Nous étions pauvres, mais riches d'une autre manière[2] », estime pour sa part Rachel Arditi. Avec sa sœur, elle prend des cours de piano. Leur mère les réveille ou les endort en leur faisant écouter des nocturnes de Chopin, Mozart, Beethoven ou Verdi. Un jour, le professeur de musique conseille à leur père d'acheter un piano. Désireux de faire plaisir à ses enfants, celui-ci emprunte de l'argent ou pioche dans ses économies et leur offre un Hoffmann. Rien de moins. Ses enfants, George Arditi les a nourris d'affection et d'art.

⋆

Ainsi, un jour de 1958, Georges Arditi emmène Pierre, 13 ans, et sa sœur, 11 ans, voir *Amphitryon* de Molière dans une mise en scène de Jean Meyer à la Comédie-Française. Assis au poulailler, les enfants n'en perdent pas une miette. Le comédien qui incarne le rôle de Sosie les bouleverse : Robert Hirsch[3]. Le petit Pierre, en le découvrant, a le cœur qui bat vite. « Il est devenu notre héros, notre dieu, dit-il aujourd'hui. Après cette représentation, quand mon père nous demandait ce qu'on voulait voir, nous répondions toujours : "Robert

1. Entretien avec l'auteure, 5 septembre 2023.
2. Entretien avec l'auteure, 20 octobre 2023.
3. Le serviteur d'Amphitryon.

Hirsch !" Nous avons vu Sosie quinze, vingt fois, nous connaissions ses répliques par cœur. Hirsch avait déjà inventé Bouzin[1] ! Il était une pièce dans la pièce, un missile, il n'arrêtait pas, un vrai ressort. Je me demandais comment il pouvait être aussi à l'aise avec son corps, "se mélanger" ainsi. J'étais fasciné. »

« Le bonheur, je sais où il se trouve, pas la peine de chercher ailleurs, c'est le théâtre », dira plus tard Robert Hirsch, une phrase que son fan de la première heure pourrait faire sienne. En novembre 1996, il a l'immense joie de donner la réplique à l'idole de son enfance dans *En attendant Godot*, de Samuel Beckett, au théâtre du Rond-Point. Hirsch sera le clown Pozzo et Arditi, Vladimir, le compagnon d'Estragon, *alias* Marcel Maréchal. « À un moment, Robert a arrêté de vieillir, moi j'ai vieilli et on est devenus des partenaires, résume Pierre Arditi. Robert Hirsch était un enfant de 90 ans[2]. »

Dix ans plus tard, Évelyne Bouix et lui assistent à la représentation du *Gardien*, une pièce d'Harold Pinter où joue Robert Hirsch, au théâtre de l'Œuvre, aux côtés d'autres stars – Alain Delon, Jean-Paul Belmondo, Jeanne Moreau, Jean-Claude Brialy… Ils sont présents quand le grand acteur, âgé de 81 ans, reçoit les insignes de commandeur dans l'ordre des Arts et des Lettres.

En 2012, Arditi l'applaudit de nouveau, cette fois dans *Le Père*, de Florian Zeller, mis en scène par Ladislas Chollat, où le comédien incarne un homme perdu dans les méandres de sa mémoire. Après Robert Hirsch et Anthony Hopkins qu'il a admiré au cinéma, Pierre Arditi prévoit lui aussi d'interpréter ce rôle. « Maintenant, j'ai

1. Un personnage ridicule, clerc de notaire et auteur de chansons à ses heures, du *Fil à la patte* de Feydeau.

2. Entretien avec l'auteure, 10 octobre 2023.

l'âge de le jouer, j'ai encore un peu de temps devant moi, dans trois, quatre ans… si je suis encore vivant[1]. » Sans compter que le texte n'est pas sans rapport avec sa propre famille. Florian Zeller, qui répète à l'époque *La Vérité* avec Pierre Arditi, raconte : « J'avais accompagné la grand-mère de ma femme [l'actrice Marine Delterme] dans la maison de Nogent-sur-Marne. J'ai rencontré Georges Arditi, je lui ai dit que je connaissais son fils. Nous avons discuté, il m'a parlé de ses peintures. Quand j'ai écrit *Le Père*, j'ai visualisé cette maison, cet homme. Plus tard, quand Pierre a vu la pièce, il a ressenti une émotion singulière : "C'est fou, j'ai eu l'impression de voir mon père sur scène, m'a-t-il dit. Un jour, je jouerai cette pièce, mais dans longtemps !" » Selon l'auteur, le comédien en serait parfaitement capable, grâce à sa « dimension tragique ». « Je serais heureux qu'il puisse l'explorer, dit-il. En vieillissant, nous perdons des choses. Le bonheur des grands acteurs, c'est qu'au contraire, ils gagnent des rôles. Ils peuvent faire quelque chose de la vieillesse, de cette perte : ils sont capables d'entrevoir ce que d'autres ne voient pas, et de convoquer tous les âges à la fois. Les grands acteurs sont la somme de tout ce qu'ils ont été au cours de leur vie. Je crois que de grands rôles attendent Pierre. »

1. Entretien avec l'auteure, 10 octobre 2023.

2

Héritier de Mozart

À un moment de sa tendre enfance, Pierre Arditi rêve d'être chef d'orchestre. Lorsque sa mère écoute la radio, il peut autant fredonner *Perles de cristal* que *Le Voyage à Reims* de Rossini. « Dès 6 ans, j'ai été biberonné à la musique classique, raconte-t-il. Vers 10 ans, je mettais un vinyle de Mozart ou de Bach très fort sur le Teppaz qui rayait les disques, je battais la mesure avec une baguette devant la fenêtre pour que les passants, les filles surtout, me voient et soient impressionnés[1] », confie-t-il.

Les parents de Pierre Arditi considèrent même qu'il n'est pas loin d'être l'héritier de Mozart ! « Ils pensaient que j'avais une bonne oreille musicale, que j'ai toujours d'ailleurs, parce que je reproduisais en partie un certain nombre de compositions comme *La Tartine de beurre.* » Croyant y déceler une voie pour lui, son père l'invite à prendre exemple sur un chef d'orchestre renommé. « Toi, tu ne fous rien, tu ne lis pas, alors que Jean-Claude Casadesus, qui est juste un peu plus vieux que toi, d'accord, travaille et devient chef d'orchestre, c'est magnifique[2]… » Georges et Yvonne, proches de

1. Entretien avec l'auteure, 10 octobre 2023.
2. *France Info*, 4 décembre 2022.

la famille Casadesus, demandent à Jean Casadesus de venir écouter leur fils[1]. « Alors, Jean ? » interrogent les parents après avoir écouté l'interprétation d'*Ah vous dirai-je maman* de Mozart que le petit de 8 ans joue des deux mains et à l'oreille. « Pas mal, oui, il a une bonne oreille, il faut qu'il fasse du solfège », répond le pianiste.

Le jeune Pierre prend donc des cours. « J'ai découvert avec effroi que la musique, ce sont aussi des mathématiques. Ça m'a dissuadé de prolonger, je ne suis pas matheux[2]. » Et un jour, agacé, il ferme carrément le clavier. Et le regrette encore : « J'ai eu tort, mes parents auraient dû me donner des coups de pied aux fesses pour que je continue ! J'en referais volontiers, il faudrait que je travaille… Bon, c'était très sommaire. Si j'avais reproduit parfaitement ce morceau, je serais devenu musicien. »

Quelques jours après avoir fêté ses 78 ans, Pierre Arditi s'était juré de se racheter un piano. Il aurait aimé rejouer Mozart, son dieu, que son père appréciait également. Alexandre, le fils de sa sœur Catherine, a eu la belle idée de passer le mouvement lent d'un concerto pour piano du grand compositeur à l'enterrement de Georges Arditi.

Son frère estime aussi qu'on ne rend pas assez justice à Rossini. « Il n'avait qu'un tort, écrire extrêmement vite, c'était considéré louche. Or il était tellement brillant qu'il pouvait écrire un opéra en huit jours. Pour les gens de théâtre comme moi, c'est un coquin, un arlequin, un gangster, et j'adore[3] ! » s'enthousiasme-t-il.

1. Le fils de Robert Casadesus.
2. Entretien avec l'auteure, 10 octobre 2023.
3. *France Inter*, 7 décembre 2022.

*

Pierre Arditi n'a peut-être jamais fait autant de confidences sur ses parents que pendant la promotion de *Maestro*, de Bruno Chiche[1]. Où il joue un chef d'orchestre jaloux de son fils, Yvan Attal, nommé à sa place à la Scala de Milan. Heureux hasard du destin du comédien que de replonger avec la musique quand on a commencé avec elle.

C'est d'ailleurs la première fois qu'Arditi obtient ce genre de rôle au cinéma. Consciencieux, toujours prêt à apprendre, il suit une formation express pour diriger les *Noces de Figaro* dans le film.

1. Librement adapté du film israélien *Footnote*, sorti en décembre 2022.

3

Ma mère dans les nuages

« Ma mère a fait l'homme, mon père a fait l'artiste », dit souvent le comédien pour résumer le couple formé par ses parents. Un Georges Arditi qui l'a initié à la peinture, au théâtre et au cinéma, une Yvonne qui lui a fait apprécier la bonne chère et l'amour.

« Pierre parle beaucoup de sa mère – qu'on n'a pas connue – et qui était très dévouée à ses enfants et à son mari[1] », raconte Salomé Lelouch, sa belle-fille. « La plus grande partie de son cœur appartient à sa mère, l'autre, qui est vaste aussi, est réservée à sa femme qu'il aime[2] », écrit de son côté Jean-Michel Ribes dans un livre.

De fait, jusqu'à son dernier souffle, Pierre Arditi sera « hanté » par ses parents, à qui il parle tous les jours. En 2011, pour jouer *La Vérité*, une parabole sur le mensonge, écrite par Florian Zeller, il a choisi le théâtre Montparnasse de Myriam Feune de Colombi[3] parce qu'il

---

1. Entretien avec l'auteure, 26 janvier 2023. Salomé Lelouch est la directrice du théâtre Lepic (Paris 18e).

2. Jean-Michel Ribes, *Dictionnaire de mes amis recommandables*, Arles, Actes Sud, 2023.

3. La directrice du théâtre Montparnasse est décédée le 21 avril 2021.

a pensé à Yvonne, qui repose tout près, au cimetière du Montparnasse. « Je peux dire bonjour à ma mère », confie-t-il alors à ses partenaires, ignorant que son père s'éteindra pendant les représentations. Des parents décédés dont il n'a pas voulu voir les dépouilles, une plaie à jamais béante en lui. « Il en parle souvent, observe Florien Zeller. C'est émouvant d'entendre un homme de son âge évoquer ce tête-à-tête invisible. C'est pour cette raison que c'est un grand acteur : il n'a pas refermé la porte sur ses émotions les plus anciennes. »

⋆

« Je les enterre régulièrement tous les ans quand je joue au théâtre, raconte un Pierre Arditi ému quand on l'interroge à ce sujet. J'ai besoin de me déchirer l'âme en songeant à eux ; c'est enfantin et il n'y a qu'à appuyer sur le bouton pour que ça sorte tout seul. J'ai toujours pensé qu'un jour, je les croiserais au coin d'une rue. Sans doute est-ce ma manière de leur faire savoir qu'ils ont cette importance dans ma vie. Je me sers encore de ce qu'ils sont pour moi pour que ça saigne[1]. »

Le 11 décembre 2022, invité au journal de France 2, le comédien parle d'un tableau de son père sur lequel il s'est représenté avec Yvonne, et dit : « Cela m'évoque une période de leur vie que je ne connais pas. Le tableau est de 1942, je suis né en 1944. Je vois mon père et ma mère comme je ne les ai jamais connus. Et je trouve ce tableau admirable. Il est au-dessus de mon lit, ainsi je peux leur parler et m'endormir en sachant que l'un et l'autre me tiennent par la main dans la vie[2]. »

1. Entretien avec l'auteure, 15 janvier 2024.
2. Entretien avec l'auteure, 10 octobre 2023.

Évelyne Bouix constate : « Pierre est un enfant qui a encore besoin spirituellement de ses parents[1]. »

Un an plus tard, le 31 mai 2023, au théâtre Antoine, à Paris, son mari commente un autre tableau. Il s'agit d'un portrait de sa mère exécuté par son père, qui se trouve également accroché au-dessus de leur lit (« Il ne sort jamais de ma chambre », affirme-t-il). Et quand il explique que deux dates y sont inscrites – « Paris, 1944 » et « signé 1977, Arditi » –, les larmes lui montent aux yeux. « Ma mère m'a appris que j'avais le droit de pleurer[2] », lâche-t-il.

*

Pierre Arditi est un homme qui pleure. Ce faisant, il « utilise » ses larmes au profit de son art. Sur le tournage du *Sang de la vigne*, Yoann Denaive échange avec lui sur sa difficulté à sortir des émotions. Son partenaire répond que lorsqu'il pleure sur un plateau, il le fait pour sa mère[3]. « Pierre est un fils, il va chercher une vérité pour la transformer en une autre vérité[4] », renchérit la metteuse en scène Lorraine Lévy.

Pour Arditi, la vie constitue le matériau de base de l'acteur. À commencer par la sienne. Jouer une pièce, c'est vivre un fragment de son existence qu'il ajoute dans sa « valoche » de comédien. Pierre Arditi est conscient d'une telle chance : « Quand ce métier nous choisit, c'est le Nirvana, mais quand on ne l'est pas, c'est une grande douleur[5]. »

1. Entretien avec l'auteure, 25 septembre 2023.
2. Entretien avec l'auteure, 10 octobre 2023.
3. Entretien avec l'auteure, 26 septembre 2023.
4. Entretien avec l'auteure, 24 août 2023.
5. Entretien avec l'auteure, 10 octobre 2023.

★

L'acteur joue toujours à fond, entend donner le meilleur de lui, sans s'économiser. À la fin d'une représentation, il est forcément « vidé ». Il explique : « Les paysages, l'équipe technique, les rencontres font partie des bagages des acteurs. Tous portent une valise invisible, plus ou moins lourde. Dedans, il y a ce qu'on a vécu. J'ai la chance de stocker des morceaux d'existence, que de temps en temps je sors pour jouer. À un moment donné s'il faut s'abîmer sur scène, il faut avoir mal, pleurer, être ému. Pour l'être, je puise dans mon vécu. Ma mère est dans ma valise. Ce n'est pas bien ! Mais je l'aime tellement maintenant qu'elle se balade dans les nuages, que je ne l'enterre pas. Je lui redonne vie quand j'ai besoin d'elle[1]. »

« Pierre est quelqu'un d'extrêmement fragile, croit savoir Bernard Murat. Ce qui le rend fragile ? Les rapports avec son père, sa mère, mais aujourd'hui, il a digéré[2]... »

Pour Yvonne, Georges a été jusqu'au bout l'homme de sa vie. Pierre Arditi commente : « Elle avait été sa maîtresse, elle a été sa compagne, elle a été son amie, elle a été sa mère... Il avait besoin de parler avec elle, et il avait besoin que cette femme l'écoute[3]. »

À propos de sa maman, Pierre Arditi reprend : « Elle était l'une des rares personnes qui écoutait mon père le matin, dans la cuisine, délirer sur ce qu'il voulait faire, acheter... Moi, je ne comprenais pas trop de quoi il parlait car ça n'avait jamais lieu. Mais ce n'était pas le

1. *La Provence*, 20 décembre 2014.
2. *Thé ou Café*, 24 février 2018.
3. *Le Divan* de Marc-Olivier Fogiel, France 3, 21 mars 2017.

problème. Même quand elle n'y croyait pas, elle donnait l'impression d'y croire. C'est l'une des raisons qui fait qu'ils ne se sont jamais quittés[1]. »

*

Beau et désireux de plaire malgré son attachement pour celle qu'il appelait sa « Poupouchka » ou sa « Poupoune », Georges Arditi a couru après d'autres jupons. « C'était un homme à femmes », s'esclaffe son fils. « Il les aimait, confirme sa sœur Rachel, en grand amoureux, en séducteur, comme on le voit dans sa correspondance où il raconte ses déboires[2]. » « C'était un phénomène qui attirait les regards, assure Viviane Blassel. Alors que physiquement, il ressemblait un peu à Louis de Funès[3]. »

Des fredaines, il y en eut. À la Libération, Georges Arditi va se renseigner auprès du Mouvement national des prisonniers de guerre et des déportés, à Paris, pour prendre des nouvelles des siens. Là, il rencontre Josée Perriod, une intellectuelle d'origine péruvienne amie de Marguerite Duras… qui sera sa maîtresse pendant sept ans[4]. « Ce fut de part et d'autre un véritable coup de foudre », écrit-il dans son autobiographie en évoquant une histoire d'amour « violente, passionnée, pleine de soubresauts, de jalousie, d'élans »[5]. Il confie alors à Georges Canetti être déchiré entre ses deux amours, Josée et Yvonne.

1. Entretien avec l'auteure, 15 janvier 2024.

2. Entretien avec l'auteure, 20 octobre 2023.

3. Entretien avec l'auteure, 6 janvier 2024.

4. Il peindra son portrait ainsi que celui de sa fille Marcelle qui sera autrice de livres pour enfants. Elle écrivait sous un pseudonyme.

5. Catalogue de l'exposition *Georges Arditi (1914-2012). D'un réel à l'autre, op. cit.*

Il y a eu, bien sûr, aussi Nicole, dont il a eu deux filles. Quand son épouse l'apprend, elle les invite toutes les trois spontanément rue des Martyrs. « Dans le portefeuille de mon père, Yvonne avait trouvé une photo de moi prise dans le square en face de l'ancien Ciné 13 Théâtre, explique Rachel Arditi. Elle lui avait fait remarquer : "C'est Pierre au même âge." Et nous a reçues. J'avais 5 ans quand nous sommes allées déjeuner chez eux. Elle avait préparé un poulet avec des petits pois. Au moment où je voulais l'aider à débarrasser la table pour paraître la moins encombrante possible, j'en ai fait tomber partout. Du moins c'est ce que Georges nous a souvent raconté ensuite[1]. » Comme ouverture d'esprit, c'est rare.

★

Dès lors, on comprend pourquoi la disparition d'Yvonne a été pour l'artiste une perte incommensurable. Du jour au lendemain, il devient incapable de peindre. Pierre Arditi confie : « Mon père a fait son âge le jour où ma mère est partie faire un tour dans le ciel [...]. Ma mère était devenue la mère de mon père d'une certaine manière, comme beaucoup d'hommes d'ailleurs[2]... »

Un an après, en 1983, Georges est victime d'un infarctus et lutte contre la mort pendant plusieurs jours. « Avec ma sœur, on venait de s'installer chez lui, se souvient Rachel, et il y avait là-bas plein de fantômes : Yvonne, Pierre et Catherine[3]... » Ces derniers ont en effet ren-

1. Entretien avec l'auteure, 20 octobre 2023.
2. Entretien avec l'auteure, 10 octobre 2023.
3. Entretien avec l'auteure, 20 octobre 2023.

contré leurs demi-sœurs seulement après la mort de leur mère. L'existence de Nicole Paroissien et de ses deux filles a, longtemps, été un secret de famille.

« Pierre en a gardé un ressentiment profond assez longtemps, confie Frédéric Arditi. Au début, il ne pouvait pas voir ces deux sœurs normalement. Et puis, petit à petit, avec le temps, ça s'est calmé. Apparemment tout le monde était au courant de la situation, sauf Alexandre[1] et moi. C'était assez particulier[2]. »

*

On comprend pourquoi ses parents ont marqué au « fer rouge » le comédien, pour reprendre sa formule. Des parents à qui il pense toujours avant d'entrer en scène. « Il les porte sur ses épaules, résume l'actrice Évelyne Buyle. Il n'a pas fait de vraie psychanalyse, mais peu importe, il est abouti[3]. » « Un jour, il m'a dit : "Plus on vieillit, plus on se rapproche de ses parents"[4] », renchérit Lorraine Lévy. Des parents marquants et omniprésents.

1. Le fils de Catherine et Guy Lessertisseur.
2. Entretien avec l'auteure, 23 février 2024.
3. Entretien avec l'auteure, 23 juin 2023.
4. Entretien avec l'auteure, 24 août 2023.

4

Au nom du père

Même après sa disparition, Georges Arditi est resté tout à la fois un ami, un « phare », un mentor, un maître, un héros pour son fils. En particulier par sa manière de penser à contre-courant et en raison d'un mode de vie opposé à celui de la bourgeoisie de l'époque. Le comédien lui ressemble, physiquement et psychologiquement. Et de plus en plus avec le temps.

Georges a suivi l'évolution de la carrière de son fils dans la presse. Il lui a même, pendant plusieurs années, reproché de « se perdre » dans des tournages de fictions faciles et des publicités. « Mon fils, que deviens-tu ? On te voit là, on te voit là, tu fais ci, tu fais une émission de variété… » égrène-t-il dans un courrier. « Cette lettre, je la garde parce qu'il avait raison, il m'a appris à avoir le courage de ne pas trop me perdre[1] », raconte Pierre Arditi, qui a punaisé la missive au-dessus de son bureau. Franchise en direct.

⋆

Entre eux, les relations ont longtemps ressemblé à des montagnes russes. Avec des accès de colère communs.

1. *C'est à vous*, France 5, 30 novembre 2022.

Rachel décrit un Georges capable, « de rage, lorsque les objets ou les situations lui échappaient, de lancer une chaise au plafond, de planter un couteau dans le bois d'une table ou de se mordre au sang[1] ».

Une fois, le père a giflé le fils parce qu'au lieu d'être à l'école, l'adolescent jouait au flipper dans un café. Pierre justifie : « Je séchais les cours, manque de bol, il est passé. "Tu te fiches de moi, sors d'ici !" Il ne m'a pas mis une baffe dans la rue, et c'est arrivé une seule fois. Il l'a regretté toute sa vie car il n'a jamais levé la main sur ses enfants[2]. »

« Les deux partaient au quart de tour, estime Salomé Lelouch, et Pierre ressemble beaucoup à son père, il est très véhément sur le moment... Tous les deux n'étaient jamais dans la représentation, mais ils pouvaient se montrer en spectacle, sans mettre les formes, sans user de précautions orales pour se parler[3]. »

« Georges, pas facile d'accès, ne mâchait pas ses mots et disait tout ce qu'il pensait, estime Brigitte Fossey qui l'a bien connu. Pierre s'avère plus diplomate. Si son père avait beaucoup de caractère, il était extrêmement drôle au deuxième degré[4]. » Viviane Blassel, quant à elle, n'a pas oublié son « franc-parler ».

*

Mais si Pierre et son paternel se titillent et s'agacent, ils se vouent une admiration mutuelle. Les colères cachent de la pudeur et de la maladresse. D'après l'acteur, Georges

1. Rachel Arditi, *J'ai tout dans ma tête*, *op. cit.*
2. Entretien avec l'auteure, 10 octobre 2023.
3. Entretien avec l'auteure, 26 janvier 2023.
4. Entretien avec l'auteure, 4 septembre 2023.

a peut-être eu du mal à accepter d'être « destitué » parce qu'on s'est mis à parler plus de Pierre Arditi, le comédien, que de Georges Arditi, le peintre. Très fier de son rejeton, l'artiste va l'applaudir aux générales.

« Ma grosse bougnette de fils », lui lançait-il parfois en référence à leur enfance. « Ma poupoune, donne-moi vite des nouvelles de ta bonne papouchka de personne et de notre gros patapouf de plus sympathique petit gros garçon de la terre[1] », écrira-t-il aussi à Yvonne dans un message qui traduit sa profonde affection. « J'aime mes enfants de plus en plus », affirma-t-il à son « cher vieux petit-cousin », Georges Canetti, en novembre 1945. Dans ses missives, le peintre demandait aussi régulièrement des nouvelles de ses « poulets » et de ses « poussins ». « Il adorait tous ses enfants et choisissait toujours leur camp[2] », confirme aujourd'hui Rachel Arditi, devenue mère d'une fille et d'un garçon prénommé Joseph, comme l'un de ses oncles.

Mais au début, les rapports entre le peintre, la nouvelle compagne de son fils, Évelyne Bouix et Salomé Lelouch, sa fille, ne sont pas évidents. Georges Arditi n'est pas très aimable avec celle qui n'est pas encore devenue sa belle-fille. Aussi, un jour, Évelyne Bouix décide-t-elle de lui dire ses quatre vérités. Elle fait bien, car ensuite, il n'a plus jamais osé la contredire. Ils ont fini par déjeuner ensemble et il l'a même joliment portraiturée. Quant à Salomé, elle l'appelait « Georges » et non grand-père, même s'il se montrait, finalement, « très sympathique ». « Il voulait me peindre, moi non, maintenant, je le regrette[3] », confie-t-elle.

1. Lettre datée du 1er mai 1945.
2. Entretien avec l'auteure, 20 octobre 2023.
3. Entretien avec l'auteure, 26 janvier 2023.

★

Né le 14 décembre 1914 à Marseille, Georges Arditi est le fils d'Esther Asséo, née à Salonique, et de David Arditti – avec deux *t* –, qui a vu le jour en Bulgarie. Bénéficiant d'un bel héritage d'un millier de francs or, exportateur de soieries, ce dernier a fait faillite à la fin de la Première Guerre mondiale quand le cours de cette matière première s'est effondré. Il perd tout.

Georges a trois frères : Joseph, né en 1915, à Paris, celui dont il est le plus proche, Jacques, dit Jacquot, né en 1916 à Saint-Germain-en-Laye, et Daniel, qui est mort à 4 ans. Ils ont une sœur adorée, Denise. Née en 1923, elle souffre d'un trouble psychique dès l'enfance. D'après son frère, qui l'a peinte en train de jouer du piano[1], elle était « très croyante ». Bien plus tard, en 1946, elle sera secrétaire du Mouvement national des prisonniers de guerre et des déportés. Elle décédera d'un arrêt cardiaque en 1988 à la clinique de La Borde, dans le Loir-et-Cher, où elle résidait depuis 1960.

★

À la suite d'une erreur de l'état civil, c'est en 1946 que le nom Arditti s'écrit Arditi. « Au début, mon père signait ses toiles avec deux t, ensuite avec un seul[2] », explique Pierre. Formé à l'École nationale supérieure des arts décoratifs, dans l'atelier de Jean Carlu, de Raymond Legueult, puis de l'affichiste Cassandre, le père artiste a longtemps hésité entre le figuratif et l'abstrait. Sa première exposition se déroule en 1937, à la galerie

1. Georges Arditi, *Denise au piano*, 1948.
2. Entretien avec l'auteure, 10 octobre 2023.

La Fenêtre ouverte, à Paris. Un an plus tard, il est invité au Salon des Tuileries, puis, à partir de 1945, régulièrement exposé au Salon d'Automne.

Certaines de ses œuvres ne sont pas sans rappeler celles de Balthus qu'il admirait et dont il était un peu jaloux à la fois, même s'il voyait en lui son idole numéro deux… après Piero della Francesca. « J'aime la violence dramatique de sa peinture, sa façon de suggérer, au cœur de la douceur, la cruauté d'un acte à venir[1] », précise-t-il à son propos.

En 1990, lui-même fait l'objet d'une première rétrospective. Au musée de la Poste, à Paris. Le ministre des Postes et Télécommunications, Paul Quilès, est présent pour l'inauguration. Et Edmonde Charles-Roux, écrivain, membre de l'Académie Goncourt, écrit dans la préface du catalogue : « Sans doute, la plus grande force d'Arditi est de se situer en dehors des époques et des écoles et de rappeler avec douceur mais avec fermeté, que l'on peut s'inscrire en marge du mouvement artistique triomphant, être seul comme une île en plein océan et, néanmoins, faire œuvre de créateur. »

Deux ans plus tard, François Mitterrand le décore du titre de chevalier de la Légion d'honneur. En novembre 2009, une autre exposition attire les médias. Intitulée *Les Enfants modèles, de Claude Renoir à Pierre Arditi*, elle a lieu au musée de l'Orangerie à Paris, et se voit inaugurer par le ministre de la Culture de l'époque, Frédéric Mitterrand. Son objet ? Elle montre comment les peintres immortalisaient leur progéniture.

Une œuvre posthume exige qu'on la fasse vivre, durer, voir. Souhaitant faire connaître son talent au plus grand nombre, en 2023 Pierre, Catherine, Danièle

1. *Le Temps*, 7 juillet 2001.

– comédienne devenue administratrice d'une école d'Art à Annecy –, Rachel et Frédéric – qui a lui-même plusieurs expositions à son actif – acceptent de collaborer avec La Piscine de Roubaix et le musée Estrine de Saint-Rémy-de-Provence pour lui consacrer une autre exposition : *Georges Arditi (1914-2012). D'un réel à l'autre*[1]. Ils établissent un catalogue raisonné où s'exprime leur admiration. « Je suis très fier pour mon père », écrit par exemple Pierre, qui estime que son père n'a pas la place qu'il mérite dans le monde de l'art et titre sa note d'intention « PAPA... » Il précise : « Mon père Georges Arditi m'a allumé le monde pour que je puisse en faire quelque chose, n'importe quoi du moment qu'il me plaise, n'importe quoi du moment qu'il dise la vie et que, tant qu'on regarde, on soit vivant[2] ! »

Un ensemble inédit d'esquisses pour décors de théâtre est également présenté, Georges Arditi ayant peint pour des spectacles comme celui intitulé *Hi-Fi* de François Billedoux, donné aux Trois Baudets (1957), ou le cabaret de la Rose rouge qui a vu se produire Yves Robert, Francis Blanche ou Raymond Devos ou encore le cabaret d'Agnès Capri. Il a réalisé par ailleurs les décors de *Bluff-Mode* monté par Bernard Mesle au Club du Vieux-Colombier, alors repère d'amateurs de jazz (juin 1960). Et celui de *Gloriana sera vengée* d'après *La Tragédie du vengeur* du dramaturge Cyril Tourneur, mis en scène par Jean Vernier pour le concours des jeunes compagnies au théâtre de La Huchette (1952). (Jean-Paul Belmondo, 19 ans, y a fait ses débuts, Pierre Arditi en conserve une photo.) En souvenir, l'acteur a acheté deux fauteuils

1. Du 7 octobre 2023 au 7 janvier 2024.

2. Catalogue de l'exposition *Georges Arditi (1914-2012). D'un réel à l'autre*, *op. cit.*, p. 13.

dans cette petite salle mythique. L'un au nom de son père, le second à son nom.

*

Pour gagner sa vie – la peinture ne nourrit guère –, en 1953, Georges Arditi est régisseur aux Trois Baudets, boulevard de Clichy, un lieu dédié à de jeunes artistes inconnus fondé par Jacques-Nissim Canetti, l'un de ses cousins avec Georges Canetti. Ce dernier, chercheur en biologie à l'Institut Pasteur, est spécialiste de la tuberculose dont il était atteint et le parrain de Pierre. « C'était celui qu'on voyait le plus, raconte Catherine Arditi. Il était adorable et très doux[1]. » Georges Arditi a toujours correspondu avec celui qu'il appelait le « mécène de son cœur », son « petit pote », jusqu'à sa disparition, en 1971.

Le troisième frère, Elias Canetti, prix Nobel de littérature, vient souvent à la maison et gâte les enfants. Il prend Pierre sur ses genoux, passe une main dans les cheveux de sa sœur. « Pierre, Catherine, un peu de chocolat pour vous », l'imitent ceux-ci avec l'accent zurichois.

Plus tard, dès qu'il en aura l'opportunité, Pierre Arditi n'oubliera jamais de rendre hommage à ses illustres petits-cousins, « tous nés aux confins de l'Europe », comme le rappelle Françoise Canetti. Ainsi, en septembre 2014, le comédien remettra le prix Georges, Jacques et Elias Canetti à Fernando Arenzana, un médecin et biologiste de l'Institut Pasteur qui a consacré ses recherches au sida. Seront présents sa cousine Françoise Canetti et Christian Bréchot, le directeur général de l'Institut Pasteur.

1. Entretien avec l'auteure, 5 septembre 2023.

Revenons aux Trois Baudets. C'est Georges qui conçoit la façade, trois têtes d'ânes (sculpture polychrome) « auxquelles je dois d'avoir découvert la sculpture », comme il l'écrit à Georges Canetti. Au début des années 1950, il illustre également *Les Beaux Quartiers* de Louis Aragon et *Candide* de Voltaire pour le journal *Ce Soir*[1], ainsi que les *Illusions perdues* de Balzac, cette fois pour *Libération*.

Il part aussi souvent en tournée avec Jacques Canetti, dénicheur de talents surnommé l'« éleveur de vedettes » de la chanson française. Tous deux accompagnent Louis Armstrong, Sidney Bechet, Jacques Brel et Catherine Sauvage à leurs débuts, les artistes qui courent le cachet n'étant pas peu fiers de participer aux fameuses « tournées Canetti »[2].

Parfois, les dimanches après-midi, invités, Pierre et Catherine viennent découvrir les nouvelles revues. Dans les pas de leurs cousins. « Avec mon frère Bernard, d'un an mon cadet, nous allons tous les dimanches après-midi aux Trois Baudets, petit théâtre de deux cent quarante-sept places, que notre père a ouvert rue Coustou, en bas de Montmartre, fin 1947 », écrit ainsi Françoise Canetti. Et Catherine de confirmer : « Notre père nous disait : "Il faut tout voir et ne pas se limiter à une certaine forme de théâtre." Il allait aussi bien au TNP admirer les grands auteurs comme Beckett, Ionesco, qu'assister à des pièces de boulevard. Il nous a transmis la curiosité. » Elle se souvient avoir vu Serge Gainsbourg chanter *Le Poinçonneur des Lilas*. « Il était très gentil[3] », commente-t-elle.

---

1. Créé par le Parti communiste français.
2. Françoise Canetti et Véronique Mortaigne, *Brassens l'appelait Socrate. Jacques Canetti, révélateur de talents*, Paris, L'Archipel, 2022.
3. Entretien avec l'auteure, 5 septembre 2023.

« Je suis tombé dans la marmite ! » dit avec les yeux qui brillent Pierre Arditi, quand il raconte avoir vu débuter alors qu'il avait 10, 11 ans, un homme à la tête bizarre ornée de grandes dents qui allait vomir en coulisses tant il avait le trac – c'est Jacques Brel –, mais aussi Guy Béart, Raymond Devos, Fernand Raynaud, Serge Gainsbourg – les « cheveux ras », les « oreilles en chou-fleur », chic en costume prince-de-galles, un col roulé gris perle et des chaussures en daim –, Catherine Sauvage, Félix Leclerc, Yves Robert et sa troupe, Georges Brassens, l'humoriste Bernard Haller[1]...

L'idée d'être lui aussi sur un plateau et sous les projecteurs commence à trotter dans sa tête.

D'autant que les copains de son père, Francis Blanche, Jean Carmet, Ricet Barrier ou Elias Canetti viennent souvent dîner à la maison. « Ça brassait chez nous, c'était la roulotte », se souvient-il. Une impression d'autant plus durable que, ces soirs-là, les enfants veillent tard, et ouvrent grands leurs yeux comme leurs oreilles.

« Mon père était très libre d'esprit, raconte Catherine Arditi, on pouvait parler de tout à table, ce qui n'était pas courant à cette époque où l'on recommandait plutôt aux enfants de se taire ou de demander la permission de s'exprimer. Chez nous, il n'y avait jamais aucun sujet tabou[2]. »

« J'ai baigné dans un univers de création qui a illuminé mon imaginaire », s'enthousiasme Pierre, qui recourt volontiers à la maxime : « Tout sert à quelque chose. » Mélomane, il affirme aujourd'hui encore rêver en musique, écrire en en écoutant, vivre enfin, bercé par elle, lui qui, jeune homme, écoutait Miles Davis en

1. Entretien avec l'auteure, 10 octobre 2023.
2. Entretien avec l'auteure, 5 septembre 2023.

buvant du gin-fizz au Blue-Note, un ancien club de jazz de Montmartre et organisait des surprises-parties avec sa sœur.

Tanguy avant l'heure, Pierre a pris son temps pour quitter le domicile familial. Nourri, logé, blanchi, il y était heureux : « La maison était ouverte sur tout et sur tout le monde, dit-il. Je pouvais amener mes petites amies, on dormait dans l'appartement, tout cela en bonne intelligence. Ma mère apportait le petit déjeuner le matin… C'était, pour les années 1960, assez en avance ! Et merveilleux[1]. »

*

Les dernières années de sa vie, Georges Arditi saluait Pierre d'un « Ah, fiston… » quand il le voyait arriver et lui prenait les mains avec chaleur. Quand le peintre meurt en 2012, à la Maison nationale des artistes de Nogent-sur-Marne où il séjournait depuis 2006, sa famille publie un avis de décès dans *Le Figaro* : « Pierre, Catherine, Danièle et Rachel Arditi, ses enfants, Frédéric, Alexandre, Gabrielle et Fernand, ses petits-enfants, toute sa famille apparentée, Évelyne Bouix, Florence Giorgetti, Guy Lessertisseur, Nicole Paroissien, Adrien de Van, et les familles Canetti et Saïas ont la tristesse de vous faire part du décès de Georges Arditi, peintre, chevalier de la Légion d'honneur, survenu le dimanche 15 janvier 2012, dans sa 98e année. »

Georges repose auprès d'Yvonne au cimetière du Montparnasse. « Je n'y vais jamais, je n'en ai pas besoin, ils sont dans mon cœur[2] », murmure Pierre Arditi.

1. « Pierre Arditi : la vie, l'amour chez Mireille Dumas », cité *supra*.
2. Entretien avec l'auteure, 10 octobre 2023.

Également actrice, Rachel rend hommage à son père dans le livre *J'ai tout dans ma tête*. Elle y raconte leurs entretiens à la Maison des artistes de Nogent-sur-Marne dont, à 96 ans, l'aïeul prévoyait de s'évader ! « Son œuvre est une façon qu'il ne disparaisse jamais et de faire le deuil, observe-t-elle. Il a survécu à lui-même, il laisse toute son œuvre. Il y a de la tristesse, mais aujourd'hui, j'y pense aussi avec joie et émotion. »

« Tu l'as rendu éternel », admire Françoise Canetti. « En le lisant, on revoit notre père », renchérit Pierre Arditi. C'est vrai, comme cet extrait le montre : « Bien, ma biche, lance le peintre à Rachel [...]. Je raccroche et je pars. À Marseille. Je ne reste pas une seconde de plus[1]. » De sa maladie d'Alzheimer, il disait : « Alzheimer, pas Alzheimer, c'est dérisoire. Et puis tu sais, j'ai eu une vie bien remplie [...]. Si je me retourne, je me dis : mais merde, c'est pas possible, c'est moi qui ai accompli tout ça ? Ce mec est fantastique[2] ! » « Mon père n'économise jamais son enthousiasme. Il a, à vivre, une ardeur de géant », ajoute sa fille. Dans son texte, elle parle de la dégradation de son état, des moments qu'ils ont passés ensemble. Et d'un chef-d'œuvre de Georges Arditi, qu'elle aime et que lui imagine avoir un destin incroyable : *Le Crépuscule*, daté de 1943, peint à Paris pendant l'Occupation, qu'il veut vendre aux Japonais pour faire un « coup fumant » ! Toujours se projeter et rêver.

Depuis la disparition de Georges, les rôles se sont inversés pour Pierre Arditi. « Je suis devenu le père de mon père. À un moment donné, il est parti ailleurs... », se remémore le comédien dont la hantise est de perdre la mémoire. « Si un vaisseau pète, je serai réduit à

1. Rachel Arditi, *J'ai tout dans ma tête*, *op. cit.*
2. *Ibid.*

néant[1] », angoisse-t-il. Et de songer à Michel Piccoli, « son » père dans le film d'Alain Resnais, *Vous n'avez encore rien vu* dont la mémoire commençait à flancher. « Je me suis juré que je ne me laisserais pas vivre comme ça », lâche-t-il.

Le tournage du film *La Fleur de l'âge* lui a rappelé la situation qu'il vivait avec son propre père. Pierre y jouait le fils de Jean-Pierre Marielle, homme malade difficile et solitaire qui ne pouvait plus vivre seul, et que lui devait accueillir chez lui, engageant une aide-soignante (Julie Ferrier) chargée de s'en occuper. Arditi rêvait de donner la réplique à Marielle[2], tous deux s'étant juste croisés dans *Les Acteurs* de Bertrand Blier sans avoir de scène ensemble. « Quand on est un acteur digne de ce nom et qu'on est face à un acteur pareil, on se laisse emmener dans l'imprévisible et on devient soi-même imprévisible. Mon père a eu Alzheimer à peu près à 90 ans, toute sa mémoire sentimentale et sensorielle je m'en suis servi pour jouer ce père qui n'était pas forcément le mien[3] », observe-t-il. Or Georges est décédé au moment où s'est achevé le tournage.

En septembre 2022, la fiction prend de nouveau le pas sur la réalité et pousse Pierre Arditi à affronter une nouvelle fois ses angoisses. Il se retrouve dans la peau d'un flic « dur, exigeant, râleur », atteint de la même maladie d'Alzheimer pour *Mémoire trouble*, un téléfilm de France 3. Devant l'objectif, l'acteur Nicolas Grandhomme, qui interprète son fils, devient peu à peu son père.

La mémoire ? « C'est un muscle, alors je fais de la gonflette. Je suis un athlète du sentiment. Il suffit qu'un

1. Entretien avec l'auteure, 10 octobre 2023.
2. Le comédien a disparu le 24 avril 2019.
3. *Gala*, 1er mai 2013.

vaisseau pète dans le cerveau pour que ce soit fini. Ça me fait peur[1] », répète-t-il aux journalistes qui l'interrogent sur son personnage. La fiction tournée à Tourcoing et à Lille fait un triomphe : 4,82 millions de téléspectateurs, soit 24,7 % de parts de marché. Et la première place du podium devant l'émission *Mask Singer* de TF1 et une nouvelle série de M6.

1. *Télé magazine*, 6 septembre 2022.

5

Tania Balachova

Enfant, Pierre Arditi ne travaille pas beaucoup à l'école. Très timide, il fait le pitre pour faire rire ses camarades. « J'avais des copains nettement plus beaux que moi, qui raflaient tout sur leur passage[1] », se remémore-t-il. Le jeune garçon va au lycée Jacques-Decour, avenue Trudaine, à Paris, jusqu'en seconde. « Après j'ai arrêté, ça ne m'intéressait pas. J'ai eu tort. Je voulais faire du théâtre, je n'allais que de temps en temps au lycée. L'un des professeurs qui m'ont marqué s'appelait M. Debrandt, il était brillant, c'était un grand bonhomme. »

En classe de quatrième, Pierre est influencé par un autre enseignant. Il raconte : « Je lui ai dit que j'avais une passion pour Stendhal, alors il m'a conseillé de lire Giono, *Le Hussard sur le toit*. “C'est un Stendhal moderne”, m'a-t-il dit. Plus tard, il se trouve que j'ai tourné dans une adaptation cinématographique du *Hussard sur le toit*, réalisée par Jean-Paul Rappeneau. Avec le recul, j'ai compris que mes profs de lettres m'avaient sauvé du désastre, moi qui ne fichais rien. Ils pensaient que j'étais suffisamment bon pour continuer mes études.

1. *Le Divan* de Henry Chapier, France 3, 1987.

J'étais intéressé par la littérature, la musique, mais j'étais nul en mathématiques. J'avais tort, il y a une poésie des mathématiques, mais j'étais trop jeune pour y être sensible. Cela dit, la culture, ce n'est peut-être pas indispensable, mais c'est utile aussi[1]. »

Aux Trois Baudets, Pierre Arditi est fasciné par les projecteurs. L'idée d'être regardé, aimé et reconnu continue à faire son chemin dans son esprit. Mais il n'est pas « à l'aise avec la vie », doute de lui-même, est complexé par son apparence physique. Il se trouve « tarte » sur les photographies de lui enfant et déplore de ne pas avoir un « physique de jeune premier. » « J'étais totalement déboussolé, j'avais besoin de me rassurer… en partie en aimant les femmes, et surtout en étant aimé d'elles. » Plus tard, il confiera, allongé sur le *Divan* de Marc-Olivier Fogiel : « Je ne me suis jamais aimé physiquement. J'aurais voulu être Alain Delon, Jean-Claude Brialy[2]… »

Vers 17 ans, l'adolescent admire pour la première fois ce dernier dans le film *Tous les garçons s'appellent Patrick* de Jean-Luc Godard (1956), puis dans *Le Beau Serge* de Claude Chabrol (1958). Un dimanche après-midi, il le croise par hasard, gare de l'Est, accompagné de Jean-Paul Belmondo et Jean-Pierre Cassel, « sapés comme des milords ». « Le monde leur appartenait », se souvient-il. À l'époque, il espère avoir à nouveau la chance de tomber sur Jean-Claude Brialy « au coin d'une rue[3] ».

Autre star de sa jeunesse : Johnny Hallyday. « Je l'ai vu au Golf Drouot avec Eddy Mitchell et Long Chris, je

1. Entretien avec l'auteure, 10 octobre 2023.

2. Le 21 mars 2017, *France 3*.

3. Henry-Jean Servat et Bruno Bouvier, *Jean-Claude Brialy. Le goût des autres*, France 5, 27 mai 2013.

devais avoir 17 ans, raconte Arditi. Je l'admirais depuis que je l'avais entendu chanter *Retiens la nuit*, sur l'île d'Oléron[1]. »

*

Novice, Arditi caresse le rêve de voir un jour sa photo dans le journal, mais ne s'autorise pas encore à penser qu'il pourrait être comédien : « Je ne voulais pas devenir acteur parce que je ne me le permettais pas, je n'aimais pas ma tête, je n'aimais pas ma voix. De ce point de vue, rien n'a changé, et c'est même pis aujourd'hui qu'il y a soixante ans. Je ne me jugeais pas capable d'y arriver. J'étais à la fois extraverti et timide : ça a l'air contradictoire, mais c'est en réalité complémentaire[2] », confie-t-il.

Avant son service militaire, effectué vers 17 ans, il s'engage dans une compagnie d'assurances, rue Henner, dans le 9e arrondissement. « Ce n'est pas d'argent dont j'avais besoin, plutôt d'une marque de respectabilité. Je continue de penser que mon enfance a été une période merveilleuse de mon existence, mais dangereuse en même temps, parce que dans une famille d'artistes, on ne sait jamais si l'on va pouvoir manger à sa faim ou partir en vacances. Certes, mes parents s'arrangeaient pour nous cacher leurs difficultés financières, mais on finissait par les voir quand même. Je crois que ce qui m'a fait peur, ce que j'ai rejeté, c'est cette sorte d'insécurité. C'est elle qui m'a foutu la trouille, qui m'a poussé à travailler là pendant un peu plus d'un an. Voilà pourquoi je suis devenu agent d'assurances[3]. »

---

1. Entretien avec l'auteure, 10 juin 2024.
2. Story Classique, *Si le ciné m'était conté*, OCS, janvier 2022.
3. *Le Divan* de Henry Chapier, France 3, 1987.

La société en question recrute des étudiants. Pierre Arditi y travaille d'abord brièvement pour gagner de l'argent de poche, puis prolonge son contrat. « Pour papa, c'était pire que tout[1] ! » se souvient Catherine Arditi. Mais Pierre fait fi de la réprobation paternelle : « Je ne comprenais pas pourquoi nous n'avions pas de voiture, de maison de campagne, pourquoi nous ne partions pas en week-end, quand j'avais une douzaine d'années. Bien sûr, mes parents avaient autre chose à m'offrir, leur culture, notamment celle de mon père. Nous n'avions pas la DS 19 ni la maison de campagne, mais nous avions tout le reste. Or j'étais trop jeune pour le comprendre, et je me disais : je serai celui par lequel le pognon rentrera dans la maison[2]. »

À travers son emploi de bureau, Pierre Arditi découvre le « monde du travail », et sympathise avec quelques employés – aujourd'hui encore, il a gardé en mémoire certains noms. Cette expérience professionnelle lui a été « utile », assure-t-il. Pourtant, son rêve de devenir comédien reste ancré en lui comme une évidence : « L'assurance, ce n'était pas mon avenir, puisque moi, je me destinais à un métier artistique, ça n'avait donc aucun rapport. On me prédisait un futur d'attaché de direction ou quelque chose d'approchant, mais j'étais déjà attiré par le théâtre. »

*

C'est finalement Catherine Arditi qui incite « Pierrot » à monter sur les planches, en lui montrant l'exemple. Après avoir vu le film *Copie conforme* de Jean Dréville, elle est elle-même frappée d'une révélation : « C'est ça

1. Entretien avec l'auteure, 5 septembre 2023.
2. *Ibid.*

que je veux faire. » Elle s'inscrit aussitôt aux cours de la comédienne Tania Balachova. « C'est elle qui me pousse chez Balachova[1] », explique Pierre Arditi. « Un jour, Pierre m'a dit : "Dimanche prochain, si tu ne fais rien, viens donc me voir, je joue dans une troupe amateur à la Courneuve[2] !" » se remémore-t-elle.

À peine revenue de sa surprise, elle se rend à la représentation, et n'est pas déçue. Son frère apparaît dans *L'Officier recruteur*, une comédie de l'auteur irlandais George Farquhar[3]. La pièce est traduite par Michel Arnaud et mise en scène par le très renommé André Steiger. C'est la première fois que l'apprenti acteur joue devant sa sœur, mais aussi devant ses parents, qui ont fait le déplacement sans savoir que leur rejeton appartient à une troupe. « Je n'en menais pas large ! » reconnaît Pierre Arditi.

Or tout se passe comme dans le meilleur des mondes. « Tu es un acteur », lui affirme son père, ivre de bonheur, à la fin de la représentation. Des paroles qui le marquent à jamais : « J'étais fou de joie. Il a toujours rêvé qu'on soit des artistes. » De son côté, sa sœur raconte : « Pierre n'avait que deux scènes à jouer, mais il a fait rire toute la salle. Il était formidable ! » Ce soir-là, la jeune femme est convaincue : son frère aîné est destiné à devenir comédien. « Tu es fait pour ça », lui assure-t-elle.

Elle le traîne aussitôt chez Tania Balachova. Pierre est intimidé : « Je ne me faisais pas confiance, je pensais que je n'étais pas capable de jouer, et je faisais un complexe

---

1. Entretien avec l'auteure, 2 septembre 2024.
2. Entretien avec l'auteure, 5 septembre 2023.
3. Berthold Brecht s'en est inspiré pour écrire *Tambours et Trompettes*.

vis-à-vis de Catherine. Elle avait commencé à jouer à 15 ans et demi, bien avant moi[1] », confie-t-il. Pourtant, il lui sera toujours reconnaissant de l'avoir emmené chez la comédienne professionnelle.

À cette époque, deux voies s'ouvrent aux acteurs débutants : passer par le Conservatoire pour entrer à la Comédie-Française, ou fréquenter le prestigieux cours de Tania Balachova. « Elle nous disait : "Moi, je peux vous apprendre plein de choses, mais pas comment être sur un plateau. Ça, c'est vous qui l'apprendrez en travaillant sur le tas"[2] », raconte Évelyne Dandry.

Dès le début, le jeune Pierre s'investit, prend tout ce qu'il y a à prendre et à apprendre. « La première chose à faire, dans un cours d'art dramatique, c'est de ne pas se laisser avoir froid, de ne pas rester seul et de se serrer avec ses camarades comme des pingouins sur la banquise pour se dire qu'on a tous choisi le même destin, explique-t-il. Rien que ça, ça vous empêche de vous sentir orphelin, parce qu'entrer dans ce métier, c'est follement compliqué[3]. »

« C'était un élève plutôt appliqué », assure de son côté Viviane Blassel, le premier amour de Pierre, somptueuse brune au timbre de voix sensuel et reconnaissable entre mille. L'attirance est réciproque. « On est restés environ deux ans ensemble, on avait même publié les bans[4] ! » confie en souriant l'ancienne journaliste de mode qui, alors âgée de 22 ans, joue dans son premier film, *Pierrot le fou* de Jean-Luc Godard. Elle y tient le rôle d'une employée dans un magasin de parfumerie.

1. Entretien avec l'auteure, 10 octobre 2023.
2. Entretien avec l'auteure, 1er février 2024.
3. Story Classique, *Si le ciné m'était conté*, *op. cit.*
4. Entretien avec l'auteure, 6 janvier 2024.

Heureux, les deux jeunes gens croquent la vie à pleines dents : « Pierre adorait conduire la nuit. Son père nous prêtait sa voiture », se souvient Viviane Blassel. « Nous faisions souvent des grands tours dans Paris avant de rentrer chez elle[1] », confirme Arditi. Tous deux postulent pour faire de la figuration dans le film historique *Paris brûle-t-il ?* de René Clément. Yves Boisset, l'assistant du réalisateur, dirigera plus tard Arditi.

« La frime athlétique et musclée » : ainsi ce dernier définit-il l'exercice du figurant. Viviane Blassel raconte : « Nous étions dans une chambre d'hôtel, dans le 6e arrondissement de Paris. La scène avait lieu pendant la Libération : des colonnes de militaires passaient devant l'immeuble. Pierre et moi, nous devions ouvrir la fenêtre en demandant : "Que se passe-t-il, que se passe-t-il ?" » « Elle avait été prise, moi pas[2] ! » se souvient Arditi.

Le couple passe ses soirées à La Coupole, boulevard du Montparnasse – l'endroit où ils se sont vus pour la première fois. Pierre se souvient encore des chaussures que la jeune femme portait lors de leur rencontre, des salomés mauves qu'il ne trouvait pas à son goût. « Il les détestait, raconte aujourd'hui Viviane Blassel, amusée. Pourtant, à partir de ce jour-là, on ne s'est plus quittés. Il m'a même amenée chez ses parents rue des Martyrs. J'étais d'une timidité maladive : au lieu de leur faire la conversation, j'ai pris un livre et j'ai commencé à le lire ! » À l'occasion de cette visite, la jeune femme porte d'ailleurs les fameux souliers. « Viviane, c'est Saint Laurent pour tout le monde ! » clame son amoureux, qui aime s'habiller. « Je n'ai jamais autant ri qu'avec

1. Entretien avec l'auteure, 2 septembre 2024.
2. *Ibid.*

Pierre », observe cette grande dame dans tous les sens du terme. George Arditi l'emmène une ou deux fois au théâtre, et la présente à toutes ses connaissances[1].

⋆

À La Coupole se croisent en ce temps-là Simone de Beauvoir et Jean-Paul Sartre, Roman Polanski, Karl Lagerfeld, Yves Saint Laurent… « C'est là qu'il fallait être si on voulait rencontrer des metteurs en scène », estime Viviane Blassel, qui y dîne alors régulièrement d'un steak au poivre avec son amoureux. « On n'avait pas d'argent, on partageait l'addition. Pierre rêvait d'être connu. Il avait tellement envie de jouer qu'il jouait tout le temps ! Il haranguait les gens dans les files d'attente des cinémas, il imitait Louis de Funès pour les faire rire[2]. » Un jeu que pratiquait également son père.

Dans la brasserie, Viviane Blassel et Pierre Arditi rencontrent un journaliste d'Europe n° 1, Alexandre Baloud, qui se dit impressionné par la facilité d'élocution de l'acteur. « Tu devrais être animateur », lui conseille-t-il. Pierre Arditi fait un essai, mais ne convainc pas. Contrairement à son amie, qui deviendra une célèbre meneuse de jeu de la station, où elle travaillera pendant vingt et un ans.

En 1966, les tourtereaux jouent ensemble dans *Capitaine Bada*, la première pièce de Jean Vauthier, montée par Marcel Maréchal. « J'avais repris le rôle d'Emmanuelle Riva, raconte Viviane Blassel. Nous sommes partis en tournée au théâtre du Cothurne, à Lyon, pendant six mois. Nous étions en famille : il y avait aussi Catherine

1. Entretien avec l'auteure, 6 janvier 2024.
2. *Ibid.*

Arditi. Nous bossions, nous étions tous passionnés[1]. » Pierre se souvient : « Je faisais l'un des trois danseurs, qui ne disaient pas un mot d'ailleurs, avec Marcel Bozonnet et Maurice Bénichou[2]. »

⋆

Dans ses cours, Tania Balachova enseigne la méthode de Constantin Stanislavski, dont le comédien Lee Strasberg s'est inspiré pour diriger l'Actors Studio, célèbre école d'art dramatique. « Travailler la technique n'est pas déchoir… Vous serez de vrais comédiens quand vous saurez dire des mots beaux », assure la professeure, qui travaille à la fois sur la diction et sur l'intériorité. Elle conseille à ses élèves de ne « jamais penser les mots », mais d'apprendre à se servir plutôt de leur vécu pour créer le personnage qu'ils incarnent[3]. « Pour elle, les acteurs comptaient plus que le caractère supposé des personnages », estime l'acteur et metteur en scène Antoine Vitez, un de ses anciens élèves. De son côté, Viviane Blassel garde un vif souvenir de cette professeure : « Elle était formidable, slave avec de beaux yeux. Elle savait déceler chez ses élèves ce qu'ils étaient capables de faire. Elle aimait qu'on ose être créatifs, qu'on l'étonne, qu'on sorte des sentiers battus, qu'on soit différents. Elle faisait souvent référence à la manière géniale qu'avait Brigitte Bardot de poser son adorable petit postérieur ! Mais l'allure n'était pas tout. Elle précisait : « Quand vous dites : "J'ai faim", marquez un temps d'arrêt. Pensez d'abord à intégrer vos sensations[4]. »

1. Entretien avec l'auteure, 6 janvier 2024.
2. Entretien avec l'auteure, 15 janvier 2024.
3. Ina.fr, 1964.
4. Entretien avec l'auteure, 6 janvier 2024.

Tania Balachova est convaincue qu'« on ne peut pas incarner en se mettant hors de soi ». « Qui que l'on soit, il fallait qu'on soit d'abord nous-mêmes[1] », se souvient Jean-Claude Grumberg, un autre de ses anciens élèves. François Berléand, lui, a gardé en mémoire l'un de ses enseignements : « Elle disait que dans un monologue, l'important n'est pas celui qui le dit, mais celui qui l'écoute[2]. »

« *Use it*, sers-toi de toi-même pour incarner cet autre qui n'est pas un étranger », approuve Pierre Arditi qui adopte ses enseignements pour la vie. « Comme elle, je suis resté un stanislavskien endurci, pur et dur », déclare-t-il. Il ne croit pas au paradoxe de Diderot, à ce dédoublement intérieur de l'acteur qui le rendrait capable de simuler les émotions tout en restant froid : « On passe sa vie à jouer des petits morceaux de soi qu'on met au service – apparemment – d'un autre qui nous serait étranger, mais qui est en réalité un cousin ou une cousine germaine[3]. » Le comédien mettra quarante ans à se familiariser avec cette idée et à perfectionner son art.

Lorsqu'on lui demande pourquoi cet « autre » ne lui est pas étranger, il répond : « Parce que les véritables acteurs sont des gens infréquentables au meilleur sens du terme. C'est-à-dire que nous autres comédiens passons notre vie à tripoter, trifouiller, aller au tréfonds de ce que nous contenons, y compris ce qu'il y a en nous de plus inavouable et que la majeure partie de nos congénères s'ingénie à enfouir. Tout ce qui est inavouable chez moi, je le cultive[4]. » Mais que pourrait-il donc

1. Entretien avec l'auteure, 16 novembre 2023.
2. Entretien avec l'auteure, 9 janvier 2024.
3. Entretien avec l'auteure, 16 novembre 2023.
4. Entretien avec l'auteure, 15 janvier 2024.

y avoir d'inavouable chez lui ? « Tout ! rétorque-t-il. La lâcheté, la mauvaise foi… pas la méchanceté. Oui, je râle, mais la véhémence est une qualité. Quand on manque de véhémence, on manque de personnalité. »

Interrogé par la journaliste et animatrice Mireille Dumas, il fait son *mea culpa* et nuance ses propos : « Je suis peut-être devenu, avec le temps, moins lâche… Je suis meilleur que je ne l'étais il y a trente ou trente-cinq ans, j'imagine[1]. »

*

Comme Pierre Arditi, Brigitte Fossey est formée par un disciple de Lee Strasberg et Stanislavski : Andreas Voutsinas, dont le cours est très prisé[2]. C'est l'homme qui a « coaché » Faye Dunaway, Warren Beatty ou encore Jane Fonda avant de s'installer en France. « Pierre réfléchit beaucoup à son rôle avant de venir sur le plateau. Ainsi, il peut s'adapter à tout ce qui se passe. Il est très vivant, il a toujours plein d'idées, il sait écouter et partager[3] », explique la comédienne de *Jeux interdits*.

« Stanislavskien » n'est pas tout à fait le mot qu'emploierait pour sa part Chloé Lambert, qui joue l'épouse d'Arditi dans *Tailleur pour dames* sous la direction de Bernard Murat : « Pierre est quelqu'un qui est dans le contrôle, estime-t-elle. Chez lui, le jeu jaillit, il n'est pas cérébral. Je le trouve très instinctif sur le plateau et avec ses partenaires, il laisse sa place à chacun. Il a le sens du rythme, c'est un musicien. Fabrice Luchini a aussi ce

1. *Vie privée vie publique*, 12 janvier 2009.
2. 1932-2010.
3. Entretien avec l'auteure, 4 septembre 2023.

sens de la musique, mais il est moins physique. Pierre est un homme-orchestre[1]. »

Évelyne Buyle, qui tient le rôle de la femme d'Arditi dans la pièce *Comme s'il en pleuvait*, de Sébastien Thiery, partage son avis : « Quand il assure qu'il est un acteur stanislavskien à fond, je n'en suis pas si sûre. Je pense que Pierre n'en est plus à chercher des choses en lui qui le font pleurer. Il a la maîtrise de son art, une technique phénoménale, mais il ne s'arrête pas là. Il a des ailes, il arrive en connaissant son texte, il nourrit une réflexion sur le parcours de son personnage et il le laisse évoluer au fil des répétitions. »

D'après le metteur en scène Patrice Kerbrat, être stanislavskien, c'est « se prendre la tête », du moins c'est ce qu'il pense des comédiens américains qui viennent de l'Actors Studio. « Pierre est un acteur d'instinct, affirme-t-il. Il renifle le truc et il fonce. Je n'ai pas le sentiment qu'il construise les choses de façon intellectuelle. Il a un rapport plus direct au personnage[2]. » Et Viviane Blassel d'abonder : « Son grand jeu, c'était de déclamer "Passe-moi le sel" en caricaturant la méthode stanislavskienne. Quand un acteur en faisait trop, on le surnommait "Passe-moi le sel" ! Pierre n'aimait pas l'artifice[3]. »

Pour Bruno Podalydès, Arditi a ses propres chemins souterrains. « Je ne l'ai pas mis en demeure de faire naître une larme, signale-t-il. On cherche ça pour provoquer des douleurs en général, mais pas pour trouver quelque chose d'hilarant[4]. »

1. Entretien avec l'auteure, 24 août 2023.
2. Entretien avec l'auteure, 28 novembre 2023.
3. Entretien avec l'auteure, 6 janvier 2024.
4. Entretien avec l'auteure, 15 septembre 2023.

Devant Tania Balachova, Pierre et sa sœur jouent une scène de *Mais n'te promène donc pas toute nue !* de Georges Feydeau (déjà !). « Elle était faite pour travailler avec des acteurs, pas des élèves, se remémore le premier. Elle adorait qu'on joue des comédies, des vaudevilles, mais ses disciples réclamaient plutôt la tragédie, le drame… » Lui, au contraire, s'épanouit dans le rire : « Ben quoi, quoi, quoi Antoinette », s'amuse-t-il, interprétant le personnage de M. Hochepaix, qui essaie de faire comprendre à sa moitié qu'il n'est pas raisonnable de déambuler en public en tenue légère[1].

Pourtant, au début, le jeune homme est crispé, il peine à comprendre ce que Tania Balachova attend de lui. Sa sœur, qui a déjà suivi des cours chez Charles Dullin, est beaucoup plus détendue. Mais Pierre se décontracte quand, un beau jour, la professeure rit pour le mettre à l'aise. « Elle a ri comme une enfant », se souvient-il. Encore aujourd'hui, il conserve sa photographie dans son bureau.

Avec elle, il travaille son premier personnage classique : Arnolphe, l'antihéros de la pièce *L'École des femmes* de Molière, un bourgeois célibataire d'âge mûr qui vit dans la crainte d'être trompé et qui enferme sa pupille afin de l'épouser en toute quiétude. Pierre Arditi se souviendra toute sa vie de la réaction de Tania Balachova lorsqu'il interprète le rôle pour la première fois devant elle : « J'avais 17 ans, je l'ai joué romantique. Elle m'a regardé avec les yeux de l'amour et m'a dit : “Ce n'est pas du tout le personnage, mais c'est beau ce que vous venez de faire et magnifique à regarder. Ce serait merveilleux de pouvoir le jouer comme ça. Vous le jouez avec l'âge que vous avez, comme un jeune homme

1. Entretien avec l'auteure, 10 octobre 2023.

énamouré, mais Arnolphe n'est pas un jeune homme énamouré"[1]. »

Le comédien est loin de se douter que, des années plus tard, le metteur en scène Didier Bezace lui confiera ce rôle. Il baigne encore dans l'insouciance de la jeunesse : « J'avais envie d'être regardé, et par les filles en particulier. C'est normal, d'ailleurs Louis Jouvet le disait lui-même : "Si quelqu'un veut devenir acteur, ça commence comme ça, c'est tout à fait naturel, c'est le contraire qui ne le serait pas. Il n'y a pas à culpabiliser." »

« Il est balachovien ! » estime de son côté Jean-Claude Grumberg, qui a suivi avant Arditi les cours de Tania Balachova. « Cette professeure avait une méthode très simple : elle nous faisait répéter la même réplique dans des rôles différents. Elle disait : "Vous êtes Jésus", on jouait comme si on était Jésus. "Maintenant, vous êtes Judas", on jouait comme si on était Judas. "Maintenant, vous êtes Ponce Pilate", on jouait comme si on était Ponce Pilate[2]… »

Mais c'est encore le réalisateur Pascal Thomas qui tient la meilleure conclusion quant au jeu unique d'Arditi : « Pierre est arditien[3] ! » La suite lui donne raison car, à peine sorti de l'adolescence, le jeune acteur va prendre son destin en main.

1. Entretien avec l'auteure, 10 octobre 2023.
2. Entretien avec l'auteure, 16 novembre 2023.
3. Entretien avec l'auteure, 21 novembre 2023.

6

Le théâtre du Cothurne : première aventure avec Marcel Maréchal

C'est encore Catherine Arditi qui entraîne son frère – « par la peau du cul » selon ses propres mots – chez Marcel Maréchal, au 5 rue des Marronniers, près de la place Bellecour, à Lyon[1]. Le metteur en scène a pris la suite de Roger Planchon, parti au Théâtre national populaire de Villeurbanne, en tant que directeur du théâtre du Cothurne. Selon Jean-Claude Grumberg, c'est pour Pierre une chance de travailler dans un théâtre public, dans une ville où la troupe n'est pas exposée à des critiques trop féroces. Les enjeux sont ainsi moins importants qu'à Paris. « J'ai commencé par le théâtre public », rappelle lui-même Arditi à qui veut l'entendre. L'actrice Catherine Hiegel remet les choses en perspective : « Il a longtemps galéré, il a beaucoup travaillé. Il a pu profiter de la décentralisation[2]. »

Si Catherine Arditi réclame le soutien de Marcel Maréchal pour propulser la carrière de son frère, c'est qu'elle sait que le metteur en scène, qui l'adore, ne peut rien lui refuser. Il pense qu'elle lui porte bonheur et la distribue dans toutes ses premières. « Ce n'était pas un

1. En 1958.
2. Entretien avec l'auteure, 21 février 2024.

grand directeur d'acteur, mais il avait le sens de la mise en espace et nous laissait beaucoup de liberté, explique celle qui se présente comme sa "filleule". Marcel jouait lui-même dans toutes ses pièces. On répétait avec son assistant, Bernard Ballet, et au dernier moment, il venait en personne jouer le spectacle avec nous[1]. »

« Sans qu'il ait besoin de me l'expliquer, j'ai compris ce qu'était la vie d'un acteur de théâtre, renchérit Pierre Arditi. Il avait dans sa tête des images, une vision. Quand il jouait, il apprenait son texte à la dernière minute. Quand j'ai joué dans *Dom Juan* ou *Maître Puntila et son valet Matti* avec Marcel Maréchal, j'ai beaucoup répété le rôle du valet souffre-douleur avec un de ses assistants, Michel Demiautte[2]. »

Arditi travaille dix ans avec Maréchal, qui fonde la compagnie du Cothurne à 21 ans à peine. Le fougueux chef de troupe prône « un théâtre de création pour le plus grand nombre[3] », dans la lignée du comédien et directeur de théâtre Jean Vilar. La salle compte cent places, mais la troupe n'hésite pas à se déplacer. Maréchal n'a pas d'argent, il fait avec les moyens du bord. L'objectif est simple : jouer.

Au fil des dix années passées à ses côtés, Pierre Arditi fait ses classes, adhère à sa manière de penser et, comme lui, en vient à considérer que le théâtre consiste à prolonger l'état d'enfance. « Prolonger n'est peut-être pas le mot juste : je lui préférerais le verbe "vivre"... », observe à l'époque Maréchal. Plus tard, Arditi se montrera nostalgique de ce temps : « Chaque fois que je reviens à

1. Entretien avec l'auteure, 5 septembre 2023.

2. Entretien avec l'auteure, 10 octobre 2023.

3. Patrick Ferla, *Conversation avec Marcel Maréchal*, Paris, Pierre-Marcel Favre, 1983.

Lyon, je retourne en pèlerinage rue des Marronniers. Je traverse le porche qui menait au théâtre de Cothurne, aujourd'hui disparu. Je croise dans cette cour, où l'on aperçoit maintenant l'arrière du CNP Bellecour[1], le fantôme de l'adolescent que j'étais… et je pleure[2] ! »

⋆

Dans la ville qui a vu naître le personnage de Guignol, l'apprenti comédien conforte également son goût pour les bons petits plats. Au pied du théâtre se trouve le bistrot de la Mère et du Père Jean, les Biol. L'endroit devient le QG des acteurs en devenir. Le Père Jean, un géant débonnaire, cuisine du lapin à la moutarde tandis que sa femme sert des pots de côtes-du-rhône et de beaujolais[3]. « C'était un petit bouchon lyonnais, avec des plats du jour à des prix tout à fait raisonnables[4] », se rappelle Catherine Arditi. La troupe se retrouve également à la mythique brasserie Georges, et parfois aux Archers, où les disciples de Roger Planchon, parmi lesquels figure Brigitte Fossey, ont leurs habitudes.

⋆

En termes de répertoire, Maréchal n'a peur de rien : il s'attelle aussi bien à des pièces classiques que contemporaines. Comme son « poulain » le fera par la suite. Pierre Arditi n'a jamais appartenu à aucune chapelle, ni participé aux luttes intestines entre théâtre public et théâtre privé.

---

1. Cinéma national populaire devenu Cinéma Lumière Bellecour.
2. *Le Progrès*, 24 juillet 2019.
3. Le lieu existe toujours.
4. Entretien avec l'auteure, 5 septembre 2023.

Comme le dit Maréchal : « Il s'agissait de faire du théâtre, il s'agissait que les gens viennent nous voir, il s'agissait en fait de "croûter", c'est peut-être un peu vulgaire de dire les choses ainsi, mais c'est comme ça[1]. » « Croûter », mais également défendre des valeurs essentielles : quand l'actualité s'y prête, Maréchal et Arditi se lèvent comme un seul homme. Ainsi, ils font publiquement part de leur indignation lors de la profanation de tombes dans le cimetière juif de Carpentras, dans la nuit du 8 au 9 mai 1990. Ils profitent pour cela de la première de *Maître Puntila et son valet Matti*, au théâtre La Criée, à Marseille. Une fois la représentation terminée, le metteur en scène sort une feuille de papier de la poche de son pantalon et déclare : « La pièce que nous venons de jouer est de Bertolt Brecht. Vous le savez peut-être : récemment, sa tombe ainsi que celle de son épouse ont été profanées à Berlin-Est et maculées d'inscriptions proclamant "Dehors les juifs !". Pour nous, Berlin-Est, c'est loin. Mais Carpentras, c'est juste à côté. Alors, je voudrais simplement rappeler cette phrase de Brecht : "Il est encore fécond, le ventre dont on est sorti…" » Un tonnerre d'applaudissements éclate à la fin de la lecture. Pierre Arditi est solidaire de cet engagement : « Moi, je ne suis pas pratiquant, mais quand on voit des histoires comme celle de Carpentras, on a vraiment les boules. C'est inouï. Qu'est-ce qu'on peut faire ? Il faut gueuler, non[2] ? »

*

En 1964, Pierre Arditi a 20 ans. Il remplace au pied levé dans *Élocoquente* un acteur qui a eu un accident de

1. Patrick Ferla, *Conversation avec Marcel Maréchal*, *op. cit.*
2. *Le Nouvel Observateur*, 24 au 30 mai 1990.

voiture. Cette pièce sur le langage de Georges Limbour est programmée dans le cadre des mardis du théâtre de l'Œuvre, à Paris. À l'époque, l'acteur est en permission dans la capitale : Catherine Arditi – encore elle – propose à Marcel Maréchal de le faire travailler. Le metteur en scène accepte de confier le rôle à son frère. Celui-ci s'empresse de l'apprendre sur le bout des doigts. Ses efforts sont récompensés : Maréchal est conquis. « J'ai même fait l'objet d'une bonne critique[1] », se souvient le comédien.

Un an plus tard, Pierre Arditi obtient pour la première fois un rôle important. Il joue Anetenos, personnage apparaissant dans l'épilogue de *L'Opéra du monde*, une pièce « délirante » en un acte de Jacques Audiberti. La troupe se produit au théâtre de Lutèce. L'histoire est du genre fantastique : les personnages évoluent entre un dancing, une « conférence universelle » et un mystérieux « magasin du doux tarif ». Pierre Arditi interprète un dieu qui, après la destruction de la planète, descend de l'Olympe sur Terre pour recréer la race humaine avec Irène, une vendeuse chez Prisunic interprétée par Emmanuelle Riva. C'est Catherine Arditi qui a créé le rôle.

La performance de Pierre est si convaincante que la journaliste Monique Pantin écrira : « Nous étions seulement quelques-uns à admirer sa silhouette de mince toréador dans une sublime pièce d'Audiberti, *L'Opéra du monde*. Il ne disait pas un mot. C'étaient vraiment ses débuts. Depuis, le “toréador” a continué à toréer avec les mots, avec le texte souvent admirable qu'on lui mettait dans la bouche[2]. »

---

1. Entretien avec l'auteure, 10 octobre 2023.
2. *France Soir*, 26 juin 1987.

La sœur et le frère n'ont pas l'intention de s'arrêter à ce premier succès : ils partent en tournée dans toute la France. La même année, Pierre Arditi applaudit Bernard Murat dans la pièce *Du vent dans les branches de sassafras*, de René de Obaldia, avec Caroline Cellier, Françoise Seigner et Michel Simon, au théâtre Gramont[1]. Ils sont dirigés par René Dupuy. Bernard Murat raconte : « Je vois encore Pierre à cette époque, un jeune homme très sombre et romantique, qui venait de tourner un téléfilm et commençait à faire du théâtre. Nous sommes allés dîner, nous avons beaucoup ri et nous ne nous sommes plus quittés[2]. »

La tournée de *L'Opéra du monde* prend fin le jour où Pierre Arditi doit effectuer son service militaire. « J'ai 19 ans et deux mois, compte-t-il. Ces seize mois ont été utiles, ils m'ont ouvert les yeux sur le monde du travail, avec des gens différents de moi. C'était un peu long, mais ça m'a appris à être séparé de mes parents et à me débrouiller seul, à marcher au pas, à crapahuter, à faire fonctionner un char. J'ai découvert d'autres catégories sociales que je n'aurais jamais rencontrées autrement, des gens avec lesquels j'avais des atomes crochus, d'autres moins, mais c'était important[3]. »

*

Pendant son service, le jeune homme devient caporal-chef. « J'aurais pu être sous-officier, mais l'adjudant, qui m'aimait pourtant bien, n'a rien fait pour m'y aider. J'aurais préféré le devenir, j'aurais eu une chambre pour

1. Aujourd'hui disparu.
2. Entretien avec l'auteure, 3 mars 2023.
3. Entretien avec l'auteure, 10 octobre 2023.

moi tout seul », explique Arditi, qui est radio du colonel et effectue un stage d'opérateur. Sa sœur Catherine se souvient néanmoins qu'à la fin de son service, Pierre est complimenté par son supérieur : « Vous êtes un élément d'élite, Arditi, vous ne voulez pas intégrer l'armée ? » « Ah non, moi, je veux être acteur ! » rétorque crânement le soldat.

De son côté, leur père Georges n'imagine pas être séparé de son fils trop longtemps. Dans sa Renault, il emmène sa femme et Catherine passer des vacances à Radolfzell, en Allemagne du Sud, au bord du lac de Constance. Le soir, Pierre rentre de la caserne située non loin de là pour profiter de leur compagnie.

*

Le théâtre chevillé au corps, Pierre Arditi revient auprès de Marcel Maréchal aussitôt son service militaire terminé pour jouer dans la pièce *Mille Francs de récompense*, un « mélo contestataire » de Victor Hugo, au théâtre des Célestins, à Lyon. « Je jouais le jeune premier, et ma sœur, la jeune première[1] ! » s'esclaffe-t-il à ce souvenir. Maréchal campe pour sa part Glapieu, un Jean Valjean qui dénonce la misère du peuple. Le metteur en scène a un projet précis : « Un réalisme en demi-teinte nous permettra de mieux mettre en valeur le côté noir de la pièce, la revendication politique. Car Hugo avait la bile échauffée lorsqu'il a écrit ce texte. Un jeu ambigu, plus proche de l'*Opéra de quat'sous* que de l'image d'Épinal, nous aidera également à dépouiller le mélo de son aspect folklorique[2]. »

1. Entretien avec l'auteure, 10 octobre 2023.
2. *Le Monde*, 29 avril, 1966.

L'année suivante, Pierre Arditi donne à nouveau la réplique à Marcel Maréchal dans *Cripure*, une pièce adaptée par Louis Guilloux de son propre roman *Le Sang noir*. C'est la dernière création du chef de troupe au théâtre du Cothurne, avant son installation au théâtre du Huitième, toujours à Lyon, puis à Marseille, et enfin au théâtre du Rond-Point à Paris.

Cette fois-ci, le travail en commun s'avère difficile. Le jeune acteur souffre des reproches que lui fait Louis Guilloux. « Il n'y arrivera pas », répète l'écrivain contrarié pendant les répétitions. « Mais si ! » lui assure Maréchal. « Non, il n'a pas saisi la densité de la scène. » Le metteur en scène insiste : « Je te dis qu'il va y arriver, rendez-vous dans trois semaines »[1].

Le jour dit, Louis Guilloux se montre plus indulgent et vient même en personne féliciter l'élève. « Je pensais que vous n'y arriveriez pas. » « Je sais », répond Pierre, pas peu fier. Avec le recul, il commente : « Cela m'a presque détruit, c'était compliqué à jouer, j'étais jeune »[2].

*

Désormais à la tête du théâtre du Rond-Point[3], Marcel Maréchal continue de penser à son fidèle disciple. Il lui propose d'abord de transposer sur scène le film *Les Enfants du paradis*, de Marcel Carné. Mais Pierre Arditi est réticent : il préfère monter *En attendant Godot* de Samuel Beckett avec Patrice Kerbrat. Il sera Vladimir, Maréchal sera Estragon. Jean-Michel Dupuis se porte

1. Entretien avec l'auteure, 10 octobre 2023.
2. *Ibid.*
3. De juillet 1994 à 2001.

volontaire pour endosser le costume de Lucky. Robert Hirsch interprétera donc Pozzo, un rôle initialement destiné à Pierre Vaneck.

Patrice Kerbrat raconte la difficulté qu'il a eue à recruter Hirsch : « Robert a beaucoup hésité, il affirmait qu'il ne comprenait rien à la pièce ! D'un autre côté, il disait pourtant : "Je suis un acteur, je ne peux pas rester chez moi à regarder la télévision toute la nuit." Nous avons tous dîné au restaurant, mais nous n'avons pas parlé d'*En attendant Godot*[1] ! » Ce sont finalement les actrices Annick Alane et Suzanne Flon qui réussissent à convaincre leur ami qu'il ne peut pas refuser un rôle pareil. La troupe est alors au complet.

En accord avec le scénographe Édouard Laug, Patrice Kerbrat choisit d'installer un néon bleu au-dessus de la scène du théâtre du Rond-Point, où la pièce est créée. Le public peut y lire : « Route de campagne, avec arbre », une didascalie directement tirée du texte de Beckett. Les répliques sont connues : « On devrait partir ! » « On ne peut pas. » « Pourquoi ? » « On attend Godot ! »

Marcel Maréchal, qui joue un Estragon aux pieds nus, resitue comme à son habitude la pièce dans son contexte : « À la fin de ce millénaire, nous vivons dans une époque de doute, et cette pièce, qui parle justement de l'inquiétude métaphysique de chaque homme – Qui sommes-nous ? Où allons-nous ? Pourquoi sommes-nous là ? Qu'attendons-nous de la vie ? – prend une acuité et une actualité extraordinaires. Les personnages sont profondément clownesques : ce côté clown, qui fait penser à Mack Sennett, est souvent présent dans le travail de Beckett[2]. »

1. Entretien avec l'auteure, 28 novembre 2023.
2. *Présence protestante*, 12 janvier 1997.

Tandis que Marcel Maréchal explore la signification de la pièce, les choses sont plus compliquées pour Pierre Arditi, se souvient Patrice Kerbrat. « Il devait évoluer sur deux pentes différentes sur le plateau, mais dès qu'il est entré en scène, il a lancé : "C'est formidable, je suis comme chez moi." Ce n'était pas la peine de le diriger. Il réfléchissait et travaillait beaucoup en amont[1]. »

Pourtant, avec le recul, Arditi estime qu'il n'a pas « bien » joué Vladimir. « Ça me bouleversait, explique-t-il. Or ce n'était pas à moi d'être bouleversé, mais au public. J'étais envahi par ce que la pièce raconte. Mais Pozzo et Vladimir, eux, ne sont envahis par rien du tout. Ils attendent et rien ne vient. Ils ne comprennent pas, ils traversent la vie sans se rendre compte qu'elle va finir. Si moi, j'ai conscience qu'à un moment donné, c'est déchirant, je trahis le propos. Je n'avais pas à être aussi touché, il fallait que je reste hors de l'histoire[2]. » Le public et les critiques plébiscitent néanmoins son jeu.

1. Entretien avec l'auteure, 28 novembre 2023.
2. Entretien avec l'auteure, 10 octobre 2023.

7

Un avant-goût du succès

Les années 1960-1970 sont le temps des pièces « dramatiques » diffusées en direct sur les chaînes de télévision d'État dépendant de l'ORTF[1]. Le petit écran a le vent en poupe depuis le succès de *Belphégor*, un feuilleton de Claude Barma avec Juliette Greco. Beaucoup d'acteurs rêvent de se produire à la télévision : ils se rendent aux Studios des Buttes-Chaumont, dans le 19e arrondissement de Paris. « C'était comme aller au paradis[2] », s'extasie Évelyne Dandry.

À l'époque, il n'y a pas de véritables castings, seulement des auditions officieuses. Ceux qui ont le privilège d'être sélectionnés par des metteurs en scène se voient attribuer une loge, et répètent dans les studios d'une superficie de plusieurs centaines de mètres carrés. Des marques au sol indiquent le décor, une porte, un salon… Les comédiens se soumettent à des essayages de costumes, puis jouent en direct au milieu des caméras et des câbles.

« Nous signions des feuilles de maquillage, de présence, se souvient Viviane Blassel. Nous étions très bien

1. L'Office de radiodiffusion-télévision française.
2. Entretien avec l'auteure, 1er février 2024.

payés, même si nous ne travaillions pas tout le temps. Nous faisions la tournée des popotes, nous cherchions à rencontrer un réalisateur. Untel connaissait untel, etc. Nous frappions aux portes. Nous trouvions souvent des figurations grâce au bouche-à-oreille[1]. »

⋆

Le 28 novembre 1967, à 23 ans, Pierre Arditi goûte au succès pour la première fois. Alors complètement inconnu, l'acteur joue dans le dernier volet d'une célèbre série judiciaire intitulée *En votre âme et conscience*. Conçue par le trio Pierre Desgraupes (qui en est l'auteur), Pierre Dumayet et Claude Barma, cette fiction, qui commence toujours par l'annonce : « Messieurs, la Cour », reconstitue les procès de différentes grandes affaires criminelles.

Devant la caméra de Jean Bertho, Pierre Arditi est le héros de l'épisode *L'Affaire Jobard*, sous-titré « Entre 2 heures du matin et 9 heures et demie le soir[2] ». C'est la première fois qu'il tient le rôle principal d'une fiction télévisée. « Je passe un casting aux studios des Buttes-Chaumont. Visiblement, j'intéressais Jean Bertho. "Que faites-vous cet après-midi ?" me demande-t-il. Je réponds : "Rien de spécial." Le réalisateur poursuit : "Vous aimez les chevaux ? Vous allez venir avec moi à l'hippodrome de Paris-Longchamp." Pendant les courses, je sens qu'il m'observe du coin de l'œil, raconte Pierre Arditi. À la fin, il me dit : "Je te prends." Il a senti en moi ma fragilité de jeune homme, c'est ce qu'il voulait pour le personnage[3]. »

1. Entretien avec l'auteure, 6 janvier 2024.
2. Ina.fr.
3. Entretien avec l'auteure, 2 septembre 2024.

Il prête son visage angélique au personnage d'Antoine-Emmanuel Jobard, un fils de paysans qui, à l'âge de 20 ans, a poignardé une femme pendant une représentation d'*Adrienne Lecouvreur*, un drame d'Ernest Legouvé donné au théâtre des Célestins, à Lyon, un soir de septembre 1852. On ignore les raisons de cet acte, qui était visiblement prémédité. Jobard reconnaît les faits : « J'étais obligé. Si j'avais pu atteindre pareillement mon but en n'arrachant qu'un seul cheveu de cette pauvre jeune femme, je l'aurais fait, mais c'était impossible », souffle un Pierre Arditi absorbé par son rôle, tête baissée, les mains croisées sur une veste choisie par la costumière Huguette Chasseloup. « Il fallait que ce crime fût commis [...]. Chaque jour, je prie Dieu pour qu'il m'envoie une maladie, puis qu'il me laisse la vie sauve pour expier mes crimes »[1]...

Catherine Arditi joue la cousine de Jobard dans deux scènes, dont l'une au cours de laquelle elle témoigne en sa faveur. Mais, après un procès retentissant, le criminel est condamné aux travaux forcés à perpétuité. « Dans ce rôle, mon inexpérience et ma jeunesse m'ont servi sans que je le sache[2] », juge Pierre Arditi. Le metteur en scène Patrice Kerbrat, 18 ans à l'époque, le trouve déjà « extraordinaire d'émotion et de présence à l'image[3] ».

Pourtant, sur le plateau, l'acteur a « la trouille de sa vie ». Pendant la diffusion en direct de l'émission, le comédien Julien Bertheau, qui interprète le président du tribunal, fait involontairement l'impasse sur trente pages de son texte et donne la mauvaise réplique. Lorsqu'il s'en aperçoit, il est trop tard. En face de lui,

1. Ina.fr.
2. Entretien avec l'auteure, 10 octobre 2023.
3. Entretien avec l'auteure, 28 novembre 2023.

Pierre est tétanisé. Les deux acteurs pâlissent soudainement. « Quand il m'a dit cette réplique erronée, j'ai compris qu'il ne savait pas où il en était, raconte Pierre Arditi. Je l'ai regardé et j'ai fait : "Je ne sais pas, je ne sais pas." J'étais incapable de lui répondre. Tout était en direct. Sauf, miraculeusement, une séquence qui était préenregistrée et que le réalisateur a projetée pile poil au moment où il le fallait. Julien Bertheau a ainsi eu le temps de se ressaisir[1]. » Mais l'acteur, qui est passé par la Comédie-Française, est traumatisé. « Il m'a dit : "Tu vois, mon petit, plus jamais je ne ferai du direct." Il n'en a plus jamais fait », signale Pierre Arditi. Et d'ajouter : « Moi, je n'en ai fait que deux fois mais, heureusement, je n'ai pas eu de trou de mémoire »[2]...

La presse salue sa prestation dans *L'Affaire Jobard* : « Pierre Arditi, dans le rôle de Jobard, fit une étonnante composition. Son visage, qui exprimait tour à tour la souffrance ou l'euphorie, l'obsession ou la torpeur, reflétait tout à fait le déséquilibre du personnage déclarant : "Je sens en moi quelque chose qui n'est pas naturel"[3]. » L'acteur commence aussi à être reconnu dans la rue. En parallèle, il joue dans *Ma déchirure, un conte dramatique en seize tableaux*, une pièce de Jean-Pierre Chabrol avec Élisabeth Wiener et Patrick Dewaere au théâtre de la Commune, à Aubervilliers. « On a pris un gadin ! » se souvient Arditi, tout sourire. Mais c'est là que l'homme de théâtre Pierre Debauche le remarque. « Il cherchait quelqu'un qui avait le même profil que moi, raconte l'acteur et metteur en scène Jean-François Prévand. Pierre m'a remplacé dans *Les Misérables* pour jouer Jean

1. Entretien avec l'auteure, 10 octobre 2023.
2. *Ibid.*
3. *Le Figaro*, 30 novembre 1967.

Prouvaire, un étudiant révolutionnaire qui fait partie du groupe d'Enjolras. Comme l'œuvre est une grande fresque, on faisait surtout des "ménages", on jouait les utilités, on disait trois répliques avant de sortir et d'aller se changer, on n'arrêtait pas de jouer en dehors de nos rôles. Pierre a grandi avec nous ; il était déjà en puissance ce qu'il est devenu depuis, quelqu'un d'extraverti avec une certaine ironie, une espèce d'autodérision et du recul par rapport à lui-même[1]. »

Arditi obtient ensuite un petit rôle dans *Le Jeune Homme* avec le fameux Pierre Debauche, au théâtre des Amandiers. « La pièce n'a pas marché, raconte encore Prévand. On jouait dans un théâtre national populaire à Nanterre, et le spectacle était trop universitaire[2]. » Et Arditi de renchérir : « Le projet n'a pas fonctionné, mais il était digne d'estime. Pierre Debauche était brillant, passionnant, très cultivé, pédagogue, et attachant pour de jeunes acteurs comme nous. Il avait une personnalité iconoclaste. Il faisait des mises en scène qui ne ressemblaient à aucune autre. On avait l'impression de participer à une aventure hors-norme, et c'était le cas[3] ! »

Par chance, François Truffaut a vu *L'Affaire Jobard* et lui envoie une lettre « très aimable » pour le féliciter. Pierre Arditi devient une « gloire nationale », et les propositions affluent. Le metteur en scène Étienne Bierry lui promet une grande carrière et veut l'engager pour jouer une pièce de Sean O'Casey, *Junon et le Paon*. Mais c'est compter sans les événements de Mai 1968, qui détournent l'attention des spectateurs. Pierre Arditi est oublié et

1. Entretien avec l'auteure, 6 juin 2024.
2. *Ibid.*
3. Entretien avec l'auteure, 10 juin 2024.

recommence à faire de la figuration, notamment avec Christian-Jaque, qui l'a également admiré dans *L'Affaire Jobard*.

« Heureusement, ça m'a mis du plomb dans la cervelle au lieu de me donner la grosse tête, se souvient-il. J'ai compris qu'on pouvait disparaître d'un claquement de doigts. » Arditi devient garçon de café en attendant de se remettre en selle, et vend des glaces dans le bistrot des parents de celle qui deviendra sa première femme, Florence Giorgetti, rue de la Pépinière. Il travaille en parallèle dans une compagnie d'assurances et fait encore et toujours de la figuration, « parce qu'il fallait que je fasse croûter la famille[1] ». Du bistrot, son fils conservera un souvenir joyeux : « C'était un bar qui s'appelait le bar du Soleil, précise Frédéric Arditi. La première fois, Pierre a cuisiné une omelette géante au lieu de faire des glaces ! Mon grand-père lui a ensuite appris à faire de véritables glaces à l'italienne[2]. » Florence Giorgetti raconte : « [Mon père] a commencé à fabriquer ses propres glaces, des glaces à l'italienne. Ça a démarré très fort, car le café était tout près de la Cinémathèque, avenue de Messine, des grands magasins, et du ministère de la Marine, au 28 rue de la Pépinière[3]. »

Pierre Arditi apparaît entre autres dans le film *Le Dernier Saut* d'Édouard Luntz, d'après le roman de Bartolomé Bennassar, adapté par Antoine Blondin. Il a le privilège d'y côtoyer Maurice Ronet et Michel Bouquet, l'un de ses maîtres, qu'il retrouvera en 1982 dans un conte fantastique, *Les Secrets de Monsieur*

1. Entretien avec l'auteure pour *Le Figaro*, 4 octobre 2015.
2. Entretien avec l'auteure, 23 février 2024.
3. Florence Giorgetti, *Do you love me ?*, Paris, Sabine Wespiser, 2010.

L. avec la jeune Irina Brook. « C'est la première fois que j'ai vraiment tourné avec Bouquet : c'était un téléfilm réalisé par Pierre Zucca, que j'aimais beaucoup, et qui était aussi photographe[1]. » Mais, pour l'heure, le jeune acteur doit « tout reprendre à zéro ».

⋆

C'est à cette époque, alors qu'il multiplie les tentatives pour joindre les deux bouts, que le remarque le comédien et metteur en scène Laurent Terzieff[2]. Ce dernier lui fait passer une audition pour *La Valse des chiens* de Leonid Andreïev. Pierre Arditi est submergé par l'angoisse : il doit jouer un personnage âgé et ne se sent pas au meilleur de sa forme. Pour se donner du courage, il boit des bières dans un café en face du théâtre du Vieux-Colombier[3], si bien qu'il se présente ivre à l'audition. Bienveillant, Laurent Terzieff comprend vite la situation : « Écoutez, votre jeu m'intéresse, mais je vois que vous êtes un peu fatigué. Vous allez revenir demain », lui propose-t-il. Pierre Arditi se présente cette fois sans avoir bu une goutte d'alcool. Le metteur en scène le fait travailler pendant deux heures. Arditi en garde un souvenir empreint de gratitude : « Il m'a appris ce que c'est de regarder quelqu'un, quand on ne le regarde pas comme un être humain, mais quand on le méprise. Quand on le regarde comme un objet, un meuble. Je sais faire ça[4]. »

---

1. Entretien avec l'auteure, 15 janvier 2024.
2. Arditi rendra hommage au grand comédien lors de sa disparition, le 2 juillet 2010.
3. 21 rue du Vieux-Colombier, Paris 6e.
4. Entretien avec l'auteure, 10 octobre 2023.

Arditi n'est pas pris pour le rôle, mais retient la leçon. Il sera présent à la Maison des arts de Créteil, quand Laurent Terzieff recevra le Molière du meilleur comédien pour les deux pièces *L'Habilleur* et *Philoctète*, en 2010. « Il aurait pu faire une grande carrière dans le cinéma, mais c'est le théâtre qui l'intéressait. Ça dit tout[1]. » Laurent Terzieff restera un « phare » pour lui.

1. *Ibid.*

8

Le mariage, une chaîne invisible

Attardons-nous un peu sur l'année 1967, et sur la rencontre entre Pierre Arditi et sa future épouse, Florence Giorgetti. Pierre a 23 ans lorsqu'il est présenté à cette actrice blonde talentueuse, expansive, drôle, énergique et pleine de fantaisie. Florence est née à San Cristofano, un petit village de Toscane, près de Florence. Elle a 22 ans et a également suivi les cours de Tania Balachova. « Ma mère a dû tomber amoureuse de mon père pour sa beauté, et je crois qu'ils riaient vraiment beaucoup ensemble[1] », estime leur fils Frédéric Arditi. Séduit par la spontanéité de la jeune actrice, Pierre l'épouse un an après lui avoir déclaré sa flamme. Trop tôt, admettra-t-il plus tard.

Les deux tourtereaux travaillent également ensemble : « Pierre Boursaux nous a dirigés dans un téléfilm, *Rosy la rouge*, dans l'Aveyron[2]. » Florence y joue le rôle-titre, et lui, un pilote automobile. « Nous tournions une course de voitures anciennes. C'était une actrice très intéressante[3] », souligne Arditi.

---

1. E-mail envoyé à l'auteure, 25 mars 2024.
2. Entretien avec l'auteure, 15 janvier 2024.
3. *Ibid.*

De leur relation naîtra bientôt Frédéric, dit « Ploufi ». Florence Giorgetti, encore enceinte, joue *La Moitié du plaisir* de Robert Hossein, avec Évelyne Dandry, au théâtre des Variétés[1]. Sa partenaire sera la marraine de théâtre de l'enfant, qu'elle verra parfois tomber de sommeil à la fin des représentations.

⋆

La fin des années 1960 est, pour le jeune couple, à la fois pleine d'incertitudes et favorable à toutes formes de liberté. On ne parle pas encore du sida ; la jeunesse a l'impression que l'avenir lui appartient. Jeune père, Pierre Arditi s'intéresse à la politique et manifeste dans la rue contre le général de Gaulle. « Il n'a rien compris », estime-t-il quand le chef de l'État annonce à la radio qu'il ne dissoudra pas l'Assemblée nationale et ne démissionnera pas.

Sur le plan intime, le couple connaît néanmoins des difficultés. Arditi et sa femme se sentent tous les deux enfermés par une décision hâtive. « Nous appartenions à une génération qui a réclamé une plus grande liberté de mœurs dans les années 1970. Je me souviens que quand on s'est mariés, avec Florence, on a eu l'impression qu'une sorte de chaîne invisible nous liait désormais l'un à l'autre, alors que jusque-là nous étions virevoltants et très libres. Le mariage me semblait du coup être une attache contraignante, quelque chose qui rendait la vie plus délicate, avec des obligations[2]. » Dont celle de rentrer tout droit à la maison après le travail, de s'occuper de Ploufi, de faire des courses et de s'acquitter des tâches ménagères.

1. Une pièce de Steve Passeur, Jean Serge et Robert Chazal.
2. Europe 1, 20 décembre 2022.

Ni l'un ni l'autre ne renonce à ses rêves de théâtre et de cinéma. Florence Giorgetti a fait ses débuts au milieu des années 1960. Elle décroche péniblement quelques rôles et joue notamment Anne, l'une des prostituées invitées par Marcello Mastroianni, Michel Piccoli, Ugo Tognazzi et Philippe Noiret dans *La Grande Bouffe* de Marco Ferreri (1973). Plus tard, elle travaille également avec Robert Hossein, Jean-Louis Barrault ou, à l'instar de Pierre Arditi, Jean-Pierre Bisson. Elle est nommée au César du meilleur second rôle féminin pour le film *La Dentellière*, de Claude Goretta, dans lequel elle joue aux côtés d'Isabelle Huppert en 1978. Elle apparaît aussi dans des séries télévisées comme *Les Cinq Dernières minutes* ou *Palace*.

La journaliste Marie-Élisabeth Rouchy en brosse un portrait intense qui insiste sur sa particularité : « Large bouche sensuelle, généreuse, boudeuse, amère parfois, mobile à l'excès, corps épanoui, ostensiblement perché sur des talons aiguilles, regard mi-velours mi-vinaigre, de cette sorte de comédienne à l'égal de Marieangela Melato (*Une femme italienne*, de Giuseppe Bertolucci) ou plus loin d'une Anna Magnani, malchanceuse, mal aimée, mal appréciée. Trop forte. Trop grande gueule[1]. »

Frédéric Arditi, enfant à l'époque, se remémore une carrière en dents de scie chez sa mère, mais aussi une période hors norme : « Les années 1970 étaient complètement dingues. Je les ai bien vécues, presque comme un adulte, parce que j'étais tout le temps avec des adultes et que je participais aux fêtes les plus incroyables données à Paris à l'époque. J'étais aux Bains Douches, au Palace… Le tout premier concert que j'ai vu, c'est celui

1. *Le Matin de Paris*, 18 septembre 1980.

de Marquis de Sade aux Bains Douches en 1978, sur les épaules de ma mère[1]. »

Surnommée Flo, Florenza ou Georgette, Florence Giorgetti se sent à la marge dans le métier. Pourtant, son amour du jeu est inépuisable. Grâce à elle, son fils découvre *L'Enfant sauvage* de Truffaut, ou des comédies musicales des années 1940-1950. À son contact, il grandit : « Je rencontre des personnages certains et surtout incertains, oiseaux de nuit à la sexualité non identifiée ; entassés dans notre 4L fourgonnette, déposés chez eux au petit matin après de mémorables fêtes. Bref, tu me livres le monde pas tout à fait comme une mère. Plutôt comme une artiste[2]… » écrira-t-il plus tard en s'adressant à elle.

« Quel courage il faut avoir pour être acteur ! s'épanche de son côté Florence Giorgetti dans un ouvrage qui retrace sa carrière. Se mettre en danger, s'exposer, sans pouvoir se cacher, mais c'est aussi pour cela que l'acteur est unique, car il donne un petit extrait de sa vie de tous les jours, de ses chagrins, de ses joies, de ce qu'il vit dès le matin au réveil jusqu'au soir sur la scène, et cela personne d'autre ne le vivra à sa place. Ce qui le fait mourir à chaque instant dans la vie, c'est ce qui va l'aider à vivre sur scène[3]. »

« Florence ? Un grand talent, elle avait du chien, du caractère, une gueule[4] », résume l'attachée de presse Nicole Herbaut de Lamothe.

1. Entretien avec l'auteure, 23 février 2024.

2. Frédéric Arditi, *Maman Collapse*, Paris, Hyperbien/L'École d'art, 2024. Dans l'ouvrage figure une lettre émouvante de François Truffaut adressée à Florence Giorgetti.

3. Florence Giorgetti, *Do you love me ?*, *op. cit.*

4. Entretien avec l'auteure, 18 avril 2024.

*

Si Pierre et Florence finissent par se quitter, ils n'en restent pas moins avant tout les parents de Frédéric, même si cette responsabilité est parfois lourde à porter. Le comédien souligne que tout a changé lorsqu'il est devenu père à son tour. À propos de son rôle dans *Maestro*, il indique : « À un moment donné, qu'on le veuille ou non, on est le fils de son père et on doit accepter d'être le père de son fils. » Ou pas. Pierre Arditi a beaucoup réfléchi à sa relation avec Frédéric. Selon lui, il n'existe pas de parents parfaits[1].

Il suffit d'une étincelle pour que l'acteur s'enflamme, c'est son signe distinctif, et cela a pu effrayer parfois son garçon. « Je parle en connaissance de cause : je suis moi-même l'un des assassins de mon propre fils, assure Pierre Arditi à la radio. C'est assez violent, comme expression, mais quand il est venu au monde, sa mère et moi, ma première femme (Florence Giorgetti), nous étions en train de nous fabriquer nous-mêmes en tant qu'acteurs. Donc, Frédéric n'a pas reçu ce qu'un enfant attend normalement de son père et de sa mère. Il a connu peu ou prou la même enfance que Proust : souvent, il devait aller seul au lit et pleurait parce que sa mère ne venait pas l'embrasser sur le front[2]. »

Certains soirs, Frédéric accompagne ses parents au théâtre et s'endort dans les loges. « Cela m'arrivait très souvent, j'étais un petit peu baladé à droite et à gauche, entre différentes loges, spectacles, tournées et fêtes, surtout avec ma mère… J'ai des souvenirs de fêtes

1. Entretien avec l'auteure, 18 avril 2024.
2. Europe 1, 19 décembre 2022.

démentes chez des amis, où je finissais par dormir sur des montagnes de manteaux[1]. »

Son grand-père et sa grand-mère ont été des parents de substitution « idéaux », de la prime enfance à l'adolescence, estime Ploufi. « Quand j'étais enfant, je n'ai pas eu des parents extrêmement présents[2] », reconnaît-il. « Son héros, c'est son grand-père, qui d'ailleurs lui a dit : "Tu seras peintre." Il a forgé l'œil et le regard de mon fils[3] », signale Pierre Arditi sans amertume, au contraire. De son côté, le comédien force Frédéric à l'accompagner à la cérémonie au cours de laquelle il obtient son premier César, puis à celles des Molières. « Tu viens avec moi, tu vas être mon porte-bonheur[4] », lui lance-t-il. « Je n'ai pas envie d'y aller, je veux bien être ton fils, mais ça m'emmerde d'être le fils d'Arditi », lui rétorque le jeune garçon, qui ne se rendra finalement pas aux Césars. « Enfin, disons que je ne veux pas être le fils de quelqu'un de connu, tempère-t-il avec le recul. Je n'ai aucune envie d'aller à une cérémonie de remise de prix qui ne me concerne pas. Et puis, quelle légitimité ai-je à m'y rendre[5] ? »

Le comédien ne s'en formalise pas : « C'est normal, l'enfant devient tôt ou tard l'assassin de son père ou de sa mère. Dieu sait si mes parents ont eu une importance vitale pour moi. Mais à un moment donné, on sent bien que la vie bascule et que lentement, très lentement, la génération d'avant commence à faire partie du passé tandis qu'on devient leur futur[6]. »

1. Entretien avec l'auteure, 23 février 2024.
2. *Ibid.*
3. Fabienne Pascaud et Thierry Thomas, *Pierre Arditi, un acteur au présent, op. cit.*
4. Entretien avec l'auteure, 23 février 2024.
5. *Ibid.*
6. Entretien avec l'auteure, 10 octobre 2023.

Mais d'après Frédéric, son père « exagère ». L'artiste explique : « J'ai eu du plaisir à aller voir mes parents sur scène. Ce qui me plaisait moins, c'était l'après, les loges, les mondanités. Pour moi, c'est périphérique, superficiel. Pour eux, ça ne l'était pas du tout. C'était l'extension de leur travail. Je le comprends très bien. On continue à prendre des contacts, c'est normal. Ça fait partie du métier. Mon père pense que je leur en ai toujours voulu, à lui et à ma mère, de ne pas avoir été présents. Mais quand on a le recul nécessaire pour comprendre ces choses, on guérit. »

Devenu adulte, le fils de Florence Giorgetti et Pierre Arditi traverse pourtant une « crise ». « Vers l'âge de 30 ans, je me suis dit : ce n'est pas normal, tout ça, ce n'est pas normal du tout. Et puis, j'ai pesé le pour et le contre, j'ai mesuré tout ce que mes parents m'avaient apporté, même dans leur absence. Cette transmission-là, elle était très riche et dense culturellement. J'allais les voir au spectacle, j'allais les voir au cinéma[1]. »

À 9 ans, le jeune garçon tourne même dans un court-métrage avec sa maman : *L'Extraordinaire Ascension de Maurice Bellange* de Bruno Decharme, avec Daniel Emilfork. Assez naturellement, il y incarne le fils de Florence Giorgetti[2]. « C'était vraiment chouette, c'est mon seul bon souvenir de tournage », déclare-t-il. Il repense à un autre moment fort vécu avec sa mère, au théâtre de la Criée, à Marseille, sous la direction de Maréchal. Celle-ci joue alors dans les *Fourberies de Scapin*. « C'était en 81 ou 82. Je venais d'arriver, j'étais assis au

1. Entretien avec l'auteure, 24 février 2024.

2. Un film de 27 minutes écrit et réalisé par celui qui fut assistant stagiaire de Jacques Tati, sorti en 1979.

premier ou au second rang. Elle ne savait pas que j'étais dans la salle. Et tout d'un coup, en pleine représentation, elle lance : "Ploufi !" Mort de honte, je me suis promis que plus jamais je ne me mettrais devant. »

Frédéric est malgré tout fier de sa génitrice « libertaire », sans freins, qui n'écoute que son instinct et fonctionne aux coups de cœur. « Il fallait accepter sa folie. Ce n'était pas forcément toujours évident, mais c'était génial aussi. Elle est restée dans des films culte. Elle a fini en beauté, même au théâtre, où elle a fait des choses fortes comme des mises en scène. Elle est partie de rien et a persévéré jusqu'à se produire plusieurs fois au théâtre de la Ville[1]. »

Entre 6 ans et 12 ans, le futur artiste tourne des courts-métrages et des fictions de télévision, mais comprend vite que le métier de comédien ne l'intéresse pas. « Apprendre un texte, attendre des heures que toute la technique se mette en place… j'avais l'impression d'être à l'école, raconte-t-il. Ça ne m'amusait pas du tout. J'aurais pu aimer ça, pourtant, sachant que je suis tombé très tôt dans la marmite. Rachel, Évelyne, Salomé, Danièle et Catherine ont décidé dès le départ qu'elles seraient comédiennes. Moi, je ne l'ai jamais décidé, ça ne m'a jamais attiré[2]. »

Bien qu'il les admire, Frédéric n'est pas fan de ses parents dans le sens où on l'entend d'habitude : « J'ai beaucoup de mal à les imaginer dans un rôle, parce que même sur les planches ou à l'écran, je vois avant tout mon père et ma mère. » Frédéric prend pourtant une « claque » quand il voit, ou plutôt quand il reconnaît, la voix de son paternel dans *La Valse des pantins* (*The King*

1. Entretien avec l'auteure, 23 février 2024.
2. *Ibid.*

of Comedy) de Martin Scorsese[1]. Pierre Arditi y double Robert De Niro. « C'est très bizarre parce qu'il n'est pas là physiquement, souligne-t-il. Mais c'est aussi très fort : on réalise toute la magie du jeu d'un acteur qui se met dans la peau d'un autre. En l'occurrence, j'ai trouvé mon père génial, bluffant. Tout d'un coup, je l'ai vu sans le voir. Je pouvais l'oublier et donc, bizarrement, mesurer toute sa palette d'acteur. Aujourd'hui encore, je conseille toujours à tout le monde de regarder le film en français[2]. »

⋆

Comme son grand-père, après des études de design et d'art graphique, Frédéric Arditi est devenu artiste peintre et également graveur sur bois. Enseignant à l'Atelier de Sèvres, il possède son propre atelier dans le 11e arrondissement de Paris et expose ses œuvres de temps à autre dans des galeries.

D'après lui, son grand-père Georges a été « très intelligent » dans sa manière de lui transmettre son amour de l'art. Il explique : « J'étais tout le temps à son contact, je passais mes après-midi avec lui. Il m'asseyait sur un tabouret et je le regardais peindre. Je trouvais ça fantastique. Tout à coup, un monde se créait sous mes yeux. Il avait une manière de faire passer le courant naturellement. Je l'écoutais me parler de peinture. C'était extraordinaire pour un môme de voir quelqu'un fabriquer des images en direct. J'étais déjà fasciné par les images, je dessinais, mais pas plus qu'un autre enfant, le plaisir de le voir travailler me suffisait. C'est cette

1. Le film est sorti en 1983.
2. Entretien avec l'auteure, 24 février 2024.

liberté-là qui m'a mis le pied à l'étrier quand je me suis moi-même lancé dans l'art, plus tard. Nous allions aussi au musée du Louvre tous les dimanches. En plus, c'était gratuit à l'époque[1]. »

Longtemps, Frédéric n'a pas appelé son père « papa », mais Pierre, au grand regret de l'intéressé. « On a payé très cher notre absence, reprend celui-ci. Quand on voulait parler avec notre fils, il fallait l'appeler, parce que lui n'appelait plus. Il disait : "Pour moi, il n'y a pas de problème, je suis ravi de vous voir, mais ce n'est pas à moi d'appeler"[2]. » Et de signaler, au sujet de la manière dont il s'adresse à son père : « Je ne dirais pas que le fait de l'appeler Pierre est un réflexe, ce n'est pas spontané, mais ça m'arrive quand même de plus en plus. »

Pierre Arditi l'a peut-être oublié mais, jeune père, et en même temps jeune acteur en devenir, il dévalise les magasins de jouets pour Frédéric, qui a alors 13 ans. « Pour un enfant qui aime jouer, je crois que je suis un bon père. Un papa poule, mais ce n'est pas grave : qu'est-ce qu'on s'amuse[3] ! » s'enorgueillit-il. Père et fils ont alors l'habitude de passer les dimanches devant la télévision avec un plateau-repas. Ils regardent tout : informations, fictions, jeux…

Frédéric en rit avec le recul : « Il achetait certains jouets presque plus pour lui que pour moi. C'est un joueur invétéré, et je me souviens que quand les premières consoles vidéo sont sorties, évidemment, il est allé en acheter, des Atari, des Sega… Moi, très vite, je m'en lassais, mais lui n'arrivait pas à décrocher. Il était

1. Entretien avec l'auteure, 23 février 2024.
2. Europe 1, 19 décembre 2022.
3. *Le Figaro*, 11 octobre 1982.

complètement addict. Un Noël, ou peut-être était-ce mon anniversaire, il a acheté une console et je l'ai essayée. Très vite, il me l'a prise des mains et ne l'a plus lâchée[1] ! »

Avec le temps, la relation entre père et fils s'est apaisée, adoucie, et est désormais au beau fixe. Frédéric ne manque pas une occasion d'applaudir son paternel. Il accourt bien sûr à son chevet quand celui-ci est hospitalisé fin 2023 après une série de malaises.

Il est néanmoins plus proche de sa maman, avec laquelle il a très jeune partagé des moments uniques, voire fous. Florence s'est remariée avec le metteur en scène Robert Cantarella. Le 31 octobre 2019 – un soir d'Halloween, comme le remarque Frédéric Arditi –, Wajdi Mouawad, le directeur du théâtre de la Colline, où la comédienne a joué *Du matin à minuit* de Georg Kaiser et *Le Chemin de Damas* de Strindberg, annonce la nouvelle de sa mort. Elle avait 76 ans. Au cimetière du Père-Lachaise, une plaque est posée sur sa tombe. On peut y lire une phrase célèbre de Colette : « Renaître n'a jamais été au-dessus de mes forces. »

En 2024, Frédéric Arditi consacrera à cette « femme libre, hédoniste, inconsciente, gracieuse et venimeuse[2] », un beau livre composé de textes illustrés, fruit de trois ans de travail. Sur la première page, une photographie le représente collé contre elle, qui est au téléphone, absorbée par sa conversation. « Oserais-je dire "Maman" ? » s'interroge-t-il dans l'introduction. « Maman, ce mot ôté de mon vocabulaire dès ma plus tendre enfance, héritage de mai 68 sans doute. Il fallait faire moderne. »

---

1. Entretien avec l'auteure, 23 février 2024.
2. Frédéric Arditi, *Maman Collapse*, *op. cit.*

Et de mentionner quelques précieux souvenirs : « Si j'aime autant les objets hétéroclites, les trucs et machins, c'est parce que j'ai passé quasiment tous les dimanches de mon enfance à vendre, sur les trottoirs de Montreuil ou à Clignancourt, des objets qu'on ramassait dans les poubelles. On se marrait. On mangeait parfois les pissenlits par la racine, on n'avait pas beaucoup de sous, mais ma mère n'était pas prête à accepter n'importe quoi. Donc, il y avait des moments où elle ne travaillait pas, et il y en avait d'autres où elle travaillait beaucoup. Elle était plus cigale que fourmi[1]. »

Mère et fils vivent ces aventures comme des « Indiens ». La famille habite alors un appartement rue du Faubourg-Saint-Antoine, à Paris. Au fil de leurs vadrouilles, le lieu se métamorphose en caverne d'Ali Baba où s'entassent jouets cassés, mannequins sans tête, couronnes mortuaires ou vêtements abîmés. Pour Florence, Florenza ou Floflo, « un morceau de trottoir c'est un peu de théâtre ». « Je suis un paquet que tu transportes partout avec toi[2] », écrit Frédéric dans la même introduction. Excepté une fois, lors du tournage de *Flashing Lights*, un thriller d'horreur dans le milieu homosexuel à New York[3].

Dans l'émission *Le Divan* d'Henry Chapier, Pierre Arditi exprime son « attachement profond à sa vie de famille, bien que celle-ci ait été bâtie assez tardivement[4] ». Fils, père et comédien : telle est la triple identité qui le définit le mieux, atteste le générique.

---

1. *Ibid.*
2. Introduction de son livre *Maman Collapse*, *op. cit.*
3. Un film de Jacques Scandelari (1943-1999), sorti en 1979.
4. *Le Divan*, de Henry Chapier, France 3, 1987.

Si Frédéric ne fait pas d'étincelles à l'école, il montre « beaucoup d'intérêt » pour la paléontologie. Pour ses parents, c'est bon signe. « Je voulais être paléontologue car, étant enfant, ma mère était très amie avec le directeur de l'Institut de paléontologie du Muséum national d'histoire naturelle, Léonard Ginsburg. Il m'a fait accéder à plusieurs salles interdites au public et à des endroits magiques pour l'enfant que j'étais[1]. »

Et, s'il prend un jour à l'enfant l'envie de devenir acteur, Pierre Arditi affirme qu'il n'aurait rien contre. Au contraire. Bon père « sur le tard », il l'encouragera toujours à exercer un « métier créatif ».

« On dit qu'il faut tuer le père, qu'il faut tuer sa mère, mais moi, je n'ai jamais tué ni l'un ni l'autre, déclare Frédéric avec le recul. Finalement, je suis devenu à mon tour, et c'est normal, leur père et leur mère[2]. » Il s'amuse également de constater que, d'une génération à l'autre, les réactions varient : quand Pierre et Catherine ont annoncé à leurs propres parents qu'ils seraient acteurs, Yvonne, qui aurait préféré que son fils soit médecin ou avocat, n'a pas sauté de joie, mais ne s'est pas non plus opposée à ce désir. Quant à son mari, qui rêvait d'avoir des enfants artistes, il était aux anges. D'ailleurs, pour lui, il n'était pas question de voir sa progéniture devenir fonctionnaire ou ingénieur. « C'était rare à l'époque », observent Catherine et Pierre Arditi.

*

Après leur divorce, en 1978, Florence Giorgetti et Pierre Arditi continuent de tourner ensemble. « À partir

1. E-mail envoyé à l'auteure, 25 mars 2024.
2. Entretien avec l'auteure, 15 janvier 2024.

du moment où ils se sont séparés, ils ont gardé de bons rapports[1] », confirme Frédéric Arditi. Les deux comédiens marquent notamment de leur empreinte le film *Nestor Burma, détective de choc*, de Jean-Luc Miesch (1981). Cette comédie tirée du roman de Léo Malet, *M'as-tu vu en cadavre ?*, donnera naissance à la fameuse série avec Guy Marchand, mais dans ce premier volet, c'est Michel Serrault qui joue Nestor Burma. Jane Birkin interprète le rôle de sa secrétaire qui tape « à la vitesse du son[2] ». Les personnages rivalisent de saveur : Guy Marchand en journaliste véreux qui lui file des tuyaux, Alain Bashung, Bo Craddock en chanteur de rock[3], Élizabeth Bourgine en lesbienne punk, Pierre Arditi, Lecuyer, en inquiétant auteur-compositeur de musique jaloux de la star… Au sein de cette joyeuse équipe, Florence Giorgetti joue l'imprésario de Bashung, un personnage décalé qui a été marié à Jean-Pierre Kalfon et auquel Michel Serrault fait des avances.

À l'origine du projet, Shula Siegfried, l'attachée de production du film et la directrice de casting ne voulaient pas de Pierre Arditi : « C'était l'époque où il était très brun, très noir, il avait les sourcils très épais, raconte l'actrice Élizabeth Bourgine. Quand Jean-Luc Miesch a voulu l'engager, on lui a dit qu'Arditi serait trop ténébreux dans le film. Le réalisateur a répondu : "C'est pour cette raison que je le veux." Pierre dégage une espèce de colère intérieure, de lutte, qui correspond bien au personnage mal dans sa peau, aigri et qui se croit maudit[4]. » De son côté, Michel Serrault, qui vient de tourner dans

1. Florence Giorgetti, *Do you love me ?*, *op. cit.*
2. La chanteuse est décédée le 16 juillet 2023.
3. Il signe également la musique du générique.
4. Entretien avec l'auteure, 16 décembre 2023.

le film *Garde à vue* de Claude Miller, soutient tout de suite l'idée : « Ah oui, lui, je l'aime beaucoup », lance-t-il quand le nom d'Arditi est suggéré.

Élizabeth Bourgine se souvient avec précision de chacun de ses partenaires : « Michel Serrault était déjà connu et impressionnant, Jane Birkin, adorable, gentille, souriante, apportait une vague de bonne humeur, Alain Bashung était un peu… compliqué, Florence Giorgetti était très vivante, joyeuse, parlant beaucoup et à tout le monde, énergique et imposant sa présence. Pierre, c'était le contraire, il était plutôt en retrait. Intense et sur la défensive. » « Florence était plus baroque[1] », se souvient pour sa part Pierre Arditi.

Chaque matin, le chauffeur de Serrault donne la température : « Oh, là là, il n'est pas de bonne humeur aujourd'hui[2]. » Un jour, l'inoubliable interprète de *La Cage aux folles* fait la tête. Jean-Luc Miesch traverse sa loge en boitant, passe devant lui sans le regarder ni lui parler et s'en retourne. Michel Serrault l'interpelle : « Oh, que se passe-t-il aujourd'hui ? » Le réalisateur répond : « On m'a dit que vous étiez de mauvaise humeur. Je suis venu en boitant parce qu'on ne tire pas sur une ambulance ! » Michel Serrault sourit et se prend au jeu : il décide de boiter à son tour et de faire une plaisanterie à Pierre Arditi. Devant la caméra, il lui tourne le dos comme s'il n'existait pas. D'abord déstabilisé, le jeune acteur se prend rapidement au jeu. « Un drôle de nom, Nestor Burma », dit-il au détective. « Je vous aime bien, Lecuyer », répond ce dernier en souriant. La connivence entre les deux comédiens, dans cette scène, est palpable.

1. Entretien avec l'auteure, 15 janvier 2024.
2. Le comédien a perdu sa fille Caroline dans un accident de voiture quelques années auparavant.

Nestor Burma, détective de choc sort en 1982, la même année que *La Passante du sans-souci* avec Romy Schneider, et *Garde à vue* pour lequel Serrault recevra le César du meilleur acteur. D'après Élizabeth Bourgine, la première semaine, le film de Jean-Luc Miesch termine en tête de toutes les sorties.

⋆

Pour Pierre Arditi, le travail prend parfois le pas sur la vie intime et les sentiments. Il attend beaucoup des femmes, et notamment qu'elles le soutiennent dans sa carrière. Il s'explique : « Je me souviens d'une émission télévisée consacrée aux coureurs automobiles. Leurs femmes étaient à leurs côtés, angoissées souvent, compréhensives toujours. C'est ce que je souhaite. Ma vie est placée sous le signe du théâtre. C'est une passion dévorante, exclusive. C'est mon oxygène, ma vie. Il reste peu de place pour le reste[1]. »

Outre la gent féminine, le comédien a une autre passion, nocive celle-ci, et qui le pousse à tout risquer pendant plusieurs années : le jeu, le chemin de fer ou le baccarat. Il en découvre les attraits dans les années 1970 en allant dans un cercle de jeux, le Club anglais, près de l'Opéra, avec ses copains Jean-Luc Moreau et Jean-Pierre Bisson (qui le dirige dans *Les Caprices de Marianne*[2]). Arditi joue Cœlio, un amoureux déçu et trompé. « Il est blessé, c'est un perdant, mais un beau personnage[3] », résume-t-il. « Bisson avait fait un amal-

1. *Le Figaro*, 11 octobre 1982.

2. La pièce d'Alfred de Musset est créée le 22 octobre 1974 au Théâtre national de Strasbourg. Jean-Pierre Bisson joue Fantasio.

3. Entretien avec l'auteure, 10 juin 2024.

game, habile d'ailleurs, de *Fantasio* de Musset, dont il interprétait le rôle, et des *Caprices de Marianne*[1] », se souvient Jean-François Prévand, compagnon de Nicole Garcia à l'époque, d'abord pressenti pour le rôle. « Il flambait les subventions du théâtre de Nice, qu'il dirigeait à l'époque, raconte de son côté Jean-Luc Moreau. Je me souviens que le personnel du ministère de la Culture manifestait contre lui avec des pancartes : "Plus de caviar pour Jean-Pierre Bisson !" Ses pièces étaient cependant très modernes, dans la sensibilité du temps. Avec Pierre, et tous les autres qui ont connu Jean-Pierre, on adorait[2]. » « Après les représentations, nous allions au restaurant pendant que les garçons jouaient au poker[3] », se souvient sa partenaire Nicole Garcia. Pierre Arditi a d'abord la chance du débutant, puis commence à perdre des sommes importantes ; frustré, il boit de plus en plus. « Flamber me faisait vibrer, confie-t-il. C'est comme la cigarette. Je ne fume plus depuis 2011, mais je suis un miraculé, je devrais être mort. Je compensais mes déceptions professionnelles par le frisson du jeu, car je n'arrivais pas à avancer véritablement dans ma carrière, même si je ne demandais qu'à travailler. J'étais à la recherche de moi-même[4]. »

Au fil des virées, plus rien ne compte : ni ses proches ni les auditions. Pierre Arditi ne vit que pour les jeux d'argent « pendant deux ou trois ans ». Le cinéaste Pascal Thomas, qui a également été joueur, le comprend : « Cela donne à la vie un caractère exceptionnel, particulier,

1. Entretien avec l'auteure, 6 juin 2024.
2. Entretien avec l'auteure, 12 juin 2024.
3. Entretien avec l'auteure, 26 mars 2024.
4. Entretien avec l'auteure, 10 octobre 2023.

une insouciance et une grande confiance dans la chance. Le joueur croit tout le temps qu'il va gagner, même s'il vient de perdre. Il pense qu'il va se refaire. Pierre aime le hasard, c'est une grande qualité. Le hasard peut apporter beaucoup de choses, plus que le calcul[1]. » Thomas va jusqu'à expliquer la réserve naturelle de l'acteur par le « silence du joueur », qui ne montre pas ce qu'il a dans ses cartes.

Pris au piège de son addiction, acculé financièrement, Arditi emprunte des montants qu'il mettra quinze ans à rembourser. « Je flambais au chemin de fer. Une nuit, j'ai tout perdu. Même l'argent des vacances de ma femme et de mon fils, qui partaient le lendemain. De cinq heures du matin jusqu'au départ de leur train, j'ai cherché de l'argent partout comme un fou. Une épreuve très difficile, le jeu m'ayant éloigné de tous mes amis. Je me retrouvais donc seul à me débattre[2]. »

À cause du penchant d'Arditi, il arrive souvent que Florence et lui n'aient plus les moyens de payer leur loyer. Un jour, avec le petit Frédéric, ils rejoignent Catherine Arditi et son mari, le réalisateur Guy Lessertisseur[3], dans une maison qu'ils ont louée au-dessus de Villerville, près de Trouville, et où ils passent des vacances en famille avec leur bébé. Contre l'avis de ses hôtes, l'acteur part jouer au casino. Il rentre victorieux : il vient de gagner de quoi payer six mois de loyer.

Mais ce n'est qu'une accalmie. Pierre Arditi ment pour emprunter toujours plus d'argent, et s'absente du travail. Il va jusqu'à imiter des signatures sur des

1. Entretien avec l'auteure, 21 novembre 2023.
2. *Le Figaro*, 6 février 1987.
3. Disparu le 8 mai 2013.

chéquiers qui ne lui appartiennent pas. Quand la situation empire encore, il songe même à se « tirer une balle dans la tête ». Avec son copain Jean-Luc Moreau, il prend la décision de se faire interdire des casinos.

Aujourd'hui, l'acteur analyse son addiction avec lucidité : « Le joueur ne peut pas simplement se lever et quitter la table quand il a gagné. C'est pourtant ce qu'il ferait s'il était raisonnable. S'il ne se lève pas, c'est qu'il joue pour le pur plaisir de jouer. Pour être le maître et l'esclave de cette mécanique à visage de méduse. Il ne demande qu'à être aspiré. Je pense même qu'il ne joue pas pour gagner mais pour perdre. Dans le jeu, il frôle des zones d'ombre où rôde la présence obscure de la mort[1]. » « Demandez donc à un joueur pourquoi il joue ! continue de s'interroger de son côté Nicole Herbaut de Lamothe. Pierre a pourtant gagné des fortunes par son travail, il en gagne encore, il en a toujours gagné et était payé comme une énorme vedette[2]. »

Après trois ans de désespoir et de rechutes, c'est finalement le fait de voir, un matin, son visage ravagé et ses yeux gonflés dans un miroir qui lui fait l'effet d'un électrochoc. « Mon narcissisme m'a sauvé parce que j'étais en train de me perdre. J'ai mis dix ans à m'en sortir, j'ai tout remboursé. Plus jamais[3] », se promet-il. En plus de sa prise de conscience, Pierre sera aidé dans sa lutte contre l'addiction au jeu par l'autre grand amour de sa vie, la comédienne Lucienne Hamon[4].

---

1. *France Soir*, 12 janvier 1988.
2. Entretien avec l'auteure, 18 avril 2024.
3. Entretien avec l'auteure, 10 octobre 2023.
4. Née le 22 août 1930, à Montrouge, la comédienne vit aujourd'hui à la Maison des artistes de Nogent-sur-Marne (94).

Pourtant, il aimera toujours dépenser son argent de manière parfois déraisonnable. Cela révèle un certain trait de caractère, d'après son agente Isabelle de La Patellière : « C'est un joueur, c'est inscrit en lui. Il mène un train de vie qui est au-dessus de ses moyens, qui le fait courir en permanence, il vit dans une angoisse éternelle[1]. »

1. Entretien avec l'auteure, 15 avril 2024.

9

Blaise Pascal

Le travail aide Pierre Arditi à sortir la tête de l'eau. En 1971, toujours inconnu du grand public, il joue Benvolio dans la pièce *Roméo et Juliette* mise en scène par Maréchal à l'Odéon. En parallèle, il enchaîne de petits rôles dans des « émissions », ancien nom des téléfilms. Selon les scénarios, il est tour à tour garçon d'étage, gangster, pasteur, inspecteur de police… Il tient en particulier le rôle-titre de *Blaise Pascal*, une fiction « pédagogique » de Roberto Rossellini. « Un monstre de travail, mais pas du tout un directeur d'acteurs, se souvient le comédien à propos de ce dernier. Il avait un zoom électronique, c'est lui qui décidait s'il grossissait ou pas l'image. Je l'ai adoré, il me l'a bien rendu. J'avais même le droit de fréquenter sa fille Isabella[1]. » Le scénariste Jean-Dominique de La Rochefoucauld s'appuie sur les biographies écrites par la sœur aînée et la nièce de Blaise Pascal pour élaborer le script. S'agissant du casting, Rossellini affirme avoir choisi l'acteur qui ressemblait le plus, psychologiquement et physiquement, au personnage. À l'époque, Pierre Arditi pense plutôt que le cinéaste s'est pris d'affection

1. Entretien avec l'auteure, 10 octobre 2023.

pour Ploufi, son fils, âgé d'environ un an au moment du tournage, et a éprouvé de la compassion pour son jeune père sans travail.

Il faut dire que l'acteur a bien failli ne jamais obtenir le rôle. Au début du projet, c'est Jean-Dominique de La Rochefoucauld qui conseille au réalisateur de *Rome, ville ouverte* d'engager un acteur français pour jouer Pascal. « Pourquoi pas Pierre ? En plus, il parle italien », suggère alors sa femme Michelle Podroznik, scripte, assistante de réalisation et future productrice de séries à succès comme *P.J.* ou *Plus belle la vie*[1]. Séduit par l'idée, le scénariste appelle Arditi, qui se retrouve sur un petit nuage : pour lui, Roberto Rossellini est un dieu. « Il m'avait dit : "C'est toi qui dois jouer Pascal[2]" », se souvient Arditi.

Jean-Dominique de La Rochefoucauld contacte ensuite le cinéaste, mais ce dernier lui annonce : « Ce n'est pas la peine, j'ai trouvé l'acteur qu'il me faut. » Il s'agit de Gérard Cuvier, connu pour avoir interprété la mascotte M. Plus des publicités pour les biscuits Bahlsen dans les années 1980. Ce dernier ne doute d'ailleurs pas un instant qu'il décrochera le rôle. L'assistant de Rossellini l'avait déjà choisi.

En apprenant la nouvelle, Pierre Arditi est cruellement déçu. Mais le scénariste ne renonce pas à lui faire rejoindre le tournage. Il a une autre idée : « Que faites-vous pendant les vacances, Florence et toi ? » demande-t-il. Le couple n'a rien prévu, et n'a pas de quoi financer un voyage en Italie. « Aucun problème : je vous emmène, Florence, ton fils et toi, tu verras. » Arrivé à Rome avec la famille Arditi, le scénariste appelle Roberto

1. Entretien avec l'auteure, 21 septembre 2023.
2. Entretien avec l'auteure, 2 septembre 2024.

Rossellini et lui propose une rencontre. « Ça tombe bien, je suis avec l'acteur dont je t'ai parlé, rejoins-moi au restaurant », répond le metteur en scène. « D'accord, mais je suis avec un couple d'amis et leur petit garçon », prévient La Rochefoucauld, malicieux.

Tout le monde sympathise autour d'un plat de pâtes. Roberto Rossellini, qui adore les enfants, se prend d'affection pour Ploufi, beau comme un cœur. Il discute avec Pierre Arditi, qui ose à peine manger, très intimidé, et Florence, qui est plus démonstrative. « Que faites-vous dans la vie ? » leur demande-t-il. « Je suis comédien », répond Arditi, qui comprend qu'il doit saisir sa chance. « Ma femme et moi jouons pour le théâtre, pas le cinéma. » Rossellini est intrigué : « Ah, vous êtes un couple de comédiens ! Que faites-vous à Rome ? » « Nous sommes en vacances. »

À la fin du repas, Pierre Arditi a obtenu le rôle de Pascal « grâce à l'amour de Rossellini pour Ploufi[1] ». Pimpante, Florence Giorgetti apparaîtra quant à elle dans le film en tant que nourrice, leur bébé dans les bras. « Jean-Dominique savait que Rossellini allait être attendri par Frédéric[2] », se souvient Michelle Podroznik.

Bientôt, le tournage commence et Pierre doit faire ses preuves. Marcella De Marchis, costumière et ex-femme de Rossellini, lui tricote une calotte de laine noire qui lui sert de porte-bonheur et le rassure. Il est entouré d'une distribution italienne : Rita Forzano joue Jacqueline, la sœur du philosophe mathématicien, et Giuseppe Addobbati, leur père, Étienne Pascal.

Homme de foi, le jeune Blaise Pascal souffre de migraines à répétition – à l'instar de Roberto Rossellini.

1. Entretien avec l'auteure, 2 septembre 2024.
2. Entretien avec l'auteure, 21 septembre 2023.

Chétif, le savant se tue à petit feu à force de discours rhétoriques et de recherches. Malgré sa faible constitution, il invente la première machine à calculer et prouve que le vide existe. Même Descartes en est impressionné. Porté par son admiration pour le philosophe, Pierre Arditi s'empare du rôle avec ferveur.

Pour des raisons économiques – les machines inventées par Pascal coûtent cher à reproduire –, Roberto Rossellini tourne près de Rome et en seulement dix-sept jours, avec une pellicule 35 millimètres couleur. La scène de la mort de Pascal est tournée dans le palais Odescalchi, dans le village de Bassano Romano. Le réalisateur ne regarde pas les rushs : les erreurs font partie du processus de fabrication, estime-t-il. Il paye peu les acteurs et les techniciens. En revanche, tous sont logés dans de luxueux hôtels, qu'il a négociés avec les élus de la région. « Florence, les enfants et moi étions à Frascati, dans un hôtel avec piscine, raconte Michelle Podroznik. Pierre tournait, et Jean-Dominique écrivait les scènes au fur et à mesure[1]. »

Sur le tournage sont également présents les enfants de Sonali Das Gupta, l'épouse de Rossellini à l'époque, et Isabella Rossellini, la fille née de ses amours avec Ingrid Bergman. Âgée de 17 ans, celle-ci suit un stage de couture auprès de Marcella De Marchis et s'occupe des gamins, Ploufi et Sophie, la fille de Michelle Podroznik[2].

Frange collée au front, vêtu de noir, l'acteur porte le film sur ses épaules pendant plus de deux heures. Il est censé avoir 16 ans, puis 17. En vérité, il en a 26 au moment du tournage. Pendant cette période de sa vie, Pascal

1. *Ibid.*
2. Elle est créditée au générique comme assistante costumière.

est partagé entre ses aspirations religieuses et son attrait pour la géométrie. « Pierre Arditi réussit à faire oublier que ce personnage, qui vit et souffre devant nous, est un comédien[1] », admire l'écrivain Georges Walter dans *Le Figaro*. Totalement investi, l'intéressé a toutefois un gros défaut, selon Michelle Podroznik : « Quand il tournait, sa façon de se concentrer était de déconcentrer les autres, il n'arrêtait pas de plaisanter avant le clap. »

Rossellini tourne plusieurs scènes d'extérieur à Grottaferrata. Facétieux, Pierre Arditi fredonne un air de son cru : « À Frascati, on fait pipi, à Grottaferrata, on fait caca ! » La productrice en rit encore : « Plus de cinquante ans après, quand il me voit de loin, il chante cette chanson[2] ! » Lors de sa diffusion en Italie, en 1972, *Blaise Pascal* attire 16 millions de téléspectateurs. Il fera date dans le *curriculum vitae* d'Arditi. La même année, le comédien joue dans *Albert Einstein*, une « enquête imaginaire » réalisée par Gérard Chouchan. Pierre Arditi est justement membre de l'Académie Olympia, un groupe de discussion fondé par le savant. Méconnaissable, lunettes sur le nez et barbe fournie, il disserte d'un air docte sur la vitesse de la lumière !

1. Exemplaire du 29 mai 1974.
2. Entretien avec l'auteure, 21 septembre 2023.

10

La longue dame brune

En 1975, Pierre Arditi fait la connaissance de celle qui va bouleverser sa vie sentimentale : la chanteuse Barbara, qu'il rencontre chez la grande costumière Mine Barral Vergez, qui a notamment travaillé sur la pièce *Hölderlin*. Il évoque un « coup de cœur », une liaison « courte, mais intense »[1]. À 45 ans, cette icône de la chanson française se prend elle aussi de passion pour l'acteur. Elle le reçoit dans sa maison de Précy-sur-Marne, à 30 kilomètres de Paris – une demeure en pierre que lui ont trouvée des amis, et où elle s'est installée en 1973.

« Certains savaient plus ou moins que j'avais une liaison avec elle, raconte Arditi. Ils me demandaient : "Alors c'est toi, le Pierre de sa chanson *Pierre* ?" Mais ce n'était pas moi, elle parlait de son père[2]. » De son côté, Bernard Murat, qui a fait du doublage avec Arditi aux studios d'Aubervilliers, se souvient : « Un jour, j'ai vu arriver une DS 19 noire conduite par un chauffeur. Pierrot en est sorti, à moitié hilare. Il m'a lancé : "Elle m'a parlé toute la nuit[3] !" » Et Arditi de confirmer : « Elle envoyait

1. *VSD*, mars 2017.
2. Entretien avec l'auteure, 4 avril 2024.
3. Entretien avec l'auteure, 3 mars 2023.

une DS 19 avec un chauffeur à la post-synchro pour qu'il m'emmène ensuite chez elle. C'était un personnage tout à fait magnifique, fascinant, en fait. Un extraterrestre[1]. »

⋆

À l'époque, nombreux sont les acteurs français qui prêtent leurs voix à des films américains. Jacques Deschamps double Clint Eastwood ; Jacques Thébault, Steve McQueen… Pierre Arditi n'échappe pas à la règle. Il prête sa voix à Terence Hill dans la série de films *Trinita*, à Peter Coyote dans *Un homme amoureux* de Diane Kurys (1987), à Christopher Walken ou encore à Simon MacCorkindale. Il double même Christopher Reeve qui incarne Superman dans les trois premiers longs-métrages de la saga (1978).

D'après Frédéric Arditi, le doublage est parfois méprisé par rapport au jeu à part entière, mais quand les films sont très bien doublés et qu'on reconnaît les voix, il y a quelque chose de « magique ». « Mon père en a fait un paquet. Il a commencé à toucher des revenus réguliers grâce à ça[2] », affirme-t-il. « Ça m'a permis de vivre pendant que je faisais du théâtre, sans compter que j'aimais bien ça[3] », confirme ce dernier.

Les doubleurs sont en effet très bien rémunérés. « C'était un moyen pour Pierre de subvenir à ses besoins, il cherchait à payer ses impôts[4] », raconte François Berléand. « En ce temps-là, on a bien gagné notre vie[5] »,

1. Entretien avec l'auteure, 10 octobre 2023.
2. Entretien avec l'auteure, 23 février 2024.
3. Entretien avec l'auteure, 4 avril 2024.
4. Entretien avec l'auteure, 9 janvier 2024.
5. Entretien avec l'auteure, 3 mars 2023.

renchérit Bernard Murat, qui a doublé Woody Allen et Al Pacino. « Plus on en faisait, plus on gagnait de l'argent[1] », se souvient, elle aussi, Évelyne Dandry.

Selon le producteur Jean-Pierre Guérin, Pierre Arditi est « avide de tout ». « Quand il avait trois ou quatre heures de libres dans une journée, il allait faire des doublages. Il était incapable de refuser quelque chose, même si c'était pour ne tourner que deux jours. On se demandait comment il arrivait à caser tous ces projets dans son emploi du temps[2]. » L'acteur et scénariste Jean-Claude Islert, de son côté, explique cette boulimie de travail par le besoin que ressent Pierre d'être dans son élément : « Sur scène, il est insubmersible, la scène le protège[3]. » En matière de doublage, Arditi se reconnaît dans la pensée de François Truffaut et respecte certaines fidélités : « Si ce n'est pas la voix de Raymond Loyer qui double John Wayne, je ne peux pas regarder le film. »

L'acteur traverse à cette époque une phase d'apprentissage qui le marque : « J'ai commencé à maîtriser la technique du doublage, et ça m'a permis d'enfin m'amuser en tant qu'acteur, raconte-t-il. Comme on utilise une bande rythmo, il faut s'intéresser au jeu de l'acteur que l'on double. » En 2008, le comédien doublera maître Shifu Sweng dans *Kung Fu Panda* (la voix originale du personnage étant celle de Dustin Hoffman). Il réitérera l'expérience pour la même série de films d'animation en 2024. « Ça m'a beaucoup servi dans ma vie de comédien. J'ai vu comment Dustin Hoffman ou De Niro abordaient

1. Entretien avec l'auteure, 1er février 2023.
2. Entretien avec l'auteure, 23 janvier 2024.
3. Entretien avec l'auteure, 14 février 2024.

certaines scènes ; sans cela, je serais tombé dans certains pièges où eux ne tombent pas[1]. »

⋆

Peu de temps avant, Pierre Arditi est marqué par une autre rencontre. Il a alors 29 ans, dont douze passés sur scène, et est déjà père. Il se prend d'un mélange d'admiration et d'amour inconditionnel pour une jeune femme solaire et dynamique, Anne Wiazemsky. Tous deux tournent dans *Le Pain noir*, un feuilleton de Serge Moati, le dernier et le plus ambitieux de l'ORTF. Catherine Arditi y interprète une ouvrière. Quant à lui, il est « Pierrot », le petit-fils de l'héroïne Catherine Charron, dite Cathie (Bernadette Le Saché) dont le père est joué par Henri Virlojeux. Raymond Bussières campe pour sa part un vieux communard. On aperçoit même Andreas Voutsinas dans le rôle d'un colporteur.

L'œuvre est le fruit d'une commande que reçoit Serge Moati à 25 ans à peine, et qui ne se refuse pas. C'est Pierre Sabbagh, le directeur de la deuxième chaîne, qui lui propose de réaliser cette grande fresque en huit épisodes d'une heure et demie chacun, adaptée de l'ouvrage de Georges-Emmanuel Clancier. Moati en cosigne l'adaptation avec Françoise Verny[2]. Dans le texte original, l'écrivain déroule l'histoire de sa grand-mère de 1878 à 1950, une jeune fermière devenue ouvrière dans une usine de porcelaine à Limoges sur fond d'industrialisation. Le budget de la série est

1. Entretien AlloCiné sur YouTube, 28 mars 2024.

2. Ils sont diffusés chaque vendredi à partir du 5 décembre 1974, jusqu'en février 1975.

important : plus d'un milliard d'anciens francs[1]. Soit beaucoup plus que pour *Jacquou le Croquant* ou *Les Rois maudits,* programme cultes. La toute jeune association des Directeurs de la photographie de télévision et de cinéma décernera au réalisateur le premier prix de l'Image.

« C'était une grosse production à l'époque, il y avait des centaines de figurants, explique Serge Moati. On a tourné quatorze mois, dans le Limousin, à Saint-Léonard-de-Noblat, et dans les studios de l'ORTF. Ça m'intéressait de voir ce que Pierre allait faire. Je l'ai vite trouvé épatant, sympathique et drôle. Anne Wiazemsky jouait Émilienne, une grande bourgeoise qui possédait un château, une femme très riche dans un monde de pauvres[2]. »

Née en 1947 à Berlin-Charlottenbourg, Anne Wiazemsky a déjà, au moment du tournage, une belle expérience en tant que comédienne. C'est une jolie rousse aux cheveux longs. Elle est proche de son grand-père, François Mauriac, qui veille sur elle. Talentueuse, elle a déjà tourné sous la direction de Robert Bresson, a étudié la philosophie à Nanterre et été mariée au très jaloux Jean-Luc Godard, qui l'a dirigée dans *La Chinoise* avec Juliet Berto et Jean-Pierre Léaud (1967). C'est d'ailleurs grâce au cinéaste qu'Anne Wiazemsky côtoiera Bernardo Bertolucci, Jeanne Moreau, François Truffaut ou encore Jacques Rivette. Elle deviendra également une écrivaine reconnue. Dans les années 2000, elle réalisera les portraits de Mag Bodard, Danielle Darrieux et Nicole Garcia pour la collection « Empreintes » diffusée sur France 5.

1. 7,6 millions d'euros.
2. Entretien avec l'auteure, 13 décembre 2023.

Lorsqu'il la rencontre, Pierre Arditi est un jeune premier qui monte, mais avec encore un long chemin à parcourir. Il l'aime, croit-il, à en mourir. Le jour où elle met fin à leur histoire, il reçoit un choc d'une violence inouïe. Bien des années plus tard, à 72 ans, le comédien se confie à Marc-Olivier Fogiel à la télévision, mais sans jamais citer le nom de celle qui a disparu en 2017 : « Un soir, cette jeune femme dont j'étais très amoureux m'a expliqué que c'était fini. Et je l'ai très mal supporté. J'étais dévasté. J'ai marché au hasard, un peu à la dérive. Je pleurais sans m'en rendre compte… Je m'étais préparé à souffrir, mais à ce point-là, quand même[1]… » Pierre Arditi déambule, hagard et sourd à l'agitation extérieure, sur le boulevard de Pigalle bondé. Il rentre seul dans l'appartement où Anne Wiazemsky et lui vivent ensemble à l'époque, et avale un cocktail qui aurait pu lui être fatal. Un mélange d'alcool, de Valium et d'aspirine qui le plonge dans le coma. Mais la jeune femme le trouve à temps et appelle les secours. Le pronostic vital de l'acteur est réservé, mais il s'en sort et reprend tant bien que mal le cours de sa vie.

Blessé, Pierre Arditi traîne partout son mal d'amour. Il ne travaille plus jusqu'à ce que son ami, le metteur en scène Jean-François Prévand, lui propose de jouer dans la pièce *Rosencrantz et Guildenstern sont morts* de Tom Stoppard, au théâtre des Mathurins. Un seul des bijoux de Mme Harry Baur, la directrice de la salle[2], suffirait à financer la rénovation du théâtre mais, soucieuse de faire des économies, la femme du grand comédien

1. *Le Divan*, France 3, 21 mars 2017.

2. La veuve du « monstre sacré » Harry Baur, à la tête du théâtre mythique, de 1953 à 1981.

ne chauffe pas même les lieux. « On avait froid ! » se souviennent les deux compères.

Le projet aura néanmoins un effet thérapeutique sur Pierre Arditi. Les deux personnages principaux de la pièce, Guildenstern (Jean-Luc Moreau) et Rosencrantz (Arditi), sont en réalité des figures secondaires et interchangeables de courtisans directement tirés d'*Hamlet*. Tom Stoppard imagine qu'ils cherchent à rencontrer Hamlet en Angleterre, évoluant dans un monde auquel ils ne comprennent rien. Britannique, mais né en Tchécoslovaquie, l'auteur établit un parallèle entre ces deux personnages et ceux d'*En attendant Godot*.

« Il y a vraiment eu une rencontre entre Pierre et le personnage de Rosencrantz, assure Jean-François Prévand. Il s'est beaucoup servi de lui-même, de sa fragilité, de sa sensibilité. On avait envie de le materner. Il a toujours eu un grand appétit pour les gens, les choses, il a besoin du regard des autres, d'être valorisé. Il attire la tendresse et l'affection[1]. » Et d'ajouter : « Les deux personnages de la pièce sont inutiles dans *Hamlet*. Souvent, ils sont d'ailleurs supprimés des mises en scène – ça fait deux salaires en moins ! L'idée géniale de Stoppard est d'avoir écrit un texte sur eux, qui assistent à l'histoire de *Hamlet* sans comprendre ce qui s'y passe. C'est une allégorie de la condition humaine. Ils inventent des jeux tandis que la tragédie se joue en coulisses. Ils sont apparemment futiles, mais renvoient en réalité à une certaine fragilité universelle. »

Alors que le travail commence, Pierre Arditi ignore encore qu'il va être renvoyé à une douleur familière. Il participe aux répétitions, mais connaît mal son texte

1. Entretien avec l'auteure, 6 juin 2024.

et n'est pas concentré, jusqu'au jour où la troupe effectue un filage. Guildenstern et Rosencrantz sont sur une embarcation ballottée par les flots. Le premier prévient son comparse : « Tu vas voir, on va faire ça. » Arditi prononce alors en réponse cette réplique qui lui échappe : « Et puis, je suis fatigué, j'en ai assez... » Une phrase qu'il a formulée mot pour mot quelques mois auparavant, alors qu'il errait dans Paris après sa rupture avec Anne Wiazemsky. C'est à ce moment exact que naît en lui le personnage de Rosencrantz[1]. Quand l'acteur s'en aperçoit, il est bouleversé : « C'est comme ça que j'ai compris comment on pouvait se servir de soi, de choses personnelles, pour les mettre au service d'un autre, analyse-t-il. J'ai entrevu ce qu'il fallait faire pour être acteur à part entière[2]. » Pour la première fois sans doute, Arditi applique véritablement la méthode de Tania Balachova, qui conseille de fouiller en soi pour trouver son propre matériau.

« Ce n'était pas un spectacle facile, Stoppard n'était pas un auteur de boulevard, rappelle Jean-François Prévand. La performance de Pierre lui a surtout valu un énorme succès d'estime auprès des gens du métier. Il était dans une période troublée, il avait besoin d'un point de vue artistique sur sa vie, de quelque chose qui le valorise et l'aide à retrouver confiance. Il y a mis tellement de lui-même qu'il a fait un triomphe. C'est certes *Tailleur pour dames* qui l'a lancé, mais c'est *Rosencrantz et Guildenstern* qui, d'une certaine façon, lui a mis le pied à l'étrier. Il y a trouvé une sorte de solidité, à partir de laquelle il pouvait se construire lui-même[3]. »

1. Entretien avec l'auteure, 10 octobre 2023.
2. *Ibid.*
3. Entretien avec l'auteure, 6 juin 2024.

Remis de la rupture, Arditi n'oubliera pas sa douleur, mais il sait désormais ce qu'il est capable d'en faire. Il n'imitera plus ceux qu'il admire, comme Gérard Philipe, Pierre Brasseur ou Claude Rich, qu'il a vu dans la pièce de Roger Vitrac *Victor ou les Enfants au pouvoir* et qui lui a donné elle aussi envie d'être acteur. Après avoir souffert comme jamais auparavant, il prend désormais de l'épaisseur et de la profondeur en affirmant son style. À son tour, il va devenir un comédien unique. Et appliquer la recommandation de Michel Bouquet : « Pour être acteur, il faut que la technique et l'être ne fassent plus qu'un[1]. » Arditi s'inspire également de Buck Clayton, célèbre trompettiste de jazz à qui l'on a souvent demandé comment il faisait pour jouer aussi bien, et qui répondait : « Pendant vingt ans, j'ai joué comme Louis Armstrong. Et puis un jour, j'ai joué comme si Louis Armstrong, c'était moi[2]. »

À compter de ce jour, le comédien ne croit plus aux rôles de composition. « Le premier travail d'un acteur, la seule gymnastique qu'il doit faire, c'est réussir à s'identifier. Une fois qu'on a touché du doigt qui on est, la deuxième étape est de savoir ce qu'on en fait, comment on s'en échappe et comment on s'en inspire[3]. » En virtuose, Arditi se met aussitôt à jouer de cette découverte. Jean-Luc Moreau raconte en riant : « Un soir, on a fait une bêtise. Pour nous rafraîchir, on a inversé nos rôles. On a tenu un quart d'heure ! On ne savait plus où on était, on l'a dit au public, qui riait[4]. »

1. France Culture, 7 novembre 2021.

2. « Conversation intime avec Pierre Arditi », présentée par Catherine Ceylac, théâtre Antoine, 31 mai 2023.

3. Institut Mémoires de l'édition contemporaine (Imec).

4. Entretien avec l'auteure, 24 novembre 2022.

En 1977, Pierre Arditi poursuit avec une comédie : il campe Philippe dans *Trois lits pour huit*, un vaudeville d'Alan Ayckbourn adapté par Victor Lanoux dans une mise en scène de Pierre Mondy. Il y retrouve Jean-Luc Moreau, ainsi que son futur complice dans les films d'Alain Resnais, André Dussollier. « Pour faire ce métier, il faut 20 % de talent et 80 % de travail », les encourage Mondy.

*

Malgré sa charge de travail, Pierre trouve le temps de vivre d'autres amourettes. Il rencontre donc la célèbre chanteuse Barbara et s'en éprend aussitôt. Le soir, Murat et lui dînent ensemble, puis le premier retourne dans ses pénates tandis que Pierre Arditi part retrouver « sa Barbara ». « Il n'en parlait pas trop », se souvient Murat. Pourtant, l'intensité de cette relation marque le comédien à jamais : « Ça m'a ébloui, c'est gravé en moi, je ne peux pas l'oublier, je ne l'oublierai jamais. D'ailleurs, j'y pense dès que je vois son visage[1]. » Insomniaque et romantique, Barbara pousse la chansonnette pour son amoureux. « C'était magnifique, j'ai connu des nuits où elle chantait et jouait au piano pour moi, confie encore Pierre Arditi. J'ai la réputation de peu dormir, mais elle, elle ne dormait pas du tout, je ne sais pas comment elle faisait. Elle m'a offert des moments extraordinaires[2]. » Et de raconter, le sourire aux lèvres : « Je l'avais surnommée Lili Bonaparte. Elle ressemblait à la fois à l'espiègle Lili et à Bonaparte sur le pont d'Arcole. » Barbara est touchée : « C'est joli que tu m'appelles comme ça,

1. France 2, novembre 2022.
2. Entretien avec l'auteure, 10 octobre 2023.

Lili Bonaparte. » Elle y repensera peut-être en 1986, en préparant avec Gérard Depardieu son spectacle musical au Zénith de Paris, *Lily passion*, l'histoire d'une rencontre entre une chanteuse et un assassin.

Encore aujourd'hui, le comédien préfère rester discret sur cette brève passion. Il y fait parfois allusion de manière voilée. « Vous savez, la vie, c'est comme ça, on se croise et on se sépare. Notre rencontre a été assez fulgurante. Je suis passé dans la vie de cet astre, assez brièvement, finalement. J'ai eu la chance de connaître cette relation pendant quelques mois, voilà[1] », dévoile-t-il néanmoins au micro de Stéphane Bern. Après la fin de leur romance, Arditi et Barbara resteront amis.

Sa femme Évelyne Bouix se souvient : « Il ne m'en a pas parlé tout de suite. Moi, je suis une fan de Barbara, j'ai assisté à son concert avec Claude [Lelouch] à l'Olympia. Elle était divine, tellement gentille quand on est allés la voir dans sa loge. Pourtant, elle me faisait peur, elle m'impressionnait. Quand Pierre m'a raconté qu'il avait eu une histoire avec elle, je lui ai dit : "Quelle chance tu as ! Barbara, ce n'est pas rien"[2]. » « Cette liaison s'est nouée pendant les répétitions de *Rosencrantz et Guildenstern sont morts*, croit savoir pour sa part Jean-Luc Moreau. Pierre n'avait pas beaucoup d'argent, il faisait du doublage pendant la journée et on ne pouvait donc répéter que la nuit : c'est comme ça que j'ai découvert sa relation avec Barbara. Je me souviens de leurs conversations téléphoniques, qui duraient des heures[3]. » De son côté, Jean-François Prévand raconte : « Un jour, comme nous n'avions pas de salle à disposition, nous sommes

1. RTL, 16 mars 2018.
2. Entretien avec l'auteure, 25 septembre 2023.
3. Entretien avec l'auteure, 12 juin 2024.

allés répéter chez elle, à Précy-sur-Marne. Barbara avait fait installer un petit théâtre, une scène avec quelques chaises, au fond de sa cour. Jean-Luc, Pierre et moi, on a débarqué pour travailler. Mais elle a voulu nous préparer à dîner, et nous a passé un film, *Fricks, la monstrueuse parade*, sur un magnétoscope – il y en avait très peu, à l'époque. On a découvert qu'il était possible de regarder des chefs-d'œuvre chez soi. Le soir, on n'avait toujours pas répété. Pierre s'est endormi – il était fatigué, il disait souvent qu'il lui fallait quelques minutes de repos. Et puis Barbara a dit : "Bon, vous n'êtes pas venus là pour vous amuser, il faut songer à travailler." Nous avons fait un filage, auquel elle n'a pas assisté. Elle était pudique, très discrète et respectueuse. Elle savait que quand les artistes ne sont pas prêts, il est difficile pour eux d'être jugés par un regard extérieur. »

11

Un acteur éclectique

La même année, Arditi fait ses débuts au cinéma. Il joue Julien dans *L'Amour violé*, de la réalisatrice féministe Yannick Bellon[1]. Proche d'un documentaire, le film relate le viol d'une jeune infirmière (Nathalie Nell) puis sa lente reconstruction. À sa sortie, le long-métrage est « déconseillé aux moins de 10 ans ». Pierre Arditi campe l'un des amis de la victime. Il est en couple avec Michèle Simonnet, dans la réalité, il est sous le charme de Lucienne Hamon, qui interprète une juge intègre. « La première fois que je l'ai vue, c'était sur le tournage de *Vacances à Miami*, avec Marc Eyraud, raconte-t-il. Je jouais le garçon d'étage d'un hôtel luxueux. Elle était amie avec Guy Lessertisseur, le réalisateur. Je l'ai trouvée très belle, j'ai eu un coup de foudre. Pourtant, on n'était pas de la même génération[2]. » Lucienne Hamon a en effet 41 ans, Arditi, 27. « Une femme épatante et une comédienne formidable, humaine, intelligente, curieuse,

1. La sœur de l'auteure Loleh Bellon, qui fut la femme de Claude Roy et dont Pierre Arditi jouera *L'Éloignement*. Elle a disparu en 1999.

2. Entretien avec l'auteure, 4 avril 2024. Ce téléfilm a été diffusé le 31 août 1971.

séduisante, autonome et cultivée[1] », décrit la productrice du *Sang de la vigne*, Lissa Pillu. Lucienne, fille de l'homme politique Léo Hamon et première épouse du réalisateur Robert Enrico disparu en 2001[2], ne cède pas immédiatement à la tentation. « Elle était plus âgée que lui, se souvient Patrice Kerbrat : "Parlez fort, elle entend mal !" plaisantait Pierre. Il est tombé amoureux d'elle, il l'a absolument voulue. Mais elle était un peu réticente, parce qu'elle était encore mariée à Robert Enrico[3]. »

Lors du tournage, qui a lieu à Grenoble, Pierre Arditi croise le chemin d'un autre jeune débutant rêvant de se faire connaître : Daniel Auteuil, qui interprète l'un des quatre agresseurs de l'infirmière. Les deux acteurs n'ont pas de scène ensemble.

*

Avec le recul, Pierre Arditi estime malgré tout que c'est le petit écran qui l'a révélé au grand public. Il a toujours refusé de faire une différence entre le cinéma et la télévision. Ainsi que le constate Claude Lelouch : « C'est comme au football, il y a plusieurs divisions. Et c'est souvent dans la troisième qu'on prend le plus de risques et qu'on fait le meilleur boulot[4]. » Élizabeth Bourgine est de son avis : « On raconte des histoires avec des personnages. Que ce soit à la télévision ou au cinéma, ce n'est pas notre problème. Notre problème, c'est l'écriture, la

1. La directrice générale de Télécip, entretien avec l'auteure, 22 avril 2024.

2. Lucienne Hamon signe les scénarios de *Tante Zita* (1968) et d'*Un peu, beaucoup, passionnément…* (1971), réalisés par Robert Enrico.

3. Entretien avec l'auteure, 28 novembre 2023.

4. Entretien avec l'auteure, 5 décembre 2023.

réalisation, le tournage et la diffusion. Il n'existe pas différentes façons de jouer, on joue, c'est tout[1]. » Et Bruno Podalydès de rappeler : « Alain Resnais aimait lui aussi les arts soi-disant mineurs, l'opérette, la bande dessinée[2]… » « C'est un seul et même métier qui se diversifie, et dont nous avons besoin pour nous renouveler[3] », observe de son côté Brigitte Fossey qui brille aux côtés de Pierre dans la série télévisée *Un et un font six*.

Arditi affirme même prendre plaisir à alterner entre grand et petit écran : « Je n'ai jamais fait de différence entre la télévision, le cinéma et le théâtre, parce que je préférais faire une bonne série TV qu'un mauvais film, un bon film qu'une mauvaise pièce, et une bonne pièce plutôt qu'un mauvais film[4]. » Il a une référence prestigieuse en tête : « Lorsque Simone Signoret joue pour la télévision, elle reste Mme Signoret. Je ne comprends d'ailleurs pas du tout ce mépris des gens de cinéma pour le petit écran[5]. »

Toute sa vie, l'acteur aura conscience que la télévision a largement contribué à accroître sa notoriété, comme le constate Michelle Podroznik : « Pierre est devenu extrêmement populaire par la télévision, sans parler du théâtre où il était une star, mais il a eu du mal à percer dans de grands rôles au cinéma. On n'a jamais fait reposer un film sur lui comme on en a monté sur Gérard Depardieu[6] ou sur Daniel Auteuil. Aux États-Unis, il aurait tout de suite été adulé, mais en France, il a

1. Entretien avec l'auteure, 16 décembre 2023.
2. Entretien avec l'auteure, 15 septembre 2023.
3. Entretien avec l'auteure, 4 septembre 2023.
4. Entretien avec l'auteure, 4 avril 2024.
5. *Le Quotidien de Paris*, 18 janvier 1985.
6. Propos recueillis avant les accusations de viols dont l'acteur a fait l'objet en décembre 2023.

ramé[1]. » Christine Miller, la créatrice de la série *Sauveur Giordano*, abonde : « Pierre n'est pas une star, les gens le reconnaissent parfois dans la rue, mais ce n'est pas Bardot ni Delon. D'ailleurs, je ne pense pas que c'était son objectif ! On ne se retourne pas sur son physique ; en revanche, il est apprécié pour ses qualités d'acteur, et il occupe une place particulière dans le métier, comme Bourvil autrefois[2]. »

Selon Philippe Lançon, qui écrit dans *Libération*[3], sa force est d'être le meilleur ami des téléspectateurs. « De même qu'il existe des animaux de compagnie, analyse le journaliste, Pierre Arditi est un acteur de compagnie. On rentre chez soi après une dure journée de travail, ou de chômage, et, vite, on le retrouve dans la chaleur du foyer. Il est là qui nous attend, ce bon vieux chien de télé, assis au pied du canapé cuir, fidèle dans le poste, consensuel et guettant la tendresse. »

Tandis qu'Arditi progresse dans sa carrière, la barrière entre télévision et cinéma continue de lui résister. Selon le dramaturge Gérald Sibleyras, « les gens de cinéma ont tort de ne pas écrire pour Pierre Arditi. Pour eux, les théâtreux sont des intellos, des emmerdeurs[4]... ». Jean-Claude Islert le rejoint sur ce point : « Les réalisateurs pensent que Pierre est trop marqué par le théâtre et manque de fantaisie[5]. »

À l'époque, désireux de travailler, les acteurs ne dédaignent aucun rôle, que ce soit sur les planches ou à

1. Entretien avec l'auteure, 21 septembre 2023.
2. Entretien avec l'auteure, 9 novembre 2023.
3. Le 17 février 1999.
4. Entretien avec l'auteure, 10 novembre 2023.
5. Entretien avec l'auteure, 14 février 2024.

l'écran. Ils tournent même, au besoin, des films alimentaires. « J'en ai fait comme tout le monde, mais jamais pour pouvoir m'acheter ceci ou cela, précise Pierre Arditi. Disons plutôt que j'ai eu la chance de pouvoir gagner ma vie en faisant des choses que j'aimais bien. Bien sûr, j'en ai aimé certaines plus que d'autres[1]... »

*

Dès les années 1960-1970, l'acteur multiplie les apparitions sur les chaînes de l'ORTF. « À l'époque, lorsqu'un projet se préparait, l'assistant du réalisateur appelait les agents des comédiens envisagés pour les différents rôles. Ceux-ci rencontraient alors le réalisateur qui, s'il était convaincu, rappelait l'agent : c'était toute une organisation[2] », se souvient Évelyne Dandry. « Beaucoup de grands acteurs venaient travailler à la télévision, les programmes étaient de bon niveau[3] », rappelle Jean-Pierre Guérin.

Le comédien accepte volontiers des rôles modestes. Même lorsqu'on fait appel à lui pour quelques répliques seulement, il observe et s'imprègne comme une éponge de ce qui l'entoure. Il prend par exemple les traits d'un hallebardier dans *Marie Tudor*, une adaptation de la pièce de Victor Hugo réalisée par Abel Gance, avec Françoise Christophe en reine d'Angleterre. Le réalisateur de 76 ans tourne le film en trente-huit jours, du 27 septembre au 12 novembre 1965, dans les studios de la Maison de l'ORTF. Pierre Arditi n'a qu'une courte scène, dont il se souviendra pourtant. Il raconte : « C'était en deux

1. Entretien avec l'auteure, 10 octobre 2023.
2. Entretien avec l'auteure, 1er février 2024.
3. Entretien avec l'auteure, 23 janvier 2024.

parties, c'était extraordinaire. Je jouais à l'époque *L'Opéra du monde*. J'avais demandé à faire de la figuration dans un film d'Abel Gance. Je trouvais que c'était un cinéaste formidable. Me voilà donc à jouer un valet coiffé un peu comme un Beatles. Tout le monde s'en souvient parce que, à la fin de la première partie, j'ouvre une porte pour faire entrer ma copine Colette Berger, puis je la referme. Au début de la seconde partie, je rouvre la porte. Ma prestation s'arrête là. J'avais accepté cette figuration pour voir Abel Gance travailler[1]. » Quand il sera devenu un acteur « à part entière », selon ses propres termes, il retrouvera Françoise Christophe, Colette Berger ou encore Marc Cassot sur d'autres plateaux de tournage. Quant à Abel Gance, dont *Marie Tudor* est la première fiction réalisée pour le petit écran, il explique qu'il s'est intéressé à la télévision « parce que le cinéma, comme en témoigne l'accueil de mon dernier film, *D'Artagnan contre Cyrano*, ne m'a pas donné tout ce que j'espérais. Mais je ne fais pas de différence entre la petite et la grande image[2] ».

En 1975, Pierre Arditi apparaîtra dans une autre adaptation de *Marie Tudor*, réalisée par Claude Dagues, cette fois dans un rôle important, celui de Fabiano Fabiani, le favori de la reine (Nadine Alari) qui s'avère bientôt être un traître.

L'été de cette année-là, il campe à nouveau un personnage de valet, dans *La Guerre des demoiselles* de Guy Vassal. L'épisode se déroule en 1829 dans l'Ariège. Des centaines de paysans affamés se révoltent, déguisés en femmes. Jean Davy et Nadine Alari font également partie de la troupe, qui se produit successivement aux

1. Entretien avec l'auteure, 15 janvier 2024.
2. *Le Monde*, 21 avril 1966.

festivals d'Albi, d'Aigues-Mortes et de Carcassonne. « Au festival de la Cité de Carcassonne, la représentation a été interrompue par une partie du public qui ne comprenait pas que des acteurs parisiens jouent cette partie de leur histoire[1] », précise Guy Vassal.

Au cours de ces années formatrices, Pierre Arditi s'essaie à différents genres. Il tourne fréquemment des comédies, comme *Le plus malin s'y laisse prendre* de Jacques Pierre, d'après Alexandre Ostrovski, ou *Les Aventures de Zadig*, une adaptation du conte de Voltaire par Claude-Jean Bonnardot (1970). Il y donne pour la première fois la réplique à Gérard Depardieu (Zadig) et à Élisabeth Depardieu, et retrouve Florence Giorgetti.

Mais il ne dédaigne pas non plus les « feuilletons », comme on les appelle à l'époque, apparaissant par exemple dans *Les Thibault* ou dans *L'Homme de Picardie*, où il joue un petit malfrat. Dans le premier épisode d'« un mystère par jour », intitulé *Un crime pour vingt carats*, il est soupçonné d'avoir assassiné son oncle. À l'instar de Florence Giorgetti, Pierre Arditi participe en outre au feuilleton à succès *Là-haut, les quatre saisons*, ainsi qu'à la célèbre série de Claude Loursais *Les Cinq Dernières minutes*, avec Diane Kurys. Il explique : « Je pense que, en tout cas au début, il faut accepter à peu près tous les rôles qu'on nous offre, pour ensuite arriver, petit à petit, à faire le tri et à choisir ce qu'on veut[2]. »

Ne ménageant pas ses efforts, Pierre Arditi enchaîne donc les auditions dans l'espoir de faire son trou, allant jusqu'à accepter des projets loufoques. En janvier-février 1970, à 26 ans, il tourne même dans un film

1. *La Dépêche*, 22 octobre 2010.
2. Entretien avec l'auteure, 4 avril 2024.

« olé, olé » : *Alyse et Chloé*, le quatrième long-métrage du réalisateur hongrois René Gainville. Interdite aux moins de 18 ans à sa sortie, en septembre de la même année, cette fiction conte les amours entre une cover-girl (Catherine Jacobsen) et la directrice d'une agence de publicité (Michèle Girardon). Pierre Arditi y joue un gourou qui dirige une association baptisée Le Nombril !

En août 1972, Guy Lessertisseur tourne *Amoureuse Joséphine* pour la série *Portraits* d'André Castelot au studio des Buttes-Chaumont. Le château de La Malmaison, où la belle Martiniquaise recevait autrefois toutes les têtes couronnées, sert de décor pour les scènes tournées en extérieur. Pierre Arditi campe un Bonaparte plein d'allant, svelte et décidé. Évelyne Dandry interprète pour sa part une Joséphine de Beauharnais majestueuse. André Castelot lui a confié une mèche de cheveux censée avoir appartenu à l'impératrice. Lui-même joue Fouché, François Maistre est Barras, l'amant de Joséphine. Catherine Arditi interprète quant à elle Hortense (elle attend à cette époque son fils Alexandre de son union avec le réalisateur).

C'est avec émerveillement que les téléspectateurs assistent au mariage reconstitué du petit général corse et de la veuve de Beauharnais, déjà mère de deux enfants. « Il y a tout de suite eu une relation amicale et complice entre nous, presque de la rigolade, se souvient Évelyne Dandry. Pierre était très vivant, c'était un jeune fou, il avait envie de tout bouffer. Pendant les répétitions, il avait toujours l'œil qui riait. » Viviane Blassel se souvient elle aussi de la joie de vivre de Pierre sur le tournage, de son appétit pour toutes les expériences : « C'est comme dans une pâtisserie, vous avez envie de goûter à tous les gâteaux. Malgré les apparences, Pierre n'était par ailleurs pas sûr de lui et avait le désir de s'affirmer[1]. » L'émission sera un succès.

Dans les années 1980, Pierre Arditi endosse enfin des rôles de plus en plus importants. Il est par exemple le petit ami fictif de Bulle Ogier, qui enquête sur un meurtre dans *Légitime défense* de Claude Grinberg (TF1). Puis il joue l'un des témoins dans *L'Affaire Brouchaud*, un épisode de la série *Messieurs les jurés*, diffusée sur Antenne 2. Sous la houlette de Maurice Frydland, ex-assistant du réalisateur Marcel Bluwal, il incarne dans le film *L'Arme au bleu*, adapté du roman de Jean Yvane, un sergent-chef mégalomane, ancien d'Indochine, capitaine d'une patrouille d'appelés pendant la guerre d'Algérie. Il y partage l'affiche avec Richard Anconina. Les deux militaires sont chargés d'escorter des prisonniers fellaghas en provenance du Sud-Est algérien, mais leur camion tombe en panne. Le rôle plaît à Pierre Arditi, car la fiction sert parfois ses idées : « J'ai toujours détesté les leçons de morale ! » lance par exemple son personnage, ce qu'il approuve totalement. L'acteur se souvient surtout des moments d'amitié vécus sur le plateau : « J'ai tourné avec un certain nombre de mes camarades qui ont fait carrière après : Jean-Michel Dupuis, Maurice Vaudaux, qui est aujourd'hui le mari de Catherine Allégret, Richard Anconina[2]... » Tourné en décembre 1980, le téléfilm est diffusé le 5 septembre 1981, soit vingt ans après les accords d'Évian. Il est considéré comme le premier long-métrage abordant le sujet de la torture en Algérie.

Maurice Frydland confie ensuite à Arditi un rôle d'aristocrate dans *L'Épingle noire*, une fiction diffusée

1. Entretien avec l'auteure, 6 janvier 2024.
2. Entretien avec l'auteure, 4 avril 2024.

sur Antenne 2, puis celui d'un ministre dans *L'Homme de pouvoir*. Cette œuvre à visée politique est justement centrée sur un personnage accusé d'avoir commis des exactions en Algérie[1]. C'est dans ce film qu'un chauffeur de taxi confie au personnage de Pierre Arditi l'avoir vu dans *Les Cinq Dernières Minutes* ! Un amusant clin d'œil à sa filmographie.

À présent auréolé d'une certaine notoriété, l'acteur se distingue aussi bien sous la direction de Jeannette Hubert, François Gir et Michel Mitrani que sous celle de Marco Pico ou de Bernard Cohn. C'est dans *Natalia*, un film réalisé par ce dernier, qu'il fait la connaissance de Dominique Blanc. La jeune femme est « impressionnée » par l'acteur, qu'elle a remarqué aux côtés de Gérard Desarthe dans *L'Épingle noire*. « Ça a été un choc : il m'a tout de suite tutoyée, confie l'actrice. Il ne me connaissait pas, mais il m'a accueillie à bras ouverts. Il était généreux, mais en colère, il trouvait que Bernard Cohn ne savait pas où poser sa caméra. Celui-ci était considéré comme une pointure en tant que premier assistant (de Woody Allen ou de Robert Bresson), mais pas en tant que réalisateur. Pierre a pris en main la mise en scène, en quelque sorte. »

Il le fait avec d'autant plus de sérieux que son personnage est précisément celui d'un metteur en scène, qui tourne un film à Paris sous l'Occupation et tombe amoureux d'une jeune actrice débutante juive, campée par Philippine Leroy-Beaulieu, 25 ans à l'époque. Un peu plus tard, Arditi retrouve Dominique Blanc dans une fantaisie rocambolesque et « buñuelienne » baptisée *Plaisir d'amour*[2], sous la direction de Nelly Kaplan.

1. Maurice Frydland réutilise des images qu'il a tournées pour *L'Arme au bleu*.

2. C'est le dernier long-métrage de Nelly Kaplan.

Se montrant d'abord sympathique pendant la préparation du film, cette dernière, ancienne assistante d'Abel Gance, se révèle intraitable et autoritaire dès le premier jour de tournage. « Elle ne s'est pas adoucie, mais on a tous été très solidaires, raconte Dominique Blanc. Pierre adorait Christian, mon compagnon. Il protégeait tout le monde. On a tout de suite travaillé comme si l'on était frère et sœur, on se retrouvait pour dîner le soir. Le film est sorti le jour où j'ai accouché de ma première fille[1]. »

Dans *Plaisir d'amour*, Arditi interprète un Dom Juan de pacotille, un certain Guillaume de Burlador, qui atterrit sur une île tropicale, la Martinique (la lumière est transcendée par le chef opérateur Jean-François Robin). Ce mâle séduit tour à tour – un peu trop facilement – trois grâces, sans comprendre qu'elles se jouent de lui : Dominique Blanc, Françoise Fabian et une débutante, Cécile Sanz de Alba. Bientôt, il est pris au piège tendu par ces femmes sous le regard de Pierre Dux, qui endosse le costume d'un médecin philosophe farfelu nommé Cornelius (ce sera la dernière apparition du comédien). La cote de *Télé Star* indique : « Adolescents et adultes ».

« Avec Pierre, on a enchaîné sur *Largo desolato*, l'adaptation d'une pièce de Vaclav Havel avec Agnieszka Holland, signale Dominique Blanc, qui campera cette fois une admiratrice amoureuse du personnage d'Arditi[2]. Il a été merveilleux dans le rôle de Léopold, un écrivain leader d'opposition qui pourrait être Václav Havel lui-même[3]. » La réalisatrice et son mari, Laco Adamik, ne disposent que de dix jours pour transposer la pièce aussi

1. Entretien avec l'auteure, 29 avril 2024.
2. *Ibid.*
3. Le président de la République socialiste tchécoslovaque en 1989.

fidèlement que possible à la télévision. Ils tournent dans les studios de France 3 Marseille, de 9 heures du matin à 7 heures du soir, dans un décor de salon bibliothèque. Pierre Arditi est dans son élément, mais n'a pas le temps de souffler. En parallèle, il se rend le soir au théâtre de la Criée pour interpréter le valet Matti de Brecht dans *Maître Puntila et son valet Matti*, aux côtés de Marcel Maréchal. « C'est un hyperactif qui cherche à contenir une angoisse majuscule, il a besoin de toute cette agitation[1] », résume Dominique Blanc.

Un journaliste du *Monde* présent sur le tournage constate que l'acteur n'est « pas capricieux pour deux sous ». Un jour, Arditi et les autres comédiens, Eva Darlan, Jean-Claude Dauphin et Stéphan Meldegg, patientent sur un vieux canapé avant le début d'une scène. La réalisatrice s'apprête à lancer son « Action ». Soudain, un claquement retentit, et le studio est plongé dans le noir. « On va faire comme Kubrick, on va mettre des bougies[2] », suggère « gentiment » Arditi au lieu de s'agacer.

En 1996, Pierre Arditi et Dominique Blanc se donnent la réplique pour la quatrième fois sous la férule de Jean-Michel Ribes dans *Faisons un rêve*, d'après la pièce de Sacha Guitry. Le *remake* télévisé du célèbre boulevard est mis en boîte en trois semaines pour Canal+ dans les studios de la SFP, à Bry-sur-Marne. « Jean-Michel Ribes était subtil, charmeur, on ne pouvait pas avoir peur de lui, il faisait semblant d'être amoureux de chacun », relate Dominique Blanc.

Ticky Holgado joue le mari, Pierre Arditi, un personnage sobrement appelé « lui », et la comédienne fétiche

1. Entretien avec l'auteure, 29 avril 2024.
2. *Le Monde*, 29 juillet 1990.

de Patrice Chéreau, « elle ». « Je ne jouerai jamais avec Pierre au théâtre, parce qu'il est le roi des fous rires, s'esclaffe celle-ci. Lors de l'enregistrement, il a commencé à en avoir un. Moi non plus, je n'arrivais pas à m'arrêter de rire. Puis j'ai pleuré parce que je voyais que je mettais le tournage en retard. On avait commencé tôt un lundi matin, on a fini à 22 heures ! Avec Ticky et lui, ils formaient un sacré duo, j'étais gâtée. Dès le premier jour de tournage, Ticky a voulu aller dîner à La Maison du caviar[1]. »

C'est à l'occasion de ce projet que Florian Zeller découvre le talent de Pierre Arditi : « Sa tirade au téléphone était extraordinaire, virtuose. Je l'ai aimé dans ce personnage plein de charme et de mauvaise foi, déjà menteur, qui joue avec l'enfance et renvoie au spectateur, comme un miroir, l'image de sa propre faiblesse. C'est pour cela que Pierre Arditi est un grand acteur : il y a sans doute une part d'enfance qui s'agite en lui, que le public sent et apprécie[2]. »

À la même époque, le producteur de GMT, Jean-Pierre Guérin, et la réalisatrice Josée Dayan pensent à Pierre Arditi pour camper l'arrogant procureur Villefort dans la très médiatisée série *Le Comte de Monte-Cristo*, adaptée du roman-fleuve d'Alexandre Dumas par Didier Decoin (TF1). Arditi y retrouve Gérard Depardieu en Edmond Dantès. La saga, composée de quatre épisodes de 100 minutes, bénéficie d'un budget astronomique de 100 millions de francs, dont 4 consacrés aux costumes, 80 aux décors et une part non négligeable à la rémunération des quelque 3 500 figurants. Fiction de

1. Entretien avec l'auteure, 29 avril 2024.
2. Entretien avec l'auteure, 16 juin 2024.

la démesure, elle atteindra un record d'audience avec presque 13 millions de téléspectateurs lors du dernier épisode.

« Un producteur avait assuré à Didier Decoin que les histoires de vengeance ne fonctionnaient pas à la télé, se remémore Jean-Pierre Guérin. Les agents disaient : "Gérard est fou d'aller se compromettre sur le petit écran. Mais qu'est-ce qu'il va faire là-dedans ? On n'a pas idée !" Pourtant, c'était un cadeau formidable qu'il offrait au public. Du temps de l'ORTF, beaucoup de grands acteurs étaient contents de jouer pour la télé. C'est à partir du milieu des années 1970 que celle-ci a commencé à être rejetée. Arditi, lui, ne s'est pas laissé influencer et a tout de suite trouvé son personnage[1]. »

Pour ce dernier, l'important est d'avoir envie, d'être emballé par le scénario ou la pièce, et par le metteur en scène. Il a besoin de se sentir libre. Et de jouer. Il ne veut pas se scléroser dans un seul type de rôle, sur un seul média. Il refuse en outre d'entretenir des « rapports de vieux couple » avec lui-même.

Comme l'observe Chloé Lambert, il s'applique à devenir virtuose de son art comme un musicien de son instrument. « Il a le respect du sens du mot, il veut aller tout de suite à l'essentiel, il y a chez lui une vraie jubilation de gamin[2] », constate de son côté Lorraine Lévy. Avant de monter sur le ring, Pierre Arditi se concentre. En général, il est bien entouré. En particulier, il fait aveuglément confiance à celle qu'il appelle avec affection la « Van Gogh du maquillage » : Isabelle Kindinis Abriol. Il ne lui donne aucune consigne. Entre eux, l'entente

1. Entretien avec l'auteure, 23 janvier 2024.
2. Entretien avec l'auteure, 24 août 2024.

est immédiate, naturelle. Abandonné à ses pensées, le comédien se réfugie dans le silence, passe un coup de téléphone ou répète son texte pendant que la maquilleuse le prépare.

⋆

Dans les années 1980, Pierre Arditi compte parmi les habitués d'*Au théâtre ce soir*, la mythique émission créée en 1966 par Pierre Sabbagh sur la première chaîne. Attentif, l'homme de télévision regarde les écrans depuis la régie en fumant la pipe. Installées sur le plateau, cinq caméras filment les comédiens sous tous les angles. Les noms de Roger Harth, le décorateur, et de Donald Cardwell, le costumier des nombreuses pièces captées sont restés dans les mémoires.

« En participant à l'émission *Au théâtre ce soir*, j'ai fait des trucs qui étaient moyens, des trucs qui étaient bien, et puis petit à petit, je me suis forgé ma propre carrière au gré de mes désirs[1] », médite Pierre Arditi. « C'est extraordinairement rapide », signale de son côté Pierre Sabbagh lorsqu'on l'interroge sur l'organisation de l'émission. De fait, les comédiens font une première lecture du texte autour d'une table, répètent ensuite sur le plateau du théâtre Marigny qui vient à l'époque d'être rénové, font une italienne (une répétition où chacun doit garder une voix neutre, sans manifester d'émotion), puis jouent dans une « plantation réduite » avec des chaises, des tabourets et des tables avant de se produire dans le véritable décor. « On répétait deux fois sans public, se souvient Jean-Claude Islert. C'était gratuit, les gens venaient assister à l'enregistrement. Ils étaient contents,

1. Entretien avec l'auteure, 4 avril 2024.

on les avait conquis avant même de commencer à jouer[1]. »

En 1981, Arditi interprète pour ce programme quatre comédies légères : *Le Traité d'Auteuil*, *Une sacrée famille* et *Mademoiselle ma mère* de Louis Verneuil et Georges Berr[2], ainsi que *Monsieur Vernet*, adapté du célèbre roman de Jules Renard. « Il faudrait la remonter, déclare-t-il au sujet de cette dernière pièce. Je suis trop vieux maintenant pour jouer ce rôle, mais ce serait chouette[3]. » Il y interprète un poète coureur de jupons qui pratique l'escrime.

Les pièces sont enregistrées en deux ou trois jours – souvent l'après-midi – devant un public, au théâtre Marigny, dont la rampe est escamotable. Puis, quelques semaines après, elles sont retransmises sur les deux premières chaînes de l'ORTF, et plus tard sur TF1. D'abord en noir et blanc, puis en couleur.

Avant les trois coups, un Pierre Sabbagh un peu emphatique explique aux spectateurs ce qui va se passer : « Mais si vous êtes confortablement installés dans ce théâtre, vous êtes avant tout dans un studio de télévision. [...]. Et nous avons besoin de votre collaboration, car vous êtes le public, et nous vous demandons instamment de jouer votre rôle de public. Je veux dire par là qu'il faut que vous soyez vous-mêmes. Oh non, ne craignez rien, vous n'aurez pas de panneaux "Silence", "Riez" et "Applaudissez". Il n'y

1. Entretien avec l'auteure, 14 février 2024.

2. Aussi connu que Guitry, Louis Verneuil qui était le gendre de Sarah Bernhardt a écrit trente-huit pièces seul et vingt-cinq autres avec Georges Berr. Son interprète fétiche était Elvire Popesco.

3. Entretien avec l'auteure, 4 avril 2024.

en a pas. Si vous riez, riez largement, franchement, vous nous rendrez service. Si vous désirez applaudir, faites-le librement et franchement, oubliez les micros, oubliez les caméras[1]. »

Les acteurs jouent en continu, il n'y a pas de seconde prise. « Pour les comédiens, c'est du direct, on lève le rideau et on le baisse à la fin, jamais on ne peut recommencer », insiste Pierre Sabbagh. Sans le savoir, Pierre Arditi est ainsi préparé aux retransmissions en direct de pièces qu'il jouera plus tard sous la direction de Bernard Murat. « On prenait de vraies leçons. Le plus important, c'était de s'écouter[2] », indique Jean-Claude Islert, son partenaire dans *Mademoiselle ma mère*.

Le succès des diffusions ne se dément pas. En province, il y a peu de théâtres, et les téléspectateurs se précipitent sur le rendez-vous que leur offre Pierre Sabbagh. Celui-ci exige que des metteurs en scène de théâtre professionnels dirigent les acteurs. C'est entre autres Robert Manuel qui s'en charge, bien que certains comédiens jugent son travail « un peu plan-plan ». Le réalisateur ajoute ensuite sa patte en fonction des prises de vues, de la position des caméras, des lumières et des prises de son. « Il avait une bande d'amis qui faisait à peu près tout, c'était bien[3] », se remémore Jean-Claude Islert. Et Arditi d'énumérer : « Il y avait Christian Alers qui était vachement bon, Alain Feydeau qui, comme son nom l'indique, était parent avec Georges Feydeau, mais aussi Claire Maurier, Jacqueline Jehanneuf, des actrices merveilleuses. La plupart des comédiens étaient connus et jouaient depuis longtemps, donc Manuel ne leur disait

1. *Micros et Caméras*, 26 novembre 1966, Ina.fr
2. Entretien avec l'auteure, 14 février 2024.
3. *Ibid.*

pas grand-chose. Il disait : "Vas-y, fais ci" ou "Fais ça", ça roulait. Moi, j'étais le petit jeune[1]. »

Robert Manuel, qui a été le directeur artistique du théâtre Marigny[2] lui apprend beaucoup. « On s'aimait bien, je l'avais vu jouer à la Comédie-Française, il était drôle et gai. Il nous laissait une grande liberté, mais indiquait quand même des choses[3] », se souvient Arditi qui joue à l'époque un jeune bourgeois amoureux cherchant à plaire.

Dans *Le Traité d'Auteuil*, qui parle du mariage blanc, il donne la réplique à la pimpante Marie Leonetti. Ils seront de nouveau partenaires dans *Mademoiselle ma mère*. Alain Feydeau campe quant à lui un amoureux transi, Annick Roux, une maîtresse écervelée, et Robert Manuel, un grand-papa gâteux.

Arditi apparaît également dans *Les Grandes Soirées du théâtre* enregistrées sur des cassettes. On le retrouve ainsi aux côtés de Marie Laforêt en grande séductrice dans *Pauline ou l'écume de la mer*, de Gabriel Arout. « Je l'aimais beaucoup, c'était une très belle femme, il paraît qu'elle était formidable dans *Master class*[4]. Moi, je l'avais vue au cinéma dans *La Fille aux yeux verts* de Desmond Davis. Elle a aussi tourné avec Jean-Gabriel Albicocco, qui était un cinéaste très intéressant[5]. »

*

1. Entretien avec l'auteure, 4 avril 2024.
2. Coassocié à Elvire Popesco et Hubert de Malet.
3. Entretien avec l'auteure, 10 octobre 2023.
4. L'actrice chanteuse a joué Marias Callas, en 1996-1997, 1999 et 2008. Elle a disparu en 2019.
5. Entretien avec l'auteure, 4 avril 2025.

À cette époque, Pierre Arditi n'a pas encore surmonté toutes ses peurs. Il boit ainsi une demi-bouteille d'alcool de poire avant de monter sur scène pour jouer *Pa*, une pièce autobiographique de l'Irlandais Hugh Leonard, au théâtre de l'Œuvre, dans laquelle jouent également Maurice Teynac et Jacques Rispal. Après la représentation, il boit l'autre moitié pour « oublier » cette douleur de l'avoir jouée.

Lunettes sur le nez, costume et cravate noirs sur une chemise blanche, Pierre Arditi campe Charlie, le fils d'un jardinier poète qui revient de Londres à la suite de la mort de son père. En brûlant de vieux papiers, il découvre que celui-ci a gardé dans une enveloppe tous les chèques qu'il lui avait envoyés.

« Le gosse est mangé par ce père omniprésent. Je ne trouve pas d'autre expression. Totalement vampirisé. Et c'est un festin qui n'en finit jamais. Une fois mort, l'autre continue à lui manger le cerveau. Mais le tout avec une drôlerie britannique. Il n'y a pas de drame. C'est tragique mais ce n'est pas grave[1] », analyse Arditi.

⋆

D'après Jean-Claude Grumberg, Pierre Arditi ne renoncera jamais à jouer dans une bonne pièce pour tourner dans un film. « Il aime ça, y compris des projets où il n'y a pas grand-chose à jouer, parce que c'est encore plus difficile[2] ! » s'amuse le dramaturge.

« Pour le grand public, Pierre est d'abord un acteur de théâtre[3] », considère Évelyne Bouix, à juste titre. Et, selon

1. *Le Figaro*, 28 août 1981.
2. Entretien avec l'auteure, 16 novembre 2023.
3. Entretien avec l'auteure, 25 septembre 2023.

son mari, un Jean Poiret est aussi digne d'être joué que Samuel Beckett, Sacha Guitry, Yasmina Reza ou Florian Zeller, auquel il remet d'ailleurs lui-même la Légion d'honneur[1]. « Pour lui, c'était d'abord le théâtre, puis le cinéma, puis la télé[2] », approuve Christine Miller, même si le comédien s'en défend, et affirme avoir le même respect pour ces trois arts. « Il est né pour le théâtre, il est né pour le paraître, comme Sacha Guitry[3] », renchérit Jean-Claude Islert.

Aux yeux de Pierre Arditi, le spectacle « vivant » est tout sauf une expression. Son but est de lancer un défi au public venu l'applaudir – celui de lui résister. Sur une scène, il a l'impression de tenir le monde entre ses mains : « Il veut mater, dompter les spectateurs, les mettre dans sa poche. Il leur dit : "Venez par là, vous allez pleurer, puis rire[4]..." » explique Évelyne Bouix. « C'est au théâtre que Pierre tient les spectateurs dans sa main[5] », approuve Patrice Kerbrat.

Chaque représentation est différente. « Au théâtre, tout est unique. Je ne suis jamais le même d'un soir sur l'autre, le public n'est jamais le même non plus, ce que je vais découvrir dans le texte et devoir incarner n'est pas écrit à l'avance. Je joue avec les humeurs du jour[6] », observe-t-il. Pour lui, « jouer » est un mot magique. La possibilité d'avoir mille vies, d'être hors du temps pendant deux heures chaque soir, d'être immortel ! Bruno Podalydès le comprend : « À partir d'un certain âge,

1. Le 5 juillet 2023.
2. Entretien avec l'auteure, 9 novembre 2023.
3. Entretien avec l'auteure, 14 février 2024.
4. Entretien avec l'auteure, 25 septembre 2023.
5. Entretien avec l'auteure, 28 novembre 2023.
6. *La Provence*, 13 février 2014.

jouer détourne des questions angoissantes, existentielles. Il y a une sorte d'ivresse dans le travail, le fait de rencontrer des gens, de se confronter aux générations suivantes. Pierre ne fait rien de manière superficielle. Son investissement est total[1]. » « Quand je joue au théâtre, c'est l'instant majeur de mon existence, renchérit ce dernier. Ma vie entière est tendue vers cet acte qui a lieu à 20 heures trente ou à 21 heures[2]. »

Être acteur n'est pas un métier comme les autres à ses yeux. « Si je n'ai pas de pièce de théâtre en cours, il y a quelque chose qui m'empêche de vivre. Après, avec l'âge, je cumule moins, c'est fatigant tout de même… mais ma vie, c'est le théâtre. Je ne peux pas dire que je n'aime pas le cinéma. On ne ressent pas la même chose, au théâtre l'acteur est un roi, au cinéma, c'est un pion, même quand c'est Anthony Hopkins. » Pierre Arditi poursuit, avec le sens de la comparaison qui lui est propre : « Au théâtre, il faut courir 5 000 mètres chaque soir. Au cinéma, c'est 50 000 fois un mètre (et pas forcément dans l'ordre)[3]. » Par la suite, il continuera d'alterner entre ces deux arts. Ou trois, avec la télévision.

Il rappelle : « Ce qui se passe au théâtre est unique. Ce que vous jouez le mardi ne ressemblera pas à ce que vous allez jouer le mercredi, ni le jeudi. Tandis qu'au cinéma ou à la télévision, c'est figé pour toujours et ça passe, ou pas, à la postérité. Quoi qu'il arrive au théâtre, d'abord, il n'y a pas de montage. Ensuite, vous êtes en permanence dans le plan. Donc, si vous êtes mauvais,

1. Entretien avec l'auteure, 15 septembre 2023.

2. Fabienne Pascaud et Thierry Thomas, *Pierre Arditi, un acteur au présent*, *op. cit.*

3. *Faut pas rêver*, France 3, 15 mars 1996.

tout le monde le voit. Au cinéma ou à la télévision, le but est d'être dans le plan, ce qui n'est pas toujours le cas si le metteur en scène ne veut pas vous filmer. Eh bien, il ne vous filme pas. Alors, pour s'imposer, il faut quelquefois se bagarrer et dézinguer l'autre, pour prendre sa place. Le théâtre, au contraire, est un art de la réunion. Le cinéma est un art de la séparation. Ça ne m'empêche pas d'en faire[1] ! »

Bruno Podalydès et Jean-Claude Grumberg comparent Pierre Arditi à Spencer Tracy pour sa façon de jouer, d'assumer « avec franchise » des personnages « solides et compliqués », y compris dans sa volonté de respecter le texte. Le comédien s'efface au profit du personnage[2]. « Pierre ne m'a jamais demandé une seule modification, une coupe ou un ajout, il s'arrange, il ne cherche pas à ce qu'on l'arrange[3] », souligne Jean-Claude Grumberg. Selon Bruno Podalydès, sa formation de comédien fait partie de ses atouts : « Pierre ne mise pas uniquement sur les expressions du visage, il va chercher plus loin, il n'a pas peur d'éventuels excès. Dans un gros plan de cinéma, le moindre cillement de paupière raconte déjà quelque chose. Les gens de cinéma ont souvent peur du surjeu par rapport à la valeur du plan. Quand on joue sur un plateau, on est obligé d'en faire un peu plus pour porter la voix. Par son jeu théâtral, Pierre apporte presque une violence, une générosité, il clarifie des choses qui le rendent plus émouvant[4]. » La comédienne Josiane Stoléru le décrit pour sa part comme un acteur multidimensionnel.

1. Entretien avec l'auteure, 4 avril 2024.
2. Entretien avec l'auteure, 15 septembre 2023.
3. Entretien avec l'auteure, 16 novembre 2023.
4. Entretien avec l'auteure, 15 septembre 2023.

Jean-Pierre Guérin en est persuadé : « Les grands acteurs sont tous passés par le théâtre, et Pierre a une présence formidable sur scène. Il sait mettre le texte en avant. Il me surprend à chaque fois. Il accroche tout de suite le public[1]. » « Quand on a fait du théâtre, on sait tout faire, renvoyer la réplique, combler un trou[2]… » ajoute le scénariste Pierre Colin-Thibert.

Lors du tournage de la série *Le Sang de la vigne*, Yoann Denaive est lui aussi impressionné par la sensibilité du jeu d'Arditi. Parfois, assis côte à côte, tous deux parcourent le scénario et font le point. « Pierre sait comment se placer devant une caméra, admire son ancien partenaire. Un jour, il avait un monologue énorme à réciter, et il a dit : "Vous me laissez un peu tranquille, je dois apprendre le texte." Au bout de quinze minutes, il le connaissait sur le bout des doigts[3] ! »

Dans les faits, l'acteur préférera souvent les planches au grand écran. Sa personnalité l'incite à prendre des risques, des chemins de traverse, même balisés. L'avantage, au cinéma, c'est que le montage donne l'illusion que tous les comédiens sont bons, se moque-t-il. Pour lui, les spectateurs préfèrent voir les comédiens « en vrai ». Il adore d'ailleurs aller à leur rencontre, surtout en province. « La captation est au théâtre ce que le disque est au concert. On voudrait pouvoir toucher les choses avant même d'avoir commencé à travailler[4]. »

1. Entretien avec l'auteure, 23 janvier 2024.
2. Entretien avec l'auteure, 7 février 2023.
3. Entretien avec l'auteure, 26 septembre 2023.
4. Conversation intime avec Catherine Ceylac, théâtre Antoine, 31 mai 2023.

Pierre Arditi considère les membres du public comme des frères ou des sœurs d'art. Il cite Michel Bouquet, qu'il admire depuis longtemps – « avant même d'être acteur » – et qui, comme lui, a fait du théâtre sa religion : « Le public ne vient pas pour nous voir jouer, mais pour jouer avec nous. » « C'est vrai, confirme son disciple. C'est à travers son regard qu'on existe ou pas. S'il ne reçoit rien, il ne se passe rien[1]. »

Le 27 avril 2022, Pierre Arditi participera à l'hommage national à Michel Bouquet présidé par Emmanuel Macron. Aux côtés de Muriel Robin et de Fabrice Luchini, il rappellera à quel point « jouer était une nécessité intime » pour son défunt mentor. « Tu fais partie de ma vie depuis presque toujours. Je n'avais jamais croisé auparavant un acteur si impressionnant et si fragile avant d'entrer en jeu, avant d'entrer en vie », commencera Arditi. Ému, il poursuivra ainsi : « Tu n'as pas réussi à te faire oublier, tant tes incarnations sont immenses, inattendues, uniques. Ionesco, Molière, Camus, Anouilh et tant d'autres le savent, eux qui te bénissent sûrement de les avoir si magnifiquement servis et éclairés [...]. Je sais que tu fais semblant d'être parti. Michel, tu es le théâtre, et le théâtre ne meurt jamais. »

Selon Daniel Russo, avec lequel Arditi a joué dans *L'être ou pas. Pour en finir avec la question juive*, de Jean-Claude Grumberg[2], peu de comédiens sont capables de composer avec le public. « Pierre donne le rythme de la soirée, c'est le partenaire ultime, affirme-t-il. Quand

---

1. Entretien avec l'auteure, 10 octobre 2023.

2. Jean-Claude Grumberg, *L'être ou pas. Pour en finir avec la question juive*, Arles, Actes Sud, 2013.

on le perd, il sait décélérer ou accélérer, il s'adapte à nous[1]. »

Arditi explique l'une des différences fondamentales qui séparent d'après lui le théâtre du cinéma : « Au théâtre, à un moment donné, le metteur en scène doit accepter de rester à quai, avec ses conseils techniques. Il agite son mouchoir et regarde le bateau s'en aller sans lui. Au cinéma, non, la technique ne s'en va pas, elle est là, et quelquefois, elle est omniprésente. Il y a des moments où c'est justifié, d'autres où ça l'est moins, et je me suis retrouvé quelquefois dans des situations où, tout d'un coup, je me suis demandé : "Est-ce qu'on va quand même me laisser un tout petit peu d'oxygène pour que je puisse faire mon travail ?" Au cinéma, le metteur en scène fait le montage, c'est lui qui décide de ce que l'on verra ou pas de nous[2]. »

Pierre Arditi a gardé en mémoire une autre phrase de Michel Bouquet : « On devient comédien pour se fuir ou pour se trouver. » Pour échapper à soi-même, aurait pu ajouter Bette Davis. Il fait partie de la seconde catégorie. Lui qui se définit comme une « machine à jouer éclectique » joue pour « ne pas se voir », et n'aime d'ailleurs pas se regarder à l'écran. Mais, pendant les tournages, il ne peut éviter les miroirs. « La séance de maquillage est un moment apaisant[3] », assure Isabelle Kindinis Abriol… Peut-être pour elle, mais pas tellement pour son « patient », obligé d'affronter son image dans la glace de sa loge.

Bruno Podalydès a très bien compris la façon de travailler d'Arditi, et la résume ainsi : « Pierre est très

1. Entretien avec l'auteure, 19 septembre 2023.
2. La Cinémathèque française, 7 novembre 2021.
3. Entretien avec l'auteure, 8 septembre 2023.

fiable. Il sait son texte, apporte toujours de la fragilité au moment de la prise. Ce n'est pas un simple exécutant, il se passe des choses à chaque fois, je sens qu'il se jette dans la scène comme dans une piscine, avec une couleur sans cesse renouvelée. Une espèce d'intensité de jeu. Il n'est pas soucieux de savoir si la caméra est sur lui ou pas, il croit à la force de l'instant, de la scène. Il écoute les autres et réciproquement, prêt à accepter des échanges qui le dépassent[1]. »

De son côté, Catherine Arditi confie : « On a été biberonnés à la vision de Jean Vilar, on ne peut pas se passer du théâtre. Le rapport avec le public, c'est quelque chose d'irremplaçable. Pierre a beaucoup tourné à la télévision, mais moins au cinéma, il n'y a pas la même place qu'au théâtre, où il remplit les salles. » Pour son frère comédien, jouer, c'est vivre, c'est aussi nécessaire que de respirer. « Je mourrai au théâtre, évidemment, insiste l'intéressé. Je ne sais pas ce qui m'arrivera dans les dix ou quinze prochaines années. Quinze, je suis peut-être un peu optimiste… Disons les dix prochaines. Au-delà de 90 ans, il n'y a plus beaucoup d'acteurs encore capables de tourner. Jouer au théâtre, c'est très fatigant. Robert Hirsch, Michel Bouquet, Michel Piccoli ou Jean-Pierre Marielle sont allés loin, mais à un moment donné, ils ne pouvaient plus… »

Yoann Denaive raconte ce qu'Arditi lui répétait pendant les tournages du *Sang de la vigne* : « Jouer, c'est vivre, vivre, c'est choisir, choisir, c'est renoncer. Renoncer à tout ce qui reste ! » L'ancien partenaire du comédien ajoute : « J'ai l'impression que Pierre a pas mal galéré. Sa boulimie de travail, c'est un peu une revanche sur la vie. C'est un homme qui craint de vieillir, il a peur de la

1. Entretien avec l'auteure, 15 septembre 2023.

mort. Tant qu'il y a de la vie, il y a de l'espoir ; tant qu'il peut parler et marcher, il jouera, c'est sa vie. » Selon Florian Zeller, Arditi est « un homme soucieux, avec un rapport au temps à la fois inquiet et poétique. Il a une conscience aiguë de la précarité de la vie. Très attaché à l'existence, il a réussi à transformer cette inquiétude en énergie créatrice. Cette boulimie de création est un mouvement à la fois vers la vie, et une sorte de fuite face à un destin tragique[1]. »

Jean-Pierre Guérin témoigne lui aussi de cette peur du temps qui défile qu'Arditi laisse parfois transparaître : « Je devais avoir 75 ans, il allait atteindre les 70. Il était désespéré de vieillir : "Comment fais-tu ?" m'a-t-il demandé. » Un des proches amis d'Arditi, François Berléand, ressent la même appréhension face à l'idée de finitude : « J'ai toujours un projet d'avance. Jouer, c'est le seul moyen que j'ai trouvé pour ne pas penser à la mort[2] », résume-t-il.

La crainte de disparaître que ressent Pierre Arditi n'est pas sans lien avec la mort de ses propres parents. S'il s'est rendu à leurs enterrements respectifs, il rappelle : « Je n'ai pas vu leurs corps morts. Quand mon père m'a prévenu que ma mère était partie, que c'était fini, je n'ai pas voulu fixer dans ma mémoire le visage de ma mère morte. Quant à moi, je suis le dernier enfant que mon père a vu avant de mourir[3]. »

La première fois que l'acteur est confronté au deuil remonte cependant à bien plus longtemps, à l'enterrement de son grand-père, David Arditi, le père de Georges

1. Entretien avec l'auteure, 16 juin 2024.
2. Entretien avec l'auteure, 9 janvier 2024.
3. Entretien avec l'auteure, 10 juin 2024.

Arditi. « J'avais 11 ans, confie-t-il. Malheureusement, j'ai vu son visage : il ressemblait à un insecte, ça m'a profondément perturbé et traumatisé. Je me suis juré que plus jamais je ne regarderais les gens morts. Pas question de voir ce que nous devenons après notre dernier souffle ! Je n'ai donc pas vu les visages de Marcel Maréchal, d'Alain Renais, de Didier Bezace… Je n'ai pas de temps à perdre avec la mort[1]. »

À la fin de ces premières funérailles qui impriment à jamais sa mémoire, le petit Pierre prévient son père : « Je vais rentrer à pied, papa. » L'enfant parcourt 250 mètres qui séparent le cimetière du domicile familial, et regarde « tout ce monde vivre ». Perdu dans ses pensées, il se fait la réflexion suivante : « Moi, je peux encore toucher ce réverbère, je vois ces voitures qui montent la rue, donc en l'espace de 250 mètres, j'ai goûté à la vie, tout simplement[2]. »

⋆

Malgré les proches qu'il perd au fil des années, l'acteur continue de « goûter à la vie ». Jouer est pour lui la meilleure manière de rendre les coups après un grand chagrin. Il refuse toujours de se spécialiser dans un domaine, et rappelle la phrase prononcée par Laurent Terzieff aux Molières 2010 : « Le théâtre n'est pas ceci ou cela, il est ceci et cela. » Il pense d'ailleurs la même chose du cinéma, et admire aussi bien Marcel Carné que Jean Delannoy, Henri-Georges Clouzot, Claude Chabrol, Édouard Molinaro ou encore Claude Lelouch.

1. *Ibid.*

2. Fabienne Pascaud et Thierry Thomas, *Pierre Arditi, un acteur au présent*, *op. cit.*

Inarrêtable, Arditi continue de passer d'une pièce à l'autre. En septembre 2012, il est déjà à l'affiche de *Comme s'il en pleuvait*, de Sébastien Thiéry, avec Évelyne Buyle. La pièce est jouée chaque soir à 21 heures au théâtre Édouard-VII. Cela ne l'empêche pas, quelque temps après, d'accepter de se produire en parallèle au théâtre du Rond-Point, à 19 heures, dans *Moi, je crois pas*, pour un contrat de « 60 représentations exceptionnelles ». Une pièce « très difficile à jouer[1] » selon son auteur, Jean-Claude Grumberg, même lorsqu'elle est montée par le talentueux Bernard Murat.

« Il doit y avoir chez moi une forme de perversité qui me fait croire que je suis assez jeune pour jouer les deux de front ! rigole Pierre Arditi. J'ai déjà vécu les trois quarts de ma vie, et le dernier quart représentera la facture des précédents, que je n'ai pas vus passer ! » Heureusement, il connaît déjà cette seconde pièce pour l'avoir pratiquée aux côtés de Catherine Hiegel en début d'année, pour vingt représentations. « Cela faisait quarante ans que nous espérions jouer ensemble », précise-t-il. De son côté, l'ex-doyenne de la Comédie-Française se souvient : « Quand on m'a renvoyé du Français, j'ai appris qu'il avait piqué un coup de gueule à la télévision en direct pour protester. Nous avons dîné ensemble, nous nous sommes tout de suite entendus. Nous nous sommes reniflés comme des petits chiens. À la fin du repas, il m'a dit : “On va jouer ensemble”[2]. » Pierre Arditi n'a qu'une parole : quelques mois après, le duo est sur scène pour *Moi, je crois pas* !

« Il faut des acteurs comme Pierre Arditi et Catherine Hiegel, des virtuoses qui arrivent à avoir la bêtise

1. Entretien avec l'auteure, 16 novembre 2023.
2. Entretien avec l'auteure, 21 février 2024.

légère, estime pour sa part Grumberg. Dès la première lecture, c'était déjà comme s'ils jouaient. Nous étions écroulés de rire[1]. » Dans sa pièce, le dramaturge fait directement référence à Pierre Arditi : « Il savait qu'on lui reprochait de faire beaucoup de doublages. Une réplique de la pièce disait : "Les animaux, c'est plus beau sans la voix d'Arditi." Je la lui ai fait lire, il m'a lancé : "Tu te fiches de moi, on va me prendre pour un con !" Je lui ai répondu : "Si tu la joues à ta façon, on ne te prendra pas pour un con." »

*

Si Pierre Arditi déclare aimer le cinéma autant que le théâtre, c'est que cet art occupe une place à part dans son cœur. Il découvre le cinéma enfant, grâce à son père et à sa grand-mère. Georges l'emmène avec sa sœur dans des salles à l'ancienne, comprenant des baignoires et des loges, où on n'avale pas encore de pop-corn pendant les projections ! Le peintre leur paye des esquimaux, puis part travailler. Il revient les chercher à la fin de la séance.

Le premier cinéma dans lequel le jeune garçon se rend, en l'occurrence avec sa grand-mère, est Le Berthier, situé sur le boulevard du même nom. Vers 7-8 ans, il est fasciné par le film *Monsieur Taxi* d'André Hunebelle, avec Michel Simon en chauffeur au grand cœur[2]. « C'était un de nos dieux », dit Arditi en imitant la voix de l'acteur : « Ben oui, ouais, mon p'tit ! »

« Mémé Étiennette » les accompagne avec un cabas rempli de cuisses de poulet cuites à la maison. « Pour elle, c'était toujours mieux de manger une cuisse de pou-

1. Entretien avec l'auteure, 16 novembre 2023.
2. Le film est sorti en 1952.

let qu'un esquimau ou un bonbon Krema, raconte-t-il. Catherine et moi, on avait honte d'avaler ça en pleine séance, on avait tort d'ailleurs… »

C'est également en famille que « Pierrot » voit *Les Trois Mousquetaires* d'après le roman d'Alexandre Dumas, également réalisé par Hunebelle, avec Georges Marchal en d'Artagnan. L'enfant se prend d'admiration pour le héros gascon et rêve d'un destin similaire. Vers 8-9 ans, avec Catherine, il demande qu'on l'emmène voir *Fanfan la Tulipe*, porté par Gérard Philipe. « Je l'ai vu au moins cinquante fois », confesse-t-il.

Plus tard, Pierre Arditi entraînera ses petites amies dans les salles obscures. Aujourd'hui, il ne fréquente plus les salles de cinéma. Les spectateurs qui regardent leur téléphone portable, discutent ou grignotent pendant la projection l'agacent. Il préfère regarder les films chez lui, sur un grand écran.

12

Jean-Louis Barrault

La rencontre avec Jean-Louis Barrault influe fortement sur la destinée de Pierre Arditi. Cet ancien élève de Dullin, ami de Marcel Maréchal, le dirige en 1979 dans la pièce *Diderot à corps perdu*, d'après les écrits et la correspondance de Diderot revus par la philosophe Élisabeth de Fontenay. Le metteur en scène a édifié une structure en bois démontable au théâtre d'Orsay, installé dans l'ancienne gare qui deviendra plus tard le célèbre musée que l'on connaît. « Barrault était un mime, il faisait comprendre ce qu'il attendait de nous par gestes[1] », se souvient Évelyne Dandry, qui a également joué sous sa direction.

Arditi interprète plusieurs personnages, dont le neveu de Rameau et le docteur Bordeu. Il donne la réplique à Catherine Sellers et à Jean Topart, ex-comédien de la troupe du TNP de Jean Vilar (Diderot). Son premier personnage est « aveugle au charme de la vertu ». « Et le nom que je porte… Rameau, s'appeler Rameau, c'est gênant, non… ? » lance-t-il. Et d'ajouter : « Mon sang est le même que celui de mon père, mais la molécule paternelle était dure et obtuse. »

---

1. Entretien avec l'auteure, 1er février 2024.

De cette pièce, Pierre Arditi retient quelque chose : « En empoignant ces personnages, j'ai découvert que je pouvais être assez canaille, un voyou intelligent, un type "inatenable" comme l'a dit Barrault lui-même quand il a été dégagé du théâtre d'Orsay par Valéry Giscard d'Estaing. Il avait essayé de défendre son théâtre contre la reconversion du lieu en musée. » Mais le président de la République reste inflexible, et Barrault lance : « Ces gens-là sont inatenables. » « Donc, j'étais un peu un personnage inatenable, un jeune homme rugueux, reprend Arditi. Pas un jeune premier. Ça a beaucoup plu à Barrault, ça a également beaucoup plu à Bezace[1]. »

Au fil du temps, le comédien considère Jean-Louis Barrault comme un de ses maîtres. « C'est un fédérateur, il fait partie d'une catégorie d'hommes qui est en train de disparaître, malheureusement... Les différentes maisons qu'il a créées étaient des lieux où toutes les cultures, où tous les hommes avaient rendez-vous... Les grands auteurs, les grands musiciens, les peintres[2]... » estime l'acteur.

Pour son plus grand plaisir, Arditi retrouve le chef de troupe en 1982. Regard fiévreux, moustachu, foulard noir autour du cou, gilet clair serré sous un costume sombre, il joue pour la première fois un chef d'orchestre dans *Les Strauss*, une pièce de Georges Coulonges, au théâtre du Rond-Point. Et pas n'importe lequel : aux côtés de Françoise Petit, il tient le rôle des « Rois de la Valse », c'est-à-dire à la fois Johann Ier (1804-1849) et Johann II (1824-1899).

1. Entretien avec l'auteure, 10 juin 2024.

2. Hommage à Jean-Louis Barrault, *Le Cercle de minuit*, France 2, 24 janvier 1994.

L'intrigue est simple : le « méchant » père est jaloux du talent de son « gentil » fils, qui en souffre. Dans la pièce apparaissent également une femme intellectuelle et une maîtresse écervelée. « Ce sont des personnages noirs, à l'opposé de la musique qu'ils écrivent. Ce sont des torturés. Jouer avec Jean-Louis Barrault, c'est le contraire de ce que j'ai fait ces dernières années. C'est le triomphe de la générosité[1] », assure Pierre Arditi.

Jean-Louis Barrault donne sa vision des Strauss : « Ces deux hommes suintent la musique comme un pin des Landes suinte la résine, écrit-il. Et puis, physiquement, la valse me plaît. Le père était un homme de tavernes, le fils, un homme de concerts ; la valse, avec lui, se met à glisser sur les tapis[2]. »

Arditi prend des cours de direction musicale pour diriger la marche militaire de Johann Strauss père, la *Marche de Radetzky*[3]. Lors de la première, il est sur des charbons ardents. Dans la salle sont présents Georges Arditi et Rachel, 6 ans. C'est la première fois que la fillette voit son grand frère sur scène. « Il avait dû nous repérer, il nous a pointés du doigt pendant la représentation. Il était déjà impressionnant[4] », se souvient-elle.

Malheureusement, la pièce n'est pas un succès. En particulier, le critique Pierre Marcabru parle d'un Pierre Arditi « bon comédien, mais sans munitions, et qui, n'ayant rien d'autre à faire, dirige à grand renfort de contorsions un orchestre fictif. Mais n'est pas Guitry qui veut. Et Georges Coulonges a, certes, oublié de l'être[5] ».

1. *Le Figaro*, 11 octobre 1982.
2. Patrick Ferla, *Conversation avec Marcel Maréchal*, *op. cit.*
3. *Cahiers Renaud Barrault*, 104, Paris, Gallimard, 1982.
4. Entretien avec l'auteure, 20 octobre 2023.
5. *Le Figaro*, 21 octobre 1982.

Le journaliste en remet une couche : « Barrault nous a trop donné pour ici vouloir s'acharner. Tout le monde a le droit à l'erreur, même les plus grands. Et tant pis pour Pierre Arditi, vrai comédien en perdition, et qui tente vainement l'impossible : trouver un sens, et puis un rythme. »

13

Resnais, un père de cinéma

Tandis qu'il accumule de l'expérience, Pierre Arditi continue de s'inspirer auprès d'hommes qu'il admire. Avec Alain Resnais, le coup de foudre est à la fois amical et professionnel. « C'est mon père de cinéma », affirme-t-il, clamant son respect pour le réalisateur avant même d'avoir joué pour lui. Il le considère comme un maître, un parrain. Et compare leur rencontre à celle de Jean Marais et Jean Cocteau.

C'est à seulement 19 ans qu'il a découvert le travail de Resnais à travers son film *Muriel ou le temps d'un retour*, une œuvre sombre sur les fantômes d'Algérie, avec Delphine Seyrig[1]. À cette époque, il admire d'emblée sa façon de tourner. « Il a un point de vue sur les choses, il déforme le monde comme Picasso l'a fait avec les visages et les corps au début du siècle. Tout à coup, la maison est de traviole, pourtant on ne l'a jamais vue aussi droite[2] ! »

La rencontre a lieu grâce à la fidèle Lucienne Hamon. Cette comédienne est une grande amie de

---

1. Sorti en 1963.
2. *Libération*, 22 novembre 2006.

Florence Malraux, réalisatrice, assistante et épouse d'Alain Resnais. En août 1979, les deux femmes voient Pierre Arditi dans *Audience* et *Vernissage*, deux courtes pièces autobiographiques de Václav Havel ; ce dernier les a écrites en 1975, avant de devenir président de la Tchécoslovaquie. À l'époque, il est encore emprisonné. Le Hongrois Stéphan Meldegg est le premier à les monter en France, au théâtre Benoît-XII, au festival « off » d'Avignon.

Dans *Audience* et *Vernissage*, Pierre Arditi donne pour la première fois la réplique à Bernard Murat : « C'étaient des pièces comiques, la salle riait, je jouais une ordure[1] », raconte ce dernier qui, dans l'histoire, est en couple avec Catherine Rich. Son compère interprète Ferdinand Vaneck, un auteur inspiré de Václav Havel lui-même, dont les pièces sont interdites par le pouvoir et qui survit en travaillant dans une brasserie dirigée par Victor Garrivier. Arditi est tout en nuances, tour à tour facétieux, désabusé, pessimiste ou enjoué. « Ce sont des personnages avec de l'ironie, souffrant dans une société de censure. Pour Pierre, c'était du gâteau, il sait jouer des hommes détruits et qui, en même temps, font tout pour s'en sortir[2] », observe Jean-François Prévand. Arditi s'explique : « Le personnage que je jouais ne répond que par oui ou par non. Pour exister vraiment, il faut qu'en face, on te permette de respirer, ce qui n'est pas le cas sous la censure… J'étais aidé par Victor Garrivier, c'était un grand partenaire[3]. » Beaucoup plus tard, il fera une lecture d'*Audience* et *Vernissage* en présence de Stéphan Meldegg, avec lequel il a joué dans le téléfilm *Largo deso-*

1. Entretien avec l'auteure, 3 mars 2023.
2. Entretien avec l'auteure, 6 juin 2024.
3. Entretien avec l'auteure, 10 octobre 2023.

lato. Son objectif ? Rendre hommage à Václav Havel, dans le jardin de la maison Jean-Vilar, à Avignon[1].

Pour l'heure, Pierre Arditi est la révélation du spectacle. « C'est un acteur pour Resnais », affirme Florence Malraux, qui en parle à l'intéressé. Le metteur en scène ne se rend pourtant pas dans la loge d'Arditi après la représentation, ce qui inquiète ce dernier. « Je vous rappellerai demain », lui dit-il seulement. Arditi est paralysé par le trac, mais l'autre tient parole.

« Tout le monde m'a parlé de vous. J'aime beaucoup ce que vous faites, commence Resnais lorsqu'ils se rencontrent enfin. J'aimerais vous proposer un rôle dans mon prochain film. Il y a trois petites conditions. La première, c'est que vous lisiez le scénario. La seconde, c'est qu'il vous plaise, et la troisième, qui est peut-être la plus ennuyeuse pour vous, c'est que vous acceptiez de vous couper un peu les cheveux. » Arditi ne contient pas sa joie : « Pour vous, je me ferais raser la boule[2] ! »

Le scénario est celui de *Mon oncle d'Amérique*, coécrit avec Jean Gruault. Francis Huster, d'abord pressenti, décline le rôle qui reviendra à Arditi. « Le personnage n'était pas forcément sympathique », rappelle ce dernier.

Dès cette première collaboration, le courant passe entre les deux hommes. Le film est adapté des travaux du sociobiologiste Henri Laborit, qui compare le comportement des hommes à celui de rats de laboratoire et s'intéresse au conditionnement social. Resnais tourne sur les îles Logoden, à Arradon, dans le golfe du Morbihan – où il allait lire des bandes dessinées en cachette de ses

1. *Le Figaro*, 9 juillet 2012.
2. Entretien avec l'auteure, 15 janvier 2024.

parents – ainsi qu'à Vannes, où il est né. Puis il présente son film au Festival de Cannes[1].

Alain Resnais prépare chaque tournage minutieusement : « Il nous prenait à part et il nous faisait des biographies secrètes des personnages qu'on interprétait, raconte Arditi, qu'il ne communiquait pas aux autres acteurs. Quand on jouait une scène, tout d'un coup quelque chose apparaissait qui surprenait l'autre. C'était intéressant. Ça ressemblait un peu à la méthode de l'Actors Studio[2]. »

Pierre Arditi interprète le cynique Zambeaux, un « énarque dominateur » qui va acculer Gérard Depardieu au désespoir. Jean Gruault lui souffle que ce personnage, un directeur général adjoint qui déplace les employés et les cadres comme des pions, a des ennuis circulatoires et s'est fait enlever des varices. « C'est quelque chose qu'il doit dissimuler, qui le met en état d'infériorité », précise Arditi. Dans l'intrigue, il fait face au directeur technique joué par Gérard Depardieu, qu'il veut muter contre sa volonté à six cents kilomètres du siège. « J'ai transformé les varices en infériorité artistique. Je me suis dit : "Gérard est un très grand acteur, je n'en suis pas là. Donc ma varice, c'est quoi ? C'est Gérard." Et j'étais bien plus cinglant que je n'aurais pu l'être si j'en étais resté à ce tracas médical. Je me disais que si je n'étais pas cinglant, il me mettrait dans sa poche, et ça, il n'en était pas question[3]. »

Le nom de Zambeaux apparaît dans d'autres films de Resnais, notamment dans *Muriel ou le temps d'un*

1. Il est sorti en 1980.
2. Entretien avec l'auteure, 15 janvier 2024.
3. Institut Mémoires de l'édition contemporaine.

retour, puis *Stavisky* et *Mélo*. Le réalisateur affirme qu'il s'agit pour lui d'un porte-bonheur. Il fait référence au dramaturge Henri Bernstein qui, par superstition, a été le premier à placer systématiquement un ou une « Zambeaux » – souvent de manière très discrète – dans ses pièces.

Resnais a une méthode, mais reste ouvert à ce qui peut se passer sur un plateau, et accueille volontiers l'inattendu. D'après Pierre Arditi, il est « à la fois d'une grande exigence et, en même temps, d'un extraordinaire respect envers celui qui est en face de lui ». L'acteur raconte : « Je me souviens que, dans *Mon oncle d'Amérique*, il y avait une séquence où je devais monter dans un couloir d'hôtel avec Nicole Garcia. J'étais son patron. Elle ouvrait la porte, on s'apprêtait à se dire bonsoir, et finalement je rentrais dans la chambre. Resnais nous avait expliqué les déplacements : il fallait un timing précis pour que la scène fonctionne. Une seconde avant, ça n'a pas lieu. Une seconde après, c'est trop tard. Après un certain nombre de prises insatisfaisantes, il est allé s'asseoir en étirant ses longues jambes comme un animal qui réfléchit. On s'est dit : "Merde ! Ce n'est pas du tout ce qu'il veut." J'ai pris mon courage à deux mains et je lui ai demandé ce qu'on avait mal fait. Il a répondu : "Au contraire, c'est très bien. Je veux comprendre pourquoi, moi, je ne vous l'ai pas demandé comme ça"[1]… »

Avec *Mon oncle d'Amérique* commence entre Resnais et Arditi une aventure qui durera trente-deux ans, le temps de tourner onze films ensemble. L'acteur et le cinéaste, disparu en mars 2014, ont plusieurs points communs. En premier lieu, ils ont gardé leur âme d'enfant et sont

1. *Le Journal du dimanche*, 19 mai 2012.

curieux de tout. Puis, ils font preuve de fantaisie et d'un désir permanent de surprendre. « Je pense que Pierre se surprend lui-même[1] », souligne avec un sourire Bruno Podalydès. « L'imaginaire peut être la seule manière de supporter l'existence[2] », estime de son côté le réalisateur. Arditi et lui ont conservé leur faculté d'émerveillement. Les deux hommes éprouvent une joie d'enfant à explorer différents univers : cinéma, opérette, théâtre, peinture, littérature, bande dessinée – ils apprécient notamment les récits de Gaston Leroux et de Maurice Leblanc – ou encore comédie musicale.

Tous deux ont reçu une formation de théâtre. Alain Resnais voulait initialement être acteur ; il est passé par le Cours Simon, et a d'ailleurs été figurant dans *Les Visiteurs du soir*, de Marcel Carné. Il a en outre été auditeur libre dans le cours pour débutants de l'Actors Studio en 1964, à l'époque où Pierre Arditi étudiait le théâtre chez Tania Balachova.

« Alain Resnais aimait les acteurs et avait du plaisir à tourner avec eux, se souvient Bruno Podalydès. Ils s'exprimaient sans contrainte, hors de ces systèmes d'autorité qui génèrent des mises en scène un peu guindées. Pierre Arditi, André Dussollier ou encore Sabine Azéma aimaient jouer avec Alain pour sa douceur, sa bienveillance et la liberté qu'ils pouvaient trouver dans des scénarios par ailleurs très bien écrits[3]. »

De son côté, Alain Resnais affirme en plaisantant qu'il est le fils d'André et de Pierre. « Ce sont mes parents ! » s'esclaffe-t-il. D'après Sabine Azéma, ces derniers n'ont pourtant jamais osé le tutoyer. « Je leur disais pourtant :

1. Entretien avec l'auteure, 15 septembre 2023.
2. *Resnais l'Audacieux*, documentaire Arte, 2021.
3. *Ibid.*

“Allez, osez !” Mais seule Jane Birkin le tutoyait, adorable avec son accent anglais. Pour Alain, la différence d'âge ne faisait aucune différence. D'ailleurs, il ne voulait pas connaître nos âges. Il nous choisissait en fonction de ce qu'il voyait en nous, et de ce qu'il imaginait de nous en tant qu'acteurs, c'est comme ça qu'il nous attribuait des rôles. On n'a jamais fêté aucun anniversaire avec Alain. Lui-même était persuadé d'avoir 17 ans[1] ! »

Pierre Arditi est ému quand il parle de son « père de cinéma » : « J'ai eu la chance de rencontrer Resnais, qui m'a regardé comme un objet précieux. Je le suis donc devenu, car son regard m'a rendu précieux. Selon la manière dont on vous regarde, vous pouvez tout d'un coup vous sentir comme une merde… C'est enfantin de douter de soi ainsi. Mais si les gens savaient à quel point on peut être fragile, y compris à nos âges, ils n'oseraient plus bouger un cil[2] », confie-t-il.

L'ensemble de la troupe garde des souvenirs impérissables des tournages sous la direction de Resnais. Pour Sabine Azéma (qui a épousé Alain Resnais en 1998), Arditi et Dussollier sont des champions olympiques : « Je les ai aimés, je les aime encore. J'ai une affection folle pour eux, pour ce qu'on a vécu ensemble. Quand Alain est mort [le 1er mars 2014], j'ai supplié Pierre de venir à l'enterrement. Je voulais qu'ils soient tous les deux avec moi, André et lui. Ils étaient les enfants d'Alain, ou ses parents, peu importe. Moi, je suis sa femme. Ils sont comme des frères pour moi (je n'ai eu que des sœurs). Je les aime comme des frères, pour toujours[3]. »

1. Entretien avec l'auteure, 28 mai 2024.
2. Entretien avec l'auteure, 30 août 2023.
3. Entretien avec l'auteure, 28 mai 2024.

Arditi, lui non plus, n'a jamais oublié ce que lui a transmis le réalisateur. « Alain Resnais était resté un enfant, assure-t-il. Son cinéma était théâtral, il ne ressemblait à aucun autre. Il s'est offert une enfance sur le tard. Il y a comme un trou énorme dans ma vie depuis qu'il a disparu. Je ne comprends pas pourquoi il ne m'appelle plus, pourquoi il ne me propose plus de me lancer avec lui dans un projet que personne d'autre n'a imaginé, ou juste d'aller manger dans un restaurant japonais[1]. »

Du vivant du réalisateur, Pierre Arditi lui a présenté son fils Frédéric, 14 ans à l'époque, en lui disant : « Tu sais qu'Alain Resnais connaît Stan Lee ! » Frédéric, qui a grandi avec les superhéros Marvel et DC – Spider-Man, Superman, Batman –, en rit encore : « J'ai pensé que c'était impossible ! Resnais et Stan Lee, ça n'a rien à voir. Pourtant, à partir de là, il est devenu mon dieu ! Resnais était quelqu'un de très réservé, de très timide, et moi aussi. Nous avons eu quelques discussions fantastiques sur les comics américains. Il me parlait de scénarios, et moi, j'étais ébahi, je retombais dans le royaume des enfants. Enfin, j'avais l'impression de parler à quelqu'un de mon âge[2]. »

Avec son mentor, Pierre Arditi n'a pas le temps de souffler et tourne notamment dans *La vie est un roman*, une « fantaisie sur le thème du bonheur », comme la décrit Alain Resnais, qui a de nouveau sollicité le scénariste Jean Gruault. Arditi y campe un éducateur qui fait le clown, père d'un petit garçon auquel s'intéresse une jeune institutrice, Sabine Azéma, dans son premier

1. Entretien avec l'auteure, 10 octobre 2023.
2. Entretien avec l'auteure, 23 février 2024.

grand rôle au cinéma[1]. « Je savais que ce film serait important dans ma vie, que c'était une chance, confie la comédienne. Le rôle correspondait à un moment de mon existence, au sentiment que j'avais éprouvé à ce moment-là. J'étais à la fois timide et pleine d'idéaux. Je me disais : il ne faut pas louper ça. Pierre dirait peut-être la même chose, mais en tant qu'acteurs ayant un goût pour la comédie, on s'imagine que personne ne nous prendra jamais pour jouer l'émotion, la tragédie[2]. »

Pourtant, c'est bien elle qu'Alain Resnais appelle un beau jour pour l'engager : « Je suis un metteur en scène de cinéma », se présente-t-il. « Je le savais, bien entendu », en sourit encore Sabine Azéma. « Pourriez-vous venir me voir ? » lui demande-t-il. Les choses s'enchaînent alors à une vitesse vertigineuse : « Je suis allée dans son bureau à Neuilly-sur-Seine. Il ne m'a pas fait passer d'audition, il a seulement dit : "Voilà, ce sera un rôle dans *La vie est un roman*, et vous jouerez avec Pierre Arditi, Vittorio Gassman, Ruggero Raimondi, Fanny Ardant, André Dussollier…" » Au moment où il lui fait cette proposition, il ne sait pas encore qu'il la dirigera à neuf reprises, ni surtout qu'elle deviendra sa femme.

Resnais tourne dans un château, en région parisienne. C'est la première fois que Sabine Azéma rencontre Pierre Arditi : « Nous étions très jeunes, je ne le connaissais pas encore, même si je crois que je l'avais vu jouer au théâtre. Il avait tourné beaucoup de films pour la télévision. » La jeune femme est « impressionnée, mais pas intimidée ». « Après ma première scène, Pierre m'a fait un signe en levant le pouce, ça m'a enlevé tout

1. L'actrice fut nommée aux Césars 1984 du meilleur second rôle féminin.

2. Entretien avec l'auteure, 28 mai 2024.

mon trac. Je ne le remercierai jamais assez pour ce moment-là... C'était bienveillant. Il avait déjà travaillé avec Resnais dans *Mon oncle d'Amérique*. Il y avait une atmosphère passionnante sur le plateau, vraiment intéressante, affectueuse. J'ai tout de suite beaucoup aimé Pierre. Dans le film, je vis une aventure avec le personnage de Gassman, mais pas avec celui de Pierre, il y a malgré tout quelque chose qui se profile, une émotion amoureuse. On devait s'embrasser sur la bouche : il faut croire qu'on était intimidés, parce qu'on pouffait de rire, on n'y est jamais arrivés. »

Dans cette comédie, les décors sont signés par le grand Jacques Saulnier et le dessinateur Enki Bilal[1]. Sont également présents Robert Manuel, en organisateur d'un colloque sur « L'éducation de l'imagination », Fanny Ardant, révélée deux ans auparavant par François Truffaut, André Dussollier, son « fiancé » muet, le chanteur d'opéra italien Ruggero Raimondi, sans oublier Lucienne Hamon.

« Pour une fois, mon père m'avait emmené sur le plateau, et c'était assez délirant, raconte Frédéric Arditi. Il y avait d'abord les décors de Bilal, et puis cette brochette d'acteurs absolument dingues dont je ne mesurais ni le talent ni la notoriété à l'époque. Je me suis retrouvé avec Vittorio Gassman, Fanny Ardant, Géraldine Chaplin, Sabine Azéma... Je me disais : qu'est-ce que c'est que ce film ? Il avait l'air complètement fou, il l'était d'ailleurs[2]. »

À la fin du tournage, Sabine Azéma prend son courage à deux mains et interroge Alain Resnais. Qu'est-ce

---

1. Le dessinateur est aussi auteur de l'affiche du film *Mon oncle d'Amérique*.

2. Entretien avec l'auteure, 23 février 2024.

qui lui a donné l'idée de les réunir, elle et Pierre Arditi ? « Il m'a répondu qu'il avait perçu "des accords de voix". Pour lui, c'était musical, mais pour moi, ça n'était pas une explication suffisante. Je sentais bien qu'il y avait quelque chose entre nous trois, avec André, qui fonctionnait totalement. Mais cela ne me disait pas pourquoi j'avais eu tant de plaisir à jouer avec Pierre. Ça me travaille encore souvent… Parce qu'on n'a pas eu la même enfance. Ni la même formation, ni la même éducation. Avec André, c'est plus facile : on a été au conservatoire d'art dramatique, mais pas Pierre. Même nos caractères sont très différents. Moi, je suis dans l'intime. Pierre est extraordinaire, plus dans l'exubérance[1]. »

Selon la comédienne, Alain Resnais a suivi son intuition. « Il aimait les acteurs qui prennent plaisir à jouer et à être ensemble. Quelques années après, il a eu l'idée d'écrire *L'Amour à mort* avec Fanny (Ardant), André, Pierre et moi. On était tellement contents d'avoir été choisis par Alain, d'avoir le bonheur de se retrouver dans ce genre de cinéma[2]. »

Plus tard, alors qu'ils ont tourné plusieurs fois pour Resnais et qu'ils se connaissent mieux, Sabine Azéma va voir Arditi jouer au théâtre Montparnasse. Elle décide de se faire discrète. « Moi, je ne veux surtout pas savoir qu'un ami, un parent ou quelqu'un que je connais est présent. Comme André, d'ailleurs. Je risque de m'évanouir, c'est une horreur pour moi, ça me tue ! Je pensais que tous les acteurs, et Pierre en particulier, étaient comme ça. Je me suis cachée comme une petite souris. À la fin, je suis tout de même allée le voir dans sa loge.

1. Entretien avec l'auteure, 28 mai 2024.
2. *Ibid.*

Contre toute attente, il n'était pas content : "Pourquoi tu ne m'as pas dit que tu étais là ?" m'a-t-il reproché. »

La comédienne espère jouer de nouveau à ses côtés, et Pierre Arditi affirme lui-même se tenir à la disposition du réalisateur, qui était le ciment de leur petite bande. « Si Resnais me proposait un rôle se réduisant à ouvrir une porte, je l'accepterais[1] », clame-t-il déjà à l'époque. Pourtant, plus le temps passe et plus Arditi se montre difficile à joindre. Il est souvent débordé. « Pierre a tellement d'activités, il a un planning de dingue », indique la productrice Lissa Pillu. « C'est compliqué avec lui », observe souvent Sabine Azéma, amère. « Elle a raison », approuve Arditi, honteux.

Il ne donne pas davantage de nouvelles pour autant. La culpabilité le rattrape parfois : « Je n'ai pas vu Sabine depuis longtemps. Et même très longtemps, trop longtemps. C'est de ma faute, c'est elle qui appelle, et moi qui ne répond pas toujours[2] », explique-t-il au micro de Michel Drucker en 2015. Il demande pardon à son ancienne partenaire de jeu et promet de la recontacter, mais il ne tiendra pas sa promesse.

L'année suivante, sur le plateau de l'émission *Thé ou café*, présentée par Catherine Ceylac, Sabine Azéma ne cache pas qu'elle lui en veut : « On a fait tellement de films ensemble, avec Alain Resnais. Et puis on a vécu des moments tellement extraordinaires dans ce métier, c'était magnifique. Je lui ai dit un jour : "Tu sais, Pierre, il faut qu'on se voie. Un jour, on ne sera plus là et ce sera trop tard. Faudra pas venir pleurer à l'enterrement..." Et il m'a répondu : "Si on s'aime, c'est pour la vie." Eh

1. *Le Quotidien de Paris*, 18 janvier 1985.

2. Le 10 septembre, dans l'émission *Vivement dimanche*, sur France 2.

bien non ! Je lui ai rétorqué : "Si tu aimes ta femme, tu ne vas pas lui proposer un rendez-vous tous les quatre ans." L'amitié, c'est pareil, ça se cultive[1]... »

Invité à son tour dans l'émission, bien des années plus tard, en mars 2017, Arditi confiera : « J'ai peur de la revoir parce qu'il manquera quelqu'un à la rencontre, je redoute cet instant. » Mais il jurera de rappeler Sabine Azéma. Les deux acteurs se retrouveront fin 2021 à la Cinémathèque française pour parler de l'homme qu'ils ont tous deux adoré : Alain Resnais.

« Alain était mort, se souvient Sabine Azéma. On nous a demandé, à Pierre, André et moi, de venir parler de *Mélo* à la Cinémathèque. On s'est retrouvés, c'était comme si on reprenait la conversation là où on l'avait laissée, comme si on ne s'était jamais quittés et qu'on avait joué ensemble la veille. C'était quelque chose d'être à nouveau réunis, un vrai retour en arrière. Sylvette Baudrot, la scripte d'Alain Renais, était dans la salle. Sur l'écran, il y avait cette image de film sur laquelle nous figurions tous les trois, habillés de façon élégante pour danser dans un cabaret. Quand on est partis avec les garçons, j'ai regardé le cliché une dernière fois. Et je me suis dit, cette image-là, normalement, à moins d'une guerre nucléaire, elle restera gravée pour des années et des années, elle nous survivra. Peut-être que ça nous rend un petit peu immortels[2]... »

C'est auprès d'Alain Resnais qu'Arditi découvre qu'il est un être unique. Il se sent aimé par la caméra de façon exceptionnelle, et tout autant par l'homme qui se tient derrière. « Rien ne ressemble moins à un film

1. *Thé ou café*, France 5, 14 février 2016.
2. Entretien avec l'auteure, 28 mai 2024.

d'Alain Resnais qu'un autre film d'Alain Resnais[1] », dit-il. Une opinion partagée par Sabine Azéma : « On exerce ce métier pas seulement pour gagner sa vie, mais aussi pour être bien ensemble et faire des choses intéressantes. Avec Alain Resnais, on est dans un film différent à chaque fois. De *La Vie est un roman* à *L'Amour à mort* en passant par *Pas sur la bouche*, on a connu des partenaires sans cesse renouvelés. Il n'y avait aucun snobisme chez lui. C'est-à-dire qu'on abordait aussi bien la tragédie que la comédie ou l'opérette. On se frottait à chaque fois les mains avec gourmandises, en sachant qu'on allait se retrouver. C'était à chaque fois une aventure. On était ébahis d'avoir été choisis[2]. »

⋆

Mais revenons en arrière, avant le décès du cinéaste, et arrêtons-nous sur les tournages qui ont marqué Arditi. Bien que d'autres réalisateurs l'intéressent, il poursuit sa route aux côtés d'Alain Resnais. Arrive d'abord *L'Amour à mort*, d'après un scénario de Jean Gruault, que Resnais réalise avec le concours de Florence Malraux. « On me voyait pleurer tous les jours… lâche Sabine Azéma. Ce film, il me semble que c'est de l'émotion pure, c'est du chagrin, et puis de la compréhension, oui, tout le temps. Parce que quand on joue, on puise dans sa vie… J'aime bien ce qui se passe avant les tournages. Avec Pierre, nous sommes partis à Uzès, où Alain allait tourner, pour nous imprégner de la région, où il faisait très froid à l'époque. André et Fanny sont venus aussi[3]. »

1. Entretien avec l'auteure, 10 octobre 2023.
2. Entretien avec l'auteure, 28 mai 2024.
3. *Ibid.*

Arditi et Azéma enchaînent avec *Mélo*, adapté de la pièce du même titre d'Henri Bernstein (1986)[1]. Un film qui a été « costaud dans nos vies », observe Arditi, qui demande au professeur d'art dramatique Andreas Voutsinas de le coacher. « Il m'a répondu très aimablement : "Votre metteur en scène, ce n'est pas moi, c'est Alain Resnais, et vous avez de la chance. Mais je peux vous dire où il ne faudra pas aller, et ce qu'il faudra cultiver"[2]. »

« Resnais était un amoureux des acteurs, qu'ils soient issus du théâtre ou du cinéma. D'ailleurs, il aurait pu faire du théâtre, ses films étaient mis en scène de façon théâtrale, estime Michel Vuillermoz. Je le revois, alors qu'il approchait des 90 ans, en train de jouer avec des personnages miniatures et des maquettes comme il l'aurait fait avec des Lego. Il était cultivé, avait beaucoup d'humour et se montrait d'une grande générosité[3]. »

Sur le plateau de *Mélo*, Pierre Arditi joue Pierre Belcroix, un homme trompé. Il suit le conseil de Voutsinas. « Il m'a dit : "Acceptez de ne pas être séduisant quand vous ne devez pas l'être. Vous le deviendrez quand Pierre Belcroix reparaîtra au dernier acte en vengeur noir." C'était imparable. Et c'est exactement ce que j'ai fait[4]. » Cela lui vaudra le César du meilleur second rôle. « Ce n'était pas un second rôle », remarquera-t-il à raison d'ailleurs.

Le tournage a lieu aux studios de Boulogne. La bande s'attaque à « une pièce injouable », selon Resnais, amusé

1. Elle a été créée à Paris, au théâtre du Gymnase, le 12 mars 1929, par Gaby Morlay, Charles Boyer et Pierre Blanchar.

2. Institut Mémoires de l'édition contemporaine.

3. Entretien avec l'auteure, 11 mai 2023.

4. Institut Mémoires de l'édition contemporaine.

à l'idée de relever le défi. C'est la première fois qu'il mêle théâtre et cinéma. Les traditionnels trois coups et un lever de rideau annoncent le début de l'histoire. « C'était un film merveilleux et tellement exaltant à jouer, résume Sabine Azéma. On avait beaucoup de texte, mais il ne suffisait pas de l'apprendre par cœur. Il fallait l'entendre. C'est toujours très important de bien connaître ses répliques, mais c'est en les disant à quelqu'un d'autre qu'on se les approprie, pas en restant dans sa chambre[1]. » Et d'ajouter : « La beauté du cinéma se loge dans certains instants de grâce. Si on les a pendant la répétition, c'est embêtant. Il ne faut pas tout donner. Je crois qu'avec Pierre, on est très proches dans la façon de travailler[2]. » « Pour bien servir un partenaire, il faut toujours en être un peu amoureux[3] », assure de son côté Arditi.

Le travail en amont est intense. « Resnais avait essayé de gagner le plus de temps possible, il n'y avait pas beaucoup d'argent[4] », rappelle André Dussollier. Les acteurs arrivent le texte en bouche, et répètent comme pour une pièce de théâtre. Sur le sol, des marquages à la bande adhésive leur indiquent où ils doivent se placer. Rien n'est laissé au hasard. Resnais tourne le long-métrage en vingt-trois jours, une condition imposée par le producteur Marin Karmitz.

Le vaudeville tourne autour d'un triangle amoureux[5]. Pierre Belcroix (Pierre Arditi) est un petit-bourgeois

1. Entretien avec l'auteure, 28 mai 2024.
2. *Ibid.*
3. *Le Temps*, 7 juillet 2001.
4. Entretien avec l'auteure, 18 mai 2024.
5. Pierre Blanchar, Gaby Morlay et Charles Boyer l'ont jouée au théâtre du Gymnase en 1929.

sans prétention, qui mène une vie « plan-plan » dans un coquet pavillon de Montrouge avec sa femme Romaine (Sabine Azéma). Il ne comprend pas que son meilleur ami Marcel (André Dussollier), un violoniste célèbre, célibataire, tombe fou amoureux de celle-ci et que c'est réciproque. « Ce film est peut-être notre plus beau souvenir avec Pierre, un portrait fort, intime, de deux amis très proches qui se disputent la même femme, explique André Dussollier. Pierre incarne un blagueur qui fait des pirouettes, mais ce paradoxe est précisément celui des acteurs. C'est quand ils jouent qu'ils sont les plus sincères. C'était émouvant de le voir tel qu'il n'est pas dans la vie, mais avec beaucoup de vérité. Dans la réalité, il n'aurait jamais confessé les choses qu'il avoue dans *Mélo*. Mais là, il n'avait pas la possibilité de se masquer. Resnais nous a profondément touchés à cause de certaines scènes. "Tu pleures ?" me demandait à un moment le personnage de Pierre. J'étais ému, parce que son personnage me révélait. On était dans la vérité absolue de nos personnages, ce sont des moments rares. On ne pouvait plus plaisanter ni mentir. Il ne pouvait plus être Pierre Arditi, il était obligé d'être lui-même *dans* le personnage. Quant à moi, j'avais l'impression de toucher le cœur de son être. Et ça restera un grand souvenir. Je ne sais pas si j'en reparlerais avec lui aujourd'hui, car c'est très intime, mais je pense que c'est quelque chose qui restera toujours entre nous[1]. »

En matière de direction d'acteurs, Voutsinas dit « simplement » à Pierre Arditi : « Faites attention, ce rôle est magnifique, mais c'est un piège. Si vous voulez faire du charme avec, vous allez vous casser la figure.

1. Entretien avec l'auteure, 18 mai 2024.

Le personnage n'en a pas. Il est dans l'ombre. C'est d'ailleurs pour ça qu'à un moment donné, sa petite vie de couple se brise. Et quand elle meurt, lui, cet homme un peu éteint de second plan, se révèle. Au moment où il perd ce qu'il a de plus cher, il devient lui-même. » « Voutsinas m'avait fait toucher du doigt les dangers du rôle »[1], analyse Arditi *a posteriori*.

Le comédien affirme avoir rencontré des difficultés pour apprivoiser la langue de l'auteur, mais s'en sort avec maestria. Il a déjà joué avec Sabine Azéma, André Dussollier et Fanny Ardant : la complicité est là. Tous ont conscience de vivre un moment exceptionnel. « Nous avons tous vécu le film avant qu'il ne soit tourné, ça ne m'était jamais arrivé de ma vie ! [...] Comme au théâtre, avec une émotion qui monte, monte progressivement, cette chose-là, ce cadeau-là, cette pierre précieuse, elle est unique, je la garde là pour toujours[2] », s'émeut Pierre.

Les techniciens, eux aussi, découvrent le long-métrage avant même qu'il n'existe. Car la veille du premier jour de tournage, Alain Resnais demande aux comédiens de répéter dans le décor final. « On a découvert le décor au dernier moment[3] », se souvient André Dussollier. Par la suite, Resnais n'a plus renouvelé l'expérience.

« Il y avait un télescopage entre la réalité et la fiction, analyse Arditi. C'est l'un des plus formidables cadeaux que nous ait offerts Alain Resnais. Nous étions comme une troupe, il connaissait bien notre travail à chacun, et la fragilité qu'on pouvait avoir comme acteurs. C'est Sabine qui me l'a rappelé : il disait que les acteurs sont comme des somnambules, il ne faut pas les réveiller

1. Entretien avec l'auteure, 15 janvier 2024.
2. La Cinémathèque française, 7 novembre 2021.
3. Entretien avec l'auteure, 18 mai 2024.

quand ils jouent. Il n'en disait donc jamais trop, ne donnait pas beaucoup d'indications. Il faisait des essais, mais il était très respectueux, attentif, à l'écoute, très sensible, avec beaucoup de pudeur face à l'être qu'il avait en face de lui, qu'il soit acteur, décorateur, maquilleur… Tous étaient très importants pour lui, il sollicitait le meilleur en chacun. Pour ma part, il m'avait donné la biographie des parents de mon personnage, qu'il avait imaginée. À partir de là, c'était à moi d'inventer le personnage[1]. »

Afin d'être à la hauteur, Pierre Arditi ne ménage pas sa peine. Lors d'une scène où il doit déclamer son monologue final, il est trop long de quelques secondes, la pellicule « décroche » et Resnais doit recommencer la prise. Mais il ne se décourage pas. Arditi ne cesse de répéter, de proposer des « variantes ». André Dussollier et lui sont en nage. « Essayons de faire une prise un peu moins humide », leur demande le cinéaste. « On dégoulinait de larmes », confirme en souriant Arditi. « Par pudeur, il n'a pas retenu la prise dans laquelle je pleurais le plus », ajoute Dussollier, soulagé. « Alain Resnais nous donnait l'illusion que nous étions les véritables créateurs du film, de nos rôles, estime Sabine Azéma. On était fiers, on osait beaucoup de choses avec lui, on n'avait pas peur d'oser, d'oser même être mauvais[2]. » « Voire ridicules[3] », renchérit Arditi. « Il y avait un côté théâtral chez Alain Resnais qui convenait tout à fait à Pierre, observe Bruno Podalydès. Comme Claude Rich ou Michael Lonsdale, il était en parfait accord avec les adaptations et respectait le texte[4]. »

1. *Ibid.*
2. La Cinémathèque française, 7 novembre 2021.
3. *Ibid.*
4. Entretien avec l'auteure, 15 septembre 2023.

Un jour, Pierre Arditi s'endort sur un fauteuil pendant le tournage. « Regardez Alain, Pierre s'est endormi », fait remarquer Sabine Azéma. « Oui, comme tous les grands acteurs », approuve celui-ci. Un compliment qui va droit au cœur d'Arditi. Lequel, plein d'humour, en profite pour citer encore une fois Louis Jouvet : « Au cinéma, la seule chose importante est de trouver une chaise[1]. »

*

En 1992, Pierre Arditi joue dans *Smoking / No Smoking*. « Vous acceptez ou pas, mais je suis certain que personne ne vous proposera la même chose », lui a assuré Alain Resnais. Ce film singulier est tiré de *Intimate Exchanges* – encore une pièce d'Alan Ayckbourn. Jean-Claude Grumberg a failli l'adapter, mais elle est finalement revisitée par Agnès Jaoui et Jean-Pierre Bacri.

Pierre Arditi y joue pas moins de quatre rôles, dont celui de Toby Teasdale, le mari alcoolique de Sabine Azéma. Cette dernière en endosse cinq ! Les personnages interprétés par les acteurs sont amenés à faire des choix, puis à remettre ceux-ci en question. Avant le tournage, ils répètent dans les sous-sols de l'opéra Bastille, au mois d'août, en pleine canicule. « Alain Resnais était adorable, brillant, se rappelle Sabine Azéma. C'était une personne hors du commun. Je ne l'ai vu que deux fois en colère : quelqu'un était sans doute allé trop loin. Il a claqué la porte avant de revenir. Il était la douceur, la patience et la tolérance mêmes. Il ne nous imposait rien. On avait l'impression, avec lui, qu'on avait toutes les libertés du monde, pourtant il savait où il allait. Pierre

1. Entretien avec l'auteure, 29 mars 2021.

À l'âge de la maturité, Pierre Arditi joue toujours comme si c'était la première fois. « Le premier travail d'un acteur, la seule gymnastique qu'il doit faire, c'est réussir à s'identifier. Une fois qu'on a touché du doigt qui on est, la deuxième étape est de savoir ce qu'on en fait, comment on s'en échappe et comment on s'en inspire », déclare le comédien.

Georges Arditi, *Yvonne*, 1944.
La perte de sa femme,
le 15 novembre 1982,
a été pour l'artiste peintre
Georges Arditi une peine
incommensurable.
« Elle est allée faire un tour
dans le ciel », dit son fils Pierre.

Catherine et Pierre Arditi
ont toujours été proches
de leur mère Yvonne.
La seule fois où ils partent
en vacances sans elle,
elle reviendra les chercher.
Ici, à Champvallon (Yonne)
en 1952.

Georges Arditi, *Pierre et Catherine Arditi enfants*, 1951.
Georges demandait à ses enfants de ne pas bouger ni parler pendant qu'ils posaient pour lui.

Yvonne, Georges, Pierre et Catherine se promènent au Tréport en août 1956. Les enfants gardent un souvenir émerveillé de leurs vacances en famille.

Été 1983 à Bergesserin, en Saône-et-Loire : Danièle et Rachel Arditi, « mes sœurs », dit Pierre Arditi en parlant des filles fruits des amours de Georges et de Nicole Paroissien.

Georges Arditi dans son grand atelier, 35 rue des Martyrs à Paris, vers 1988. Tel un ours solitaire, l'artiste passe des heures dans sa tanière. Catherine et Pierre n'ont pas le droit d'y entrer sans son autorisation.

Comédien à ses débuts, Pierre Arditi incarne Blaise Pascal, dirigé par Roberto Rossellini. Le comédien a failli ne pas être pris. Cela aurait été dommage : lors de sa diffusion en Italie, en 1972, le fiction attire 16 millions de téléspectateurs.

Dans *Amoureuse Joséphine* de Guy Lessertisseur (1974), Pierre Arditi joue Bonaparte. Sa partenaire Évelyne Dandry, sous la robe de Joséphine de Beauharnais, n'a pas oublié l'aura du comédien dans ce rôle illustre.

Pierre Arditi et Florence Giorgetti se marient le 23 décembre 1968. « On a eu l'impression qu'une sorte de chaîne invisible nous liait désormais l'un à l'autre », confie le comédien.

Interprète fétiche d'Alain Resnais, Pierre Arditi considère le réalisateur disparu en 2014 comme son « père de cinéma » : « Il me demanderait d'ouvrir une porte, je le ferai. » Dans *Mélo* (1986), Pierre Arditi joue l'homme trompé par le personnage féminin incarné par Sabine Azéma.

En 1987, il reçoit le Molière du comédien dans un second rôle pour *La Répétition ou l'Amour puni* de Jean Anouilh, avec Anny Duperey, Bernard Giraudeau et Emmanuelle Béart. Nommé plusieurs fois, il n'avait pas encore obtenu le précieux trophée.

La même année, il reçoit le César du meilleur second rôle pour *Mélo.* « Ce n'était pas un second rôle », remarquera Pierre Arditi. Et huit ans après, en 1994, il retrouve Alain Resnais pour *Smoking / No Smoking* et obtient le César du meilleur acteur.

Sur le tournage d'*Un métier de seigneur*, d'Édouard Molinaro (1986), Pierre Arditi interprète avec bonheur un salaud, et c'est à l'occasion de ce téléfilm qu'il a rencontré Évelyne Bouix.

Lui et Évelyne Bouix se retrouvent sur les planches pour la première fois en 1988, dans *La Vraie Vie*, de Tom Stoppard, au théâtre Montparnasse. C'est l'actrice qui est à l'origine de l'aventure.

Alain Resnais reçoit le prix Louis-Delluc en compagnie de Sabine Azéma et de Pierre Arditi, à Paris, en 1993, pour *Smoking / No Smoking*. L'acteur joue avec brio pas moins de quatre rôles dans ce long-métrage adapté de la pièce d'Alan Ayckbourn, *Intimate Exchanges*. Sa fidèle partenaire, cinq.

Cet éternel séducteur
ne s'est jamais trouvé beau,
et il n'est pas peu fier
d'être devenu un « acteur
de théâtre populaire ».

Avec *Art* (1994) de Yasmina Reza, mise en scène avec brio par Patrice Kerbrat, Pierre Arditi connaît un nouveau triomphe aux côtés de Fabrice Luchini et de Pierre Vaneck.

Le procureur Villefort, dans *Le Comte de Monte-Cristo*.
En 1998, Josée Dayan a transposé pour TF1 le roman-fleuve d'Alexandre Dumas en minisérie, adaptée par Didier Decoin. Le comédien ne fait pas de différence entre la télévision et le cinéma.

Joyeuses Pâques (2000) : « Un boulevard élevé au rang d'art suprême », résume l'acteur très bien entouré dans ce vaudeville signé Jean Poiret. Il succède à Jean-Paul Belmondo dans le costume du mari infidèle.

Pierre Arditi a travaillé plus d'une vingtaine de fois aux côtés de Bernard Murat, pour le théâtre et la télévision. Le metteur en scène et le comédien posent, complices, lors de la conférence de rentrée des théâtres parisiens, en 2007.

Dans cette série de TF1, *Sauveur Giordano* (2001-2012), l'acteur joue un ancien policier de la brigade des mineurs qui vient en aide à des victimes d'injustices.

« J'ai deux meilleurs amis, estime Pierre Arditi : Bernard Murat et Jean-Luc Moreau. » L'acteur et metteur en scène est un marathonien des planches, et il a souvent dirigé Pierre Arditi.

Les célèbres studios Harcourt le photographient en 2009.
L'acteur vit avec ses chers disparus, outre ses parents adorés, Barbara, Didier Bezace, Alain Resnais, Michel Bouquet…

Pierre Arditi interprète le héros de la série *Le Sang de la vigne* (2011-2017).
Il est autant attaché à Benjamin Lebel, le héros œnologue enquêteur, que Bruno Crémer au personnage de Maigret.

Il joue pour la première fois une pièce de Salomé Lelouch avec Évelyne Bouix, en 2021, *Fallait pas le dire !*.
La fille de Claude Lelouch a concocté pour sa mère et son beau-père une comédie sur un couple qui leur ressemble étrangement. Le comédien, qui l'a élevée en partie, l'apprécie comme dramaturge.

Avec son fils Frédéric Arditi. Les deux hommes se sont rapprochés au fil des ans et ne manquent aucune occasion de se voir.

Après la Légion d'honneur en 2016, Pierre Arditi reçoit des mains du président Emmanuel Macron les insignes de commandeur dans l'ordre du Mérite national, le 15 avril 2024, au palais de l'Élysée. « On me décore parce que je suis vieux », s'amuse l'acteur, qui a soutenu le chef de l'État, notamment pendant la pandémie de Covid-19.

et moi, on aimait ça. Alain Resnais disait : "Allez, tournons pour voir comment ça va tourner"[1]. »

« C'est pas croyable cette histoire, allez comprendre ! » s'exclame Toby Teasdale, professeur alcoolique, au beau milieu de la pièce. Et pour cause : Alain Resnais offre plusieurs options aux protagonistes, qui s'aiment ou se séparent, meurent ou choisissent de vivre leurs rêves. Pour imaginer ces différentes issues, il est parti avec Sabine Azéma en vacances à Scarborough, en Angleterre. Là, ils ont rencontré l'auteur du texte, Alan Ayckbourn. « Avec Alain et la costumière, on achetait des vêtements pour le film, explique Sabine Azéma. Je m'asseyais sur un banc et j'observais les passants, j'allais dans des kermesses. Ces moments-là m'ont inspirée. Dans le personnage, il y a 50 % de Sabine Azéma et 50 % du rôle ! » Bientôt, Pierre Arditi les rejoint. « On lui a présenté Alan Ayckbourn, qui lui a fait visiter la ville, continue la femme de Resnais. Il a beaucoup aimé Pierre. »

Le décor de *Smoking / No Smoking*, à Arpajon, est construit par Jacques Saulnier à partir de la petite ville balnéaire. L'église, la mer, la terrasse, tout existe.

Alain Resnais tourne cinq mois dans l'Essonne, « au milieu des champs de pommes de terre[2] », s'amuse Sabine Azéma. « Une fois qu'on y était, c'était magique ! En même temps, pendant les cinq mois de tournage, on était très occupés à apprendre le texte, qui était conséquent. » Et d'ajouter à propos de son partenaire de jeu : « Avec Pierre, ce qui est merveilleux, c'est qu'on est sans cesse surpris alors qu'on pensait le connaître. Il n'y a pas de routine. On est étonné et admiratif parce qu'on voit

1. Entretien avec l'auteure, 28 mai 2024.
2. *Ibid.*

émerger chez lui de nouvelles choses à chaque fois. Moi, ma vie, c'est à la fois le réel et la fiction. J'adore la vie réelle qu'on met en scène. »

Un jour, sur le plateau, Sabine Azéma et Pierre Arditi sont tétanisés par la présence d'une journaliste. Ils sont supposés jouer une scène de montagne, dans le brouillard. « On a récité nos textes, on était gênés, peut-être qu'elle nous trouvait mauvais... se souvient la comédienne. Ça bloque toujours quand on n'est plus entre nous[1]. » Heureusement, la scripte Sylvette Baudrot l'encourage d'une petite tape sur la cuisse : « Allez, la petite, on y va ! » Malgré tout, ils respirent mieux après le départ de la reporter.

À la fin du tournage, Alain Resnais offre à Pierre Arditi une montre à gousset qui a appartenu à son père. « Quand je jouais le personnage de Toby Teasdale, il m'appelait "Papa" parce qu'il trouvait que je ressemblais à son père dans ce rôle[2] », précise Arditi. La montre est toujours sur son bureau. Il ne la manipule qu'avec le plus grand soin, craignant de la perdre ou de la casser.

En 2003, Arditi retrouve Alain Resnais et se transforme en chanteur d'opérette pour *Pas sur la bouche*, un film « sonore, parlant et chantant » tourné d'après le livret original d'André Barde. Après avoir répété sous la direction du chef d'orchestre Bruno Fontaine, il chante en play-back aux côtés de Sabine Azéma. Un peu plus tard, il se distingue à nouveau dans un film du grand réalisateur, *Cœurs*, adapté de *Private Fears in Public Places*, une autre pièce de l'auteur anglais Alan Ayckbourn. Ce long-métrage vaudra à Resnais le Lion d'argent du

1. Entretien avec l'auteure, 28 mai 2024.
2. Entretien avec l'auteure, 10 juin 2024.

meilleur réalisateur, remis par le jury de la Mostra de Venise 2006, présidé par Catherine Deneuve. « Il mettait au jour ce que les acteurs eux-mêmes, souvent, ne voyaient pas. Ce qu'ils avaient en eux d'insoupçonné, et que lui extirpait pour le leur montrer, le leur restituer[1] », souligne Arditi.

1. Entretien avec l'auteure, 15 janvier 2024.

14

La gloire

Du statut d'acteur de second plan habitué aux rôles de jeunes hommes ténébreux et romantiques, Pierre Arditi passe brillamment sur le devant de la scène à l'âge de 39 ans. Après vingt années de labeur acharné dans le théâtre public et une quarantaine de « dramatiques » ou de téléfilms qui l'ont peu à peu fait connaître du grand public, il est propulsé au firmament en janvier 1985 avec la pièce *Tailleur pour dames*, de Georges Feydeau et de Jean Poiret. La pièce est donnée 500 fois en deux ans au théâtre des Bouffes-Parisiens, puis en tournée, partout en France. « Les spectateurs m'ont découvert, je suis devenu un acteur de théâtre populaire[1] », se souvient-il. Le comédien décline alors des tournages pour continuer à jouer dans la pièce. « Très tôt, on m'avait dit que j'atteindrais la maturité professionnelle à 40 ans. J'y ai cru et, loin de me décourager, j'ai travaillé. Il est trop tard aujourd'hui pour avoir la grosse tête[2] », lance-t-il.

« Pierre a été tout de suite récompensé et reconnu comme vedette à l'échelle nationale[3] », confirme Bernard

1. Entretien avec l'auteure, 10 octobre 2023.
2. *France Soir*, 12 juin 1985.
3. Entretien avec l'auteure, 3 mars 2023.

Murat, qui le dirige dans *Tailleur pour dames*. C'est d'ailleurs la première mise en scène de ce dernier, qui fut l'assistant de Jacques Charon. « Les acteurs qui ne deviennent pas des vedettes avant 40 ans ne le deviennent jamais, c'était le dernier carat, comme pour Jean Rochefort[1] », théorise de son côté Patrice Kerbrat. D'après Claude Lelouch, certains fruits mûrissent cependant plus vite que d'autres : « Il a fallu que Pierre apprenne davantage. Il n'y a pas de règle. Cela étant, il faut entretenir la machine. Pierre n'a pas cessé de s'améliorer[2]. » Élizabeth Bourgine livre elle aussi son analyse : « À un moment, il y a une correspondance entre ce qu'on est dans la vie et ce qu'on joue. Une espèce de tilt, de bingo, d'alignement… Pierre devait avoir l'âge et le vécu nécessaires, tout était déjà en lui. La confiance aussi[3]. »

C'est également ce qu'estime l'intéressé. « 39 ans, ça va. La reconnaissance, c'est très bien. Ça m'a permis d'apprendre mon métier, d'apprendre surtout qui j'étais. D'ailleurs, ça a été délicieux quand c'est arrivé[4]. » Il cite de mémoire une réplique de l'acteur Deburau dans la pièce à son nom écrite par Sacha Guitry, l'un de ses auteurs favoris : « Oui, peut-être qu'un jour tu seras populaire ! Et ça, vois-tu, c'est presque aussi bon que l'amour. »

« Je venais du théâtre public, mais avec cette pièce, j'ai commencé à devenir une vedette du théâtre privé, souligne encore Arditi. Bizarrement, le vedettariat ne me préoccupait pas. Ce qui me traversait l'esprit, c'était de savoir comment j'allais jouer, incarner tel

1. Entretien avec l'auteure, 28 novembre 2023.
2. Entretien avec l'auteure, 5 décembre 2023.
3. Entretien avec l'auteure, 16 décembre 2023.
4. Entretien avec l'auteure, 4 avril 2024.

ou tel personnage, tel ou tel rôle. Avant de devenir une vedette, encore faut-il avoir envie de devenir un acteur[1]. »

Propulsé sous le feu des projecteurs, le comédien reste concentré sur son rôle en or dans *Tailleur pour dames*. Il campe le docteur Moulineaux, un homme respectable censé être « sérieux et établi », mais coureur de jupons invétéré. Sa femme Yvonne (Valérie Rojan) le soupçonne d'infidélité. À raison. Son époux aimerait séduire la belle Suzanne (Catherine Maurin). Le trio est entouré de Rose Thiéry, Laurent Spielvogel, Annie Savarin, Stéphanie Murat, Claude Evrard, Cécile Magnet et Michel Bertot. Sans oublier le chien Galipette, un adorable Coton de Tuléar. Selon son entourage, Bernard Murat a « l'intelligence du casting ». La distribution change entre Paris et la tournée en province, qui commence le 1er octobre 1986 à Louvain-la-Neuve, en Belgique[2]. Cela permet à la troupe de ne pas s'enfermer dans ses habitudes.

« Pierre était présenté comme un acteur sombre, taciturne, mais ce personnage solaire dans *Tailleur pour dames* a tout balayé[3] », estime à juste titre Élizabeth Bourgine. À l'époque, les acteurs ne sont pas connus, l'ambiance est à la camaraderie, il n'y a pas de rivalité. L'esprit de troupe est palpable, comédiens et techniciens ont droit au meilleur et sont payés avec largesse. Les premiers ont leurs noms écrits sur les serviettes dans les loges. Jacqueline Cormier ne regarde pas à la dépense pour

1. *Ibid.*

2. Pierre Arditi sera notamment entouré d'André Gilles, d'Eva Darlan et d'Annie Savarin.

3. Entretien avec l'auteure, 16 décembre 2023.

que le spectacle soit parfait. Bernard Murat n'oublie pas qu'il a été acteur, il est attentif aux moindres désiderata de l'équipe. Un peu angoissé aussi. Il attend un fax de Poiret. Personne ne sait comment la pièce se termine. Retenu à New York, celui-ci enverra la fin seulement huit jours avant la première !

La productrice, Jacqueline Cormier, est une « grande dame », une « mécène » selon Nicole Herbaut de Lamothe, l'attachée de presse du spectacle : « Pendant vingt-cinq ans, elle a mis son argent au service du théâtre, elle faisait des cadeaux à toutes les premières et à tout le monde. Elle avait un sens de la fête sublime. Elle voulait ce qu'il y a de plus beau. Les costumes étaient d'Yvonne Sassinot de Nesle, les décors, d'Agostino Pace. Pour la centième représentation de la pièce, Jacqueline Cormier avait choisi un dîner Potel et Chabot, il y avait un partenariat avec Moët & Chandon. Elle m'a demandé de commander des fleurs chez Moulié, place du Palais-Bourbon[1]. »

L'affiche du vaudeville représente un Pierre Arditi souriant, en queue-de-pie, un haut-de-forme dans une main et une canne dans l'autre. Il se tient à cheval sur un immense corset pour femme de couleur claire. « Aucun acteur honnête et digne de ce nom n'échappe au rêve de devenir populaire. Certains s'y disent peut-être indifférents, c'est leur droit, mais je ne les crois pas[2] », remarque le comédien. À l'époque, sous une apparente nonchalance, lui-même cherche à composer avec sa soudaine notoriété : « Je suis un acteur qu'on connaît… en route vers quelque chose d'intéressant… Ça va bien… mais une vedette, c'est quelque chose de particulier… disons

1. Entretien avec l'auteure, 18 avril 2024.
2. *France Soir*, 12 juin 1985.

que je suis sur la bonne voie[1]. » « Après *Tailleur pour dames*, avec Bernard Murat, ils étaient les rois de Paris[2] », se souvient l'actrice Macha Méril. Claude Lelouch a, lui, son idée sur l'origine de ce succès tardif : « Face à Pierre, j'ai toujours eu le sentiment que je parlais avec un acteur, jamais avec un être humain[3]. »

Bernard Murat se souvient avec précision du début de l'aventure de *Tailleur pour dames* : « J'appelle Pierrot à deux heures du matin, je lui dis : "Lis la pièce." Il me rappelle deux heures plus tard. Nous étions morts de rire, prêts à nous lancer[4]. » Le petit-fils de Feydeau, Alain Feydeau, cède les droits de l'œuvre à condition que le texte ne soit pas modifié.

Bernard Murat parle alors du projet à Jacqueline Cormier. « Tu joues quel rôle ? » demande-t-elle. « Aucun ! Je fais la mise en scène », rétorque Murat. Va pour la mise en scène. Le « débutant » se fait d'ailleurs assister dans cette fonction par l'actrice Sylvie Flepp[5]. « J'ai présenté Pierrot à Poiret pendant les vacances », précise-t-il. Pour l'heure, Pierre Arditi vit une idylle avec Sylvie Poiret, la fille de Jean Poiret et de la romancière Françoise Dorin.

Lors de sa création, en 1886, *Tailleur pour dames* était donné en première partie au théâtre de la Renaissance, avant la pièce « principale », *Un chapeau de paille d'Italie*, d'Eugène Labiche. Ce qui explique qu'elle soit courte. Une première lecture a lieu dans le foyer du théâtre

1. *France Soir*, 13 décembre 1986.
2. Entretien avec l'auteure, 5 décembre 2023.
3. *Ibid.*
4. *Ibid.*
5. Aujourd'hui dans la série *Plus belle la vie*.

Édouard-VII, devant Poiret. « La distribution n'est pas mal », observe celui-ci. Pourtant, en regardant sa montre, il tempère l'enthousiasme de Bernard Murat : « Tu ne peux pas te permettre de vendre des places dans un théâtre privé pour une pièce qui dure seulement cinquante minutes[1]. » Le metteur en scène est déçu, mais Jean Poiret n'est jamais à court de ressources : « Je crois que j'ai une idée pour la rallonger, appelle-moi ce soir », lui lance-t-il. Et d'avertir, malicieux : « Feydeau a le sens des situations, il y a un coup de théâtre toutes les cinq minutes, je vais ajouter des répliques. » Emporté par son enthousiasme, l'auteur laisse courir à sa guise sa plume véloce, sans mesure. « Il se justifiait en disant qu'il ajoutait seulement quelques répliques, mais il pondait des pages entières[2] ! » se souvient Murat, amusé.

La troupe répète pendant l'été 1984 au théâtre Mogador. Poiret débarque parfois avec sa femme Caroline Cellier. La troupe travaille avec acharnement pendant deux mois et demi, avec les moyens du bord et sans texte définitif : « Mon équipe a commencé à me battre froid, elle s'interrogeait », confie Bernard Murat, surnommé « Mumu » par tous. « Au début, Pierre a eu beaucoup de mal à s'approprier son personnage, il fallait y mettre une virtuosité incroyable. *Tailleur pour dames* repose sur un rire sérieux, un état de l'âme humaine qui fait que le drame se vit comme une maladie ou au contraire comme un événement heureux. Il faut tout le temps montrer qu'on peut en rire, il y a presque du suspense[3]. »

1. Entretien avec l'auteure, 3 mars 2023.
2. *Ibid.*
3. *Ibid.*

Même à distance, Murat est « drivé » par Poiret qui lui donne une liste de notes que le metteur en scène transmet aussitôt à Arditi. « Il était très strict, exigeant, mais il était avant tout exigeant avec lui-même, il voulait toujours le meilleur, signale Nicole Herbaut de Lamothe à propos de Poiret. Il était supérieurement intelligent, c'était un être inquiet, il avalait du Lexomil comme du chocolat. C'était un clown blanc, comme Jacqueline Maillan[1]. »

Arditi est d'abord enthousiaste à l'idée d'explorer un nouveau genre au théâtre, mais il s'aperçoit vite que son personnage est beaucoup plus difficile à cerner que ceux qu'il a endossés auparavant. Le comique de Feydeau semble d'un abord simple, et l'acteur jubile à l'idée de jouer Moulineaux, mais l'univers dans lequel le personnage évolue n'en est pas moins angoissant. Curieusement, plus l'étau se resserre autour de lui, plus le public rit. « Pierre avait peur du registre comique, il était parti dans une carrière sombre, confirme Murat. Heureusement, il était de très bonne volonté. Je pouvais lui montrer comment faire une scène, il ne disait pas non, contrairement à d'autres comédiens. Pierre et Jean jouaient le rôle de Moulineaux à tour de rôle, c'était très drôle[2]. »

Selon ses propres dires, Arditi travaille à cette époque dix-huit heures par jour, dort quatre heures et demie et finit par relever le défi avec brio. « C'était aussi l'objectif de Poiret, qui brillait avec son phrasé inimitable[3] », admire Nicole Herbaut de Lamothe. La supercherie fonctionne : la première, en janvier 1985, est extraordinaire.

1. Entretien avec l'auteure, 18 avril 2024.
2. Entretien avec l'auteure, 3 mars 2023.
3. Entretien avec l'auteure, 18 avril 2024.

Le nom de Poiret n'apparaît pas sur l'affiche. Il a souhaité que personne ne sache qu'il avait réécrit la pièce. « Je fais le nègre de Feydeau, c'est tout », prétend-il.

La pièce est donnée pendant une saison. Les vedettes de l'époque, comme Yves Montand, Bill Murray, Madeleine Renaud et Jean-Louis Barrault, se pressent au théâtre. Pascal Thomas assure pour sa part avoir vu Arditi « quatre fois de suite » dans *Tailleur pour dames* : « Il n'y a pas une faute de jeu, il est toujours là où il faut, dans le mouvement. Il fait rire dès qu'il apparaît, par l'attitude, le regard, qu'on voit même du fond de la salle. Il suffisait de le regarder, il aurait pu être un acteur des années 1940 comme Julien Carette ou Jules Berry. Il a un relief proche de Jean Carmet ou de Daniel Ceccaldi, aussi. Il a une fantaisie, une silhouette particulière, un phrasé spécifique[1]. »

Contrairement à son habitude, le critique Philippe Tesson ne vient pas voir les comédiens dans leur loge, mais écrit une chronique intitulée « La logique chez Feydeau ». Il s'étonne : comment cette pièce, que le célèbre auteur a écrite à l'âge de 23 ans, a-t-elle pu passer inaperçue pendant si longtemps ? Pierre Arditi explique : « Jean Poiret avait ajouté des "dialogues additionnels". Au lieu de cinquante minutes, la pièce durait deux heures. C'était si bien fait qu'au bout d'un moment, on ne voyait plus ce qui était de Feydeau et ce qui était de Poiret. » Le comédien lit attentivement tout ce qu'écrit Philippe Tesson, son « père spirituel », qui ressemble physiquement et intellectuellement à son père dans sa manière de tordre le cou aux choses qui l'« emmerdent ». « Je l'appelais papa », confie-t-il à la mort du célèbre critique, le 1er février 2023. « Je pense

1. Entretien avec l'auteure, 21 novembre 2023.

aussi à lui comme à un grand frère. On pouvait ne pas être d'accord avec Tesson, mais il était incapable d'être méchant[1]. » Comme Georges Arditi, le journaliste était un iconoclaste et avait gardé quelque chose d'enfantin.

« Sans le savoir, Tesson avait écrit une critique formidable », renchérit Bernard Murat, qui invite le grand journaliste à dîner avec Jean Poiret pour lui avouer la vérité. Le critique se réjouit, puis s'inquiète : « Méfie-toi quand même du petit-fils Feydeau, Jean, il va peut-être causer des ennuis », l'avertit-il. « Nous avons organisé un dîner à trois à La Maison du caviar, raconte Murat en souriant. Lâchement, Jean n'a rien dit pendant toute la soirée. Sauf à la fin. Il a donné raison à Philippe Tesson, et a finalement prévenu Alain Feydeau qu'il allait changer la dernière phrase, par respect pour son grand-père[2]. »

Pierre Arditi ne cache pas sa joie de voir les spectateurs se déplacer pour le voir jouer. Il est de plus en plus à l'aise sur scène. Un soir, Michelle Podroznik et son mari sont dans la salle. Le comédien se moque d'eux « en direct » : « Mais d'ailleurs, il y a le bon docteur La Rochefoucauld qui vient me voir ce soir ! » lance-t-il, malicieux, en faisant allusion au scénariste. « Il est capable d'improviser[3] », constate la productrice avec admiration.

L'acteur se sent en même temps responsable et partie prenante du triomphe grandissant de la pièce : « Ce qui est nouveau pour moi, c'est d'être à la tête d'un succès à la fois critique et commercial. Je me suis rendu compte que je savais faire rire, mais paradoxalement, je le ressens

1. Entretien avec l'auteure, 2 février 2023.
2. Entretien avec l'auteure, 3 mars 2023.
3. Entretien avec l'auteure, 21 septembre 2023.

comme un poids. Cela renforce ma peur de ne pas être à la hauteur, de ne pas donner tout ce que l'on attend de moi[1]. »

C'est le début d'une longue collaboration entre le comédien et « Mumu », qui reçoit d'ailleurs le prix du Brigadier de la mise en scène pour la pièce de Feydeau. Selon le metteur en scène Jean-Luc Moreau, « Bernard a été malin, il a mis la main sur Pierre jusqu'à devenir son gourou, mais Pierre savait ce qu'il faisait. Ils ont trouvé un accord tacite[2] ».

« Après *Tailleur pour dames*, ça n'a pas arrêté, raconte Frédéric Arditi. C'est fou, les acteurs : leur métier représente tout pour eux, on ne peut pas leur jeter la pierre. Heureusement que mon père a travaillé avec Resnais en fil rouge tout au long de sa carrière, parce que ça l'a toujours maintenu au-dessus de certains standards[3]. »

⋆

Un an après, en 1986, Pierre Arditi joue *La Répétition ou l'Amour puni* en province, dans un festival. Sa partenaire de jeu, Béatrice Agenin, livre une anecdote sur cette période : « Je me suis retrouvée dans la Porsche de Pierre, je ne sais plus pourquoi, et je n'ai jamais eu aussi peur de ma vie en voiture. Pierre allait tellement, tellement vite sur ces petites routes de campagne que j'étais littéralement collée à mon siège. J'étais persuadée que j'allais mourir, qu'il était fou, et je me suis promis de ne plus jamais remonter en voiture s'il conduisait[4]… » Et la

1. *Le Quotidien de Paris*, 13 août 1985.
2. Entretien avec l'auteure, 24 novembre 2022.
3. Entretien avec l'auteure, 23 février 2024.
4. E-mail envoyé à l'auteure, le 14 décembre 2023.

comédienne d'ajouter : « C'est ça, Pierre, un mélange de sérieux, de provocation et d'amusement. Parfois, nous avions des discussions métaphysiques. Avant d'entrer en scène, ou quand le spectacle était terminé et qu'on allait dîner tous ensemble. Et il faisait le pitre… Un jour, il a plongé son visage dans un plat de pâtes, pour provoquer des "Oh, non ! Arrête, Pierre ! C'est dégoûtant !", etc. suivis de rires et de hurlements, comme des enfants ! Il y a longtemps que je n'ai pas joué avec lui, je ne sais pas s'il fait encore ce genre de chose[1]. »

L'acteur Bernard Blier a autrefois expliqué à Pierre Arditi qu'un comédien « fabriquait » sa clientèle en province. Celui-ci ne l'a jamais oublié. Il ne manque ainsi jamais de partir en tournée avec une pièce et ne boude pas son plaisir quand on le reconnaît.

À l'aise dans le costume du séducteur, l'acteur trouve que faire rire est une entreprise noble. Son emploi du temps est chargé. Le soir, il répète *Tailleur pour dames*. La journée, il tourne *L'Homme de pouvoir*, avec Macha Méril, à Bry-sur-Marne pour Antenne 2. Loin du registre comique du Feydeau, il y campe un politicien brillant victime d'une machination.

François Berléand est admiratif de ce côté stakhanoviste : « Une fois, pendant toute une semaine, Pierre a joué *Dom Juan* le soir à Marseille, tout en faisant des allers-retours à Paris chaque jour pour faire du doublage et tourner le film *Poker* de Catherine Corsini[2]. » La même année, en 2008, Pierre Arditi s'essaie à une nouvelle expérience : il chante en duo avec Bénabar *Vieille Canaille*, le célèbre titre de Serge Gainsbourg, dans l'émission *Tandem*. Il joue par ailleurs un journaliste dans

1. *Ibid.*
2. Entretien avec l'auteure, 9 janvier 2024.

Les Enfants, une comédie absurde de Marguerite Duras dans laquelle il enquête sur un enfant surdoué. Tourner avec l'écrivain l'enchante : il ne tarit pas d'éloges à son sujet. À travers ses mots, on découvre Duras sous un angle inattendu : « D'une intelligence extrême, elle dirige sans diriger, nous regardant sans bouger, attentive à tout, comme plongée dans une musique. Lorsqu'elle sent qu'un acteur bute, elle réécrit la scène. Elle parle peu ou beaucoup, toujours dans un langage magnifique, littéraire et poétique. Quand Marguerite lit, enfin, elle épure son texte, tant et si bien qu'il devient un enseignement, et une indication pour notre jeu. En plus de son écriture cinématographique originale, Marguerite Duras possède un œil, un univers à part et un grand sens de l'humour. Parfois pendant les scènes, elle devait quitter le plateau tant elle riait[1]. »

Tandis que *Tailleur pour dames* triomphe, fin août 1985, Pierre Arditi est en même temps à l'affiche du premier film de Pierre Jolivet, *Strictement personnel*. Il campe cette fois un policier forcé d'enquêter sur sa propre famille aux côtés de François Berléand. Le matin, il fait de la synchro ; l'après-midi, il tourne ; le soir, il est au théâtre. « Pierre avait imposé à l'équipe de tourner très tôt, car il jouait *Tailleur pour dames* au théâtre et répétait ensuite un film avec Alain Resnais[2] », se souvient Michelle Podroznik. Par ailleurs, en septembre de la même année, il s'apprête à tourner en banlieue pour Antenne 2 *Patte de velours*, le premier téléfilm de Nelly Kaplan. Il y tient le rôle principal, celui d'un Don Juan bigame qui devient l'esclave d'une masseuse, Bernadette Laffont, et d'une voyante, Caroline Sihol.

1. *Le Figaro*, 29 mai 1985.
2. Entretien avec l'auteure, 21 septembre 2023.

Ce bourreau des cœurs habite la même villa que Michel Bouquet, dans la peau d'un retraité qui aime les fleurs. Les fous rires des deux comédiens ralentissent le tournage. Nelly Kaplan, qui ne sait pas toujours où placer la caméra, dira elle-même qu'il n'y a rien à comprendre dans ce « film à suspense ».

15

« Elle était ravissante »

Les amours de Pierre Arditi fluctuent au fil de ses engagements en tant qu'acteur. À l'instar d'Alain Delon, le comédien affirme qu'il doit « tout » aux femmes. Pourtant, il ne se considère pas comme un séducteur ! Il se prétend plutôt leur ami. « Sans elles, je ne serais pas ce que je suis. Si on touche à un seul de leurs cheveux, je peux devenir fou[1] ! » lance-t-il. Plus tard, à 65 ans, il prend une certaine distance vis-à-vis des romances de son passé : « Je ne suis pas capable de faire n'importe quoi pour plaire. Je ne me renie pas moi-même pour être agréable à quelqu'un, c'est pourquoi ce mot de séducteur qu'on m'attribue parfois me fait rire. Ça commence à se calmer, cela dit, parce que je rentre maintenant dans un âge respectable. Ce qui m'amuse, c'est que j'ai acquis cette réputation en jouant la plupart du temps des hommes trompés, blessés, fragiles[2]… »

Sur le divan d'Henry Chapier, il poursuit sa réflexion : « Ce sont les femmes, qui neuf fois sur dix, me définissent, et sont arrivées pour ainsi dire à me “décaper”

1. Conversation intime avec Catherine Ceylac, théâtre Antoine, 31 mai 2023.

2. *Vie privée vie publique* de Mireille Dumas, 12 janvier 2009.

d'une manière assez violente. Je leur en sais gré, j'aime ça, c'est beau. Je crois qu'une relation durable entre deux acteurs est possible, mais en respectant un certain cadre. Il y a forcément des arbitrages à faire, parce que c'est un métier qui demande beaucoup de don de soi, donc on ne peut pas en plus tout donner à la personne qui partage notre vie[1]. »

Évelyne Bouix note pour sa part que son époux cherche sans doute davantage à plaire qu'il n'en a lui-même conscience : « Pierre est toujours dans la séduction, avec un homme, avec une femme, avec une chaise, avec un brin d'herbe, même s'il l'est moins avec l'âge… Bon, je n'ai pas à me plaindre de lui[2] ! » L'intéressé est conscient de sa chance : « Je suis exigeant en ce qui concerne les personnes dont je m'entoure, mais mon épouse a contribué à mettre cette barre très haut, glisse-t-il. Elle ne pourra jamais prendre la place de ma mère, et je ne le lui demande pas d'ailleurs, ce n'est pas une place qui est à prendre. Mais Bernard [Murat] disait à juste titre : elle est tout, elle remplit tout. Aujourd'hui, c'est ma femme, c'est ma maîtresse, c'est ma meilleure amie, c'est mon meilleur compagnon de jeu, c'est aussi un peu mon enfant, même si ça n'est pas ma mère[3]. »

Lissa Pillu admire le couple qu'Arditi forme avec Évelyne : « On a travaillé presque dix ans ensemble, et je peux affirmer qu'elle est son icône, dit-elle. C'est fort de durer dans ce métier avec autant d'amour. À partir du moment où il a été avec Évelyne, il n'a plus du tout été coureur – mais séducteur, sûrement. Quand il aime,

1. France 3, 1987.

2. Entretien avec l'auteure, 25 septembre 2023.

3. « Pierre Arditi : la vie, l'amour chez Mireille Dumas », cité *supra*.

il aime. Ils ont une relation unique[1]. » « C'est surtout Pierre qui ne peut pas se passer d'Évelyne, estime de son côté Agathe Natanson. Il y a énormément de tendresse entre eux. C'est un vrai couple, elle est très gentille avec lui, elle cherche toujours à lui faire plaisir, est très attentive à son égard. Mais elle a son caractère, une sacrée personnalité. Elle sait ce qu'elle veut et ne veut plus. Elle a toujours envie de séduire Pierre[2]. »

En 2024, Arditi renouvelle sa déclaration d'amour à sa femme, un peu maladroitement : « C'est mon héros, assure-t-il. J'ai deux vies dans ma vie : c'est le théâtre et Évelyne Bouix ou Évelyne Bouix et le théâtre. Je ne peux rien dire de plus. Si jamais elle me quitte, je la tue. Mais elle ne me quittera pas car, grâce à Dieu, je partirai avant elle[3]. » Il sourit. Des internautes s'indignent de cette déclaration, qui est signalée à l'Arcom[4]. « Ils sont bêtes, râle l'acteur. J'aurais pu dire : "Si elle me quitte, je me tue." Si je devais tout commenter[5]… »

D'après Nicolas Briançon, Pierre Arditi a « sans doute été cavaleur et trop aimé les femmes, mais il s'est plutôt amendé avec le temps, il est devenu plus calme, plus raisonnable[6] ». « Je suis indéfendable[7] », reconnaît son complice en souriant. Pour Claude Lelouch, les comédiens ont plus besoin d'amour que les autres : « J'ai vu Pierre séduire ses partenaires, s'énerver aussi… Chaque

1. *Ibid.*
2. Entretien avec l'auteure, 15 mai 2024.
3. *Quelle époque !* de Léa Salamé, France 2, 3 février 2024.
4. L'Autorité de régulation de la communication audiovisuelle et numérique.
5. Entretien avec l'auteure, 2 avril 2024.
6. Entretien avec l'auteure, 6 juillet 2023.
7. Entretien avec l'auteure, 15 janvier 2024.

applaudissement est une déclaration d'amour[1]. » Une fois de plus, quand il s'agit de plaire, le père d'Arditi n'est pas étranger à l'affaire : « Je suis tombé dedans quand j'étais petit ! » s'esclaffe l'acteur.

À 38 ans, il confie que son rêve est de « réunir, dans une grande maison peuplée d'enfants, les femmes de ma vie. C'est mon côté judéo-gréco-latin[2] », résume-t-il. Et, bien sûr, ces femmes lui prépareraient des gâteaux au chocolat, son dessert favori. Dans les années 2000, il tourne d'ailleurs une publicité pour une grande marque de chocolat noir.

⋆

Malgré la notoriété, le comédien ne change pas tellement. Il reste fidèle à lui-même et cite George Cukor : « Le cinéma, c'est comme l'amour, quand c'est bien, c'est formidable, quand ce n'est pas bien, c'est pas mal quand même. » Il évoque souvent son rêve de tourner avec Claude Sautet, qui était venu le voir au théâtre un soir. Un rêve qui sonne plutôt comme un regret : « Ça a failli se faire… » Du cinéaste, disparu en 2000, Pierre Arditi aime les histoires de couples qui se font, se défont, se séparent et se retrouvent. « C'est une espèce de famille qui semble éternelle, observe-t-il. Ce qui est faux. Ce qui me plaisait, c'est que dans les films de Sautet, on a l'impression que la séparation n'existe pas. Il faisait un cinéma tchekhovien. Il a d'ailleurs été très injustement regardé comme un cinéma de bourgeois, fait pour des bourgeois[3]. »

1. Entretien avec l'auteure, 5 décembre 2023.
2. *Le Figaro*, 11 octobre 1982.
3. Entretien avec l'auteure, 15 janvier 2024.

Si le thème de la séparation chez Sautet le fascine, c'est qu'il continue de s'interroger sur sa relation avec les femmes. Au début des années 2020, Arditi observe : « L'une des caractéristiques de notre époque, sans doute à juste titre, est que les hommes ont mangé leur pain blanc, c'est terminé. Maintenant, ce sont les femmes qui tapent du poing sur la table. Les hommes ne comprennent pas. "Pourquoi tu dis ça ?", "Pourquoi tu fais ça ?" Ils sont obligés de battre en retraite, parce qu'ils sont confrontés à une volonté plus forte que la leur. Ce n'est pas un mal, c'est une évolution de la société qui durera ce qu'elle durera. »

Pierre Arditi et Évelyne Bouix tombent amoureux début 1986, lors d'un déjeuner chez Édouard Molinaro et son épouse Catherine, à Neuilly-sur-Seine. Le réalisateur explique à Évelyne : « J'ai pensé à un acteur pour un téléfilm, *Un métier de seigneur*, adapté du livre de Pierre Boulle, l'auteur du *Pont de la rivière Kwaï*. J'aimerais que tu le rencontres. » Il l'invite donc en même temps que l'intéressé. « Je savais qui était Pierre, mais je ne le connaissais pas personnellement[1] », se souvient l'actrice.

Son futur époux a un coup de foudre dès qu'il la voit. « On s'est plus très vite », dira-t-il. Il n'a pas oublié cette première rencontre : « Elle portait un pantalon noir taille haute, assorti d'un très joli chemisier blanc. Elle était ravissante. [...] Je me rappellerai toujours cette paire d'yeux absolument magnifiques[2]. » Il se souvient également que la jeune femme a pris les choses en main dans la caravane de tournage : « Elle m'a attrapé par le colback, comme ça, et m'a embrassé en

1. Entretien avec l'auteure, 25 septembre 2023.
2. *Gala*, 23 septembre 2021.

me collant contre un mur[1] », dit-il en joignant le geste à la parole. Mais, bien que « foudroyé », Arditi songe à l'époque : « Ça y est, je suis dans la merde, ma vie va devenir un enfer ! »

Pour sa part, Évelyne Bouix est plus modérée dans sa description de leur rencontre : « Pour moi, ça n'a pas été le même choc. Je me souviens d'avoir trouvé Pierre très mignon, hyper sympathique et drôle. Mais si on nous avait dit que trente-cinq ans plus tard on serait toujours ensemble, je pense que ni l'un ni l'autre n'y aurait cru[2] ! » Pourtant, la réalité rejoint la fiction, car les deux s'aiment à la fois dans la vie et sur le plateau d'*Un métier de seigneur*, tourné pour Canal+ et TF1 et produit par Christine Gouze-Rénal[3]. Dans la distribution, le téléfilm compte également Annie Girardot, qui joue la mère d'Évelyne Bouix, et Christopher Lee. Sur fond de Résistance, Pierre Arditi incarne le capitaine Cousin, un écrivain obsédé par des rêves de gloire, mais peureux et veule. Un salaud ! Déjà, le comédien prévient qu'il ne veut pas faire du « Arditi », et signale à la presse qu'il ne craint pas de jouer des personnages négatifs. Pourtant, selon Édouard Molinaro, Cousin a une part féminine dans son caractère, tandis qu'Évelyne Bouix, qui incarne Claire Morvan, est une résistante, un « petit soldat pur et dur ». Les deux tourtereaux dansent dans un dancing de Londres à l'automne 1940. « Ça vous va bien, l'uniforme », admire Cousin. « Dites tout de suite qu'on est fait l'un pour l'autre ! » rétorque Claire.

1. *On a tout essayé*, France 2, 16 décembre 2006.

2. Entretien avec l'auteure, 25 septembre 2023.

3. C'est aussi dans un film d'Édouard Molinaro, *L'Amour en douce*, que Daniel Auteuil était tombé sous le charme d'Emmanuelle Béart.

« Cela n'a pas été facile de la séduire[1] », confie Pierre Arditi. Celui-ci a déjà une belle carrière derrière lui. Celle d'Évelyne Bouix est moins dense. Lui est dans l'esbroufe, la démonstration et le charme. Elle est plus discrète, voire timide. Elle vient de se séparer de Claude Lelouch et hésite à sortir avec un acteur, de surcroît aussi « extraverti ». « Évelyne a dû trouver chez lui et chez moi des choses en commun. Les femmes nous font passer de véritables examens[2] ! » commente Claude Lelouch en souriant. « Avec Pierre, je suis bien tombée parce que c'est l'Acteur avec une majuscule, ironise l'actrice. Heureusement, il a des qualités humaines formidables[3]. »

⋆

Divorcé de Florence Giorgetti, Pierre Arditi n'est pourtant pas libre lorsqu'il rencontre Évelyne Bouix. Pendant huit ans, il a d'abord partagé sa vie avec Lucienne Hamon, une actrice qui a toujours été là pour lui. « Dans le métier, ça a été un séisme quand on a appris qu'il avait quitté Lucienne », se souvient Lissa Pillu. Arditi restera néanmoins toujours reconnaissant à Lucienne de sa présence bienveillante et de tout ce qu'elle lui a appris : « Elle m'a aidé à me trouver, oui. Elle m'a aidé d'une manière générale à savoir qui j'étais. Elle a contribué à faire de moi un homme moins lâche[4] », confie-t-il.

Selon Salomé Lelouch, chez les Arditi, les histoires d'amour passées ne tombent pas dans l'oubli dès qu'une

1. Entretien avec l'auteure, 10 octobre 2023.
2. Entretien avec l'auteure, 5 décembre 2023.
3. Entretien avec l'auteure, 25 septembre 2023.
4. Entretien avec l'auteure, 4 avril 2024.

autre commence : « Dans notre famille, il n'y a pas de tabou, on parle de tout, des histoires que Pierre et ma mère ont eues avant de se rencontrer, de Florence ou de Lucienne Hamon, qui venaient d'ailleurs déjeuner chez nous quand j'étais enfant[1]. » « L'intelligence, l'amour et l'ouverture d'esprit nous ont aidés à tout surmonter[2] », renchérit Rachel Arditi, qui a elle-même déjà invité tout ce petit monde à la maison. Viviane Blassel a pour sa part gardé en mémoire un déjeuner autour d'une fondue bourguignonne avec Pierre, chez Lucienne Hamon. « C'est normal que la personne que l'on choisit ait connu des amours avant nous[3] », résume Évelyne Bouix.

Lucienne Hamon et elle ont toutes les deux fréquenté la Coopérative du spectacle. « On se saluait[4] », raconte l'actrice. Au début, la relation est difficile, puis le temps fait son œuvre et les deux femmes trouvent un terrain d'entente. « Cela s'est apaisé, reprend Évelyne Bouix. Nous allions voir Pierre au théâtre et, après, nous dînions ensemble. Parfois, nous allions manger chez elle, rue Pascal[5]. »

Lors de leur séparation, Lucienne Hamon offre à Pierre Arditi une perle noire et une perle blanche, qui sont toujours sur sa table de nuit, assure-t-il. « La première représente ce que tu es aujourd'hui, la seconde, ce que tu peux devenir », lui explique-t-elle. C'est un soir, place du Palais-Royal, qu'il lui annonce qu'il la quitte.

1. Entretien avec l'auteure, 26 janvier 2023.

2. Entretien avec l'auteure, 20 octobre 2023.

3. Entretien avec l'auteure, 19 mai 2024.

4. Lucienne Hamon avait pris des cours de théâtre chez Andreas Voutsinas.

5. Entretien avec l'auteure, 25 septembre 2023.

« Je l'ai assassinée[1] », se reproche-t-il encore, plein de remords. Et de citer Napoléon, amer : « En amour, la seule victoire, c'est la fuite. » Aujourd'hui, il souhaite rendre hommage aux femmes qui ont marqué sa vie : « Quand on est quitté, on souffre, mais quand on quitte quelqu'un qui nous a fait du bien, on souffre aussi. J'ai eu la chance de vivre avec des femmes qui ont cru en moi [...]. Elles sont plus courageuses que les hommes. Quand quelque chose ne va plus, elles se barrent, tandis que quand un homme considère que la situation est sans espoir, il attend que la branche pourrisse et tombe toute seule[2]. »

⋆

Pour l'heure, Pierre Arditi entend épouser Évelyne Bouix. Née à Hyères le 15 avril 1956, l'actrice a commencé à 16 ans dans la pièce *Malatesta* de Henry de Montherlant à la Comédie-Française, et a prêté ses traits à Édith Piaf sous la direction de Claude Lelouch en 1983. Elle craint que le mariage ne lui porte malheur : « Être mariée, ça voulait dire à mes yeux être trompée, en fait, lâche-t-elle, même si je ne sais pas trop d'où cette idée me venait. Je préférais être la maîtresse que la femme. J'ai attendu longtemps avant d'accepter d'épouser Pierre[3]. »

Mais ce dernier est tenace, et veut par ailleurs avoir un enfant avec elle. Évelyne Bouix campe sur sa position, moins pressée de faire sa vie avec Monsieur. Elle souhaite

1. Conversation intime avec Catherine Caylac, théâtre Antoine à Paris, 31 mai 2023.

2. *Ibid.*

3. Entretien avec l'auteure, 25 septembre 2023.

en priorité profiter de sa fille Salomé, 2 ans et demi, née de son union avec le cinéaste d'*Un homme et une femme*. Le couple se dira « oui » vingt-cinq ans plus tard, le 31 mai 2010, à Saint-Germain-des-Prés, devant le maire Bertrand Delanoë. Bernard Murat et sa femme Zanat seront les témoins de Pierre Arditi ; Édouard Molinaro et son épouse Catherine, ceux d'Évelyne Bouix.

Pas de lune de miel dans la foulée pour les mariés. Car l'après-midi même, l'acteur rejoint Alain Duault à France Télévisions pour le lancement de l'émission *Un été avec Chopin*. Il est sur tous les fronts. Début juin, il commence à tourner *Vivace*, un téléfilm de Pierre Boutron. Il y joue un retraité passionné de botanique, un « loup solitaire » manipulateur qui trouble la jeune Armelle Deustch, en couple avec Thomas Jouannet. Au même moment, il doit en outre commencer le tournage de l'épisode pilote d'une série franco-belge pour France 3, *Le Sang de la vigne*, adaptée des romans de Jean-Pierre Alaux et Noël Balen. « Pour Pierre, tourner cette série, c'était comme des vacances », s'amuse Jean-Claude Grumberg. Le comédien est par ailleurs attendu au cinéma dans *Streamfield. Les carnets noirs* de Jean-Luc Miesch, d'abord intitulé *Des hommes de convictions*. Tourné en toute discrétion en février 2008, le long-métrage devait sortir en 2009, au moment du procès de l'affaire Clearstream. Mais, contexte oblige, il est reporté en raison de « petits problèmes techniques » et surtout à cause de « pressions politiques ». Il est toutefois diffusé au Festival du film politique de Carcassonne, en janvier 2022.

De son côté, Évelyne Bouix est plus disponible même si elle interprète encore pour quelques jours Anaïs Nin dans *Une passion*, une pièce de Delphine de Malherbe contant les amours de l'écrivaine et de Henry Miller, jouée au théâtre Marigny. Elle s'apprête par ailleurs à tourner l'adaptation télévisée des *Belles-sœurs*, une comédie d'Éric Assous avec Gabriel Aghion.

« Ce n'est pas un hasard s'ils sont ensemble, estime Évelyne Buyle. Évelyne est quelqu'un de profondément bon. Quant à Pierre, il a une sensibilité énorme et une pudeur que son côté hâbleur peut contredire, mais c'est un masque[1]. »

Pierre Arditi adopte immédiatement Salomé, la fait sauter sur ses genoux et s'enorgueillit aujourd'hui de l'avoir élevée. « Ce n'est pas rien, comme rapport. Elle était calée sur mes genoux, il y a un peu plus de trente ans. Aujourd'hui, elle me dit : "Mais non, il faudrait que tu fasses comme ça…" Elle est gracieuse, elle a des idées, et c'est parfois une emmerdeuse[2] ! » plaisante Pierre Arditi au moment où Salomé Lelouch le dirige avec Évelyne Bouix dans sa pièce *Fallait pas le dire !*. Sa belle-fille sourit elle aussi quand elle évoque son beau-père : « Il paraît qu'au début, je le détestais, je ne lui adressais pas la parole[3] », s'esclaffe-t-elle. « Elle ne pouvait pas le voir, confirme sa mère, elle lui disait des horreurs : "Pourquoi, tu es dans la maison ? Je ne comprends pas pourquoi il y a des gens qui ont des maisons et qui viennent dormir dans la maison des autres." » Aujourd'hui, celle qui est devenue autrice et metteuse en scène estime avoir « grandi » avec Pierre Arditi. « Il m'a appris à poser un regard intéressant sur le monde, il m'a emmenée vers le théâtre, il m'a appris à jouer à plein de jeux de société. Il n'était pas

1. Entretien avec l'auteure, 23 juin 2023.
2. Entretien avec l'auteure, 20 octobre 2021.
3. Entretien avec l'auteure, 26 janvier 2023.

seulement comme un père, mais un adulte qui rentrait dans le monde de l'enfance avec moi, il ne me disputait jamais[1]. »

Le « beau-papa poule » a donc le beau rôle. Il apprend même à la petite Salomé à regarder son père, Claude Lelouch, avec des « yeux tendres ». « Elle a grandi autant avec moi qu'avec Pierre, peut-être même plus avec lui, ça dépend… estime le cinéaste. C'est en tout cas de sa mère qu'elle a été la plus proche. Il vaut mieux avoir deux papas que pas du tout. Salomé avait deux personnes prêtes à la protéger face aux aléas de la vie[2]. »

D'après les souvenirs d'enfance de l'intéressée, « Pierre était toute la journée à la cuisine, il faisait les courses, il allait chez le primeur, le poissonnier… À une époque, avec ma mère, il chinait dans les brocantes. De mes 6 ans à mes 18 ans environ, nous achetions essentiellement de la nourriture et des meubles. »

Selon Claude Lelouch, la liberté de Salomé lui a permis d'aimer un autre père. « Elle a vite compris qu'un papa est un distributeur d'amour. Nous nous la sommes "partagée" dans notre manière de l'éduquer, qu'il s'agisse de ses ambitions ou de sa façon de grandir. Avec moi, elle a sûrement découvert l'art de la mise en scène, et avec Pierre, l'art de jouer. Aujourd'hui, elle est autrice, metteuse en scène et directrice de théâtre : on peut dire qu'elle a eu les deux professeurs idéaux[3]. »

Pour autant, si Claude Lelouch dirige parfois sa fille dans ses films à différents âges, son beau-père ne l'encourage pas quand elle lui fait part de son envie d'être comédienne. « Il trouvait ça trop facile, voire

1. Entretien avec l'auteure, 26 janvier 2023.
2. Entretien avec l'auteure, 5 décembre 2023.
3. *Ibid.*

bizarre que les enfants d'acteurs deviennent acteurs à leur tour, explique Salomé Lelouch. Mes parents, eux, trouvaient cela rigolo, mais Pierre était plutôt contre. Pour lui, un enfant devait jouer avec des jeux de son âge, pas sur un plateau de cinéma. Quand les enfants interprètent des rôles trop jeunes, ils récitent, c'est trop tôt. Quand j'ai eu 16 ans, Pierre m'a dit : "Prends des cours de théâtre, on en reparle." J'ai pris des cours, mais ça ne l'a pas fait changer d'avis. Il ne voulait pas qu'un enfant entre dans ce milieu. Pourtant, son père pensait que les gens qui ne sont pas artistes sont des gens ennuyeux : dans la famille, ils sont tous peintres, dessinateurs… »

Aujourd'hui, Pierre Arditi est très fier de sa belle-fille. « Je lui ai appris à être elle-même », assure-t-il. Il ne cesse de l'encourager, tout en lui reprochant parfois sa véhémence. Il sait de quoi il parle. « Elle a deux visages, pour moi, cette enfant. Car oui, c'est une enfant. Je suis entré dans sa vie quand elle avait 3 ans, quand elle était un petit monstre divin, et je l'ai appelée Abdallah, comme dans *Tintin*. J'ai eu la chance de lui tenir la main et de l'emmener dans un morceau de ma vie et, maintenant, c'est elle qui prend la mienne et qui m'emmène dans un morceau de la sienne », raconte-t-il. Et de poursuivre, ému : « Ça me bouleverse profondément, c'est très étrange. Il y a le petit enfant dont je me souviendrai toujours, puis quand je rentre en scène sous sa direction, il y a l'autrice, la jeune femme de 38 ans, mûre, qui a une maturité et un talent invraisemblables, absolument magnifiques »[1].

Frédéric s'attache lui aussi à Salomé. « Avec Ploufi, j'ai quatorze ans d'écart, précise l'intéressée. J'ai aussi un frère plus âgé du côté de mon père. On n'a jamais

1. France Inter, 4 octobre 2021.

vécu ensemble, mais on se voit aux fêtes de famille, j'ai un rapport avec lui qui se limite aux vacances[1]. » Frédéric confie de son côté : « Il m'arrive de ressentir une forme de jalousie, parfois, par rapport à la relation que Pierre entretient avec Salomé. Mais quand Pierre a rencontré Évelyne, il n'avait plus le même âge, sa carrière avait déjà bien commencé, alors que quand moi, j'étais enfant, il n'en était pas encore là. Il fallait bien qu'il existe et qu'il se fasse connaître. C'étaient les tout débuts. Pour ma mère, c'était pareil. Un enfant, c'était super, mais sans doute très encombrant[2]. »

*

Lorsqu'il songe aux femmes qu'il a connues, Pierre Arditi ne peut s'empêcher d'établir un lien avec son métier. Car être acteur, c'est comme être amoureux : cela signifie ne plus craindre le ridicule. « Peut-être que lorsqu'on est comédien, dans la relation amoureuse, on n'a pas peur de vivre au maximum cette passion amoureuse derrière laquelle on court tous… Je crois que le fait d'être un acteur reconnu change la nature de la relation amoureuse avec les femmes. Enfin, pas tout à fait en ce qui me concerne. Disons que ça clarifie la relation amoureuse que j'ai avec la femme que j'aime. Ce qui est déjà bien. Avant, je pouvais facilement être perturbé et troublé par un certain nombre d'hommages féminins. Maintenant, au contraire, je vis dans une grande sobriété sur ce plan, pour ne plus me concentrer que sur Évelyne[3]. »

1. Entretien avec l'auteure, 26 janvier 2023.
2. Entretien avec l'auteure, 23 février 2024.
3. France 3 Régions Marseille, 11 juin 1988.

Le secret de la longévité du couple Bouix-Arditi réside certainement dans leur indépendance. Pendant sept ans, chacun des deux acteurs possède son appartement dans le 8e arrondissement, où Salomé est scolarisée. Si Pierre Arditi a déménagé pour se rapprocher d'Évelyne Bouix, chacun continue à respecter le territoire de l'autre. « On s'est apprivoisés comme ça, puis on a fini par habiter ensemble[1] », raconte-t-il. Ils n'ont pas eu d'enfants. Le regrettent parfois, mais jamais très longtemps. « J'en ai trois, mon fils Frédéric, dit "Ploufi", Salomé et Évelyne », observe le comédien d'un air ravi.

Aujourd'hui, Arditi a affiné sa conception du couple : « Ça fait plus de trente-cinq ans que nous vivons ensemble avec Évelyne. Pour arriver à nous surprendre encore, nous devons être vraiment exceptionnels ! Nous avons des rythmes différents, au travail comme dans nos vies. Ce n'est pas parce que nous habitons ensemble que nous regardons les mêmes trucs, que nous allons aux toilettes ensemble… C'est pour cela que ça tient depuis si longtemps. Nous sommes absolument autonomes et respectueux de ce que l'autre vit. Il y a des choses que nous partageons, d'autres non. C'est délicieux quand on touche du doigt ce qu'on souhaite faire et qu'on le découvre ensemble, c'est du miel, mais quand les envies divergent, c'est pénible[2]. » En ce qui la concerne, Évelyne Bouix est plus laconique : « Je suis bien avec lui[3] », résume-t-elle avec simplicité. Ce qui ne l'empêche pas d'apprécier, de temps à autre, de partir pour un tournage.

1. Entretien avec l'auteure, 10 octobre 2023.
2. France 3 Régions Marseille, 11 juin 1988.
3. Entretien avec l'auteure, 25 septembre 2023.

16

La vraie vie

Le 18 novembre 1988, Évelyne Bouix et Pierre Arditi jouent pour la première fois ensemble au théâtre. C'est l'actrice qui est à l'origine du projet : *La Vraie Vie* (titre original *The Real Thing*), une pièce de Tom Stoppard, montée au théâtre Montparnasse. « J'avais envie de travailler avec Pierre », se souvient la comédienne, qui est pourtant malade de trac à l'idée de se retrouver avec lui sur scène quand arrive le grand soir. Elle est « tétanisée » : « J'étais plus lente que Pierre, j'avais besoin de plus de temps pour trouver mes marques. J'avais fait très peu de théâtre, je n'étais pas assez armée »[1].

Lunettes sur le nez, cigarette à la main, celui-ci interprète Henri, un écrivain connu. Il aime Charlotte (Catherine Rich), jusqu'à ce qu'entre dans sa vie Annie, une actrice « à l'apparence fragile et douce ». Soit Évelyne Bouix, de nouveau en chemisier blanc et pantalon noir. « J'ai tout de suite eu envie de jouer le rôle d'Annie et j'ai cherché à faire monter la production. Le projet était dans l'air, mais on a mis du temps à assembler

1. Entretien avec l'auteure, 19 mai 2024.

le puzzle[1] », explique Évelyne Bouix. L'actrice brune est tombée amoureuse du texte : « C'est une pièce sur la création, sur l'amour, sur la jalousie, sur la difficulté d'être à deux lorsqu'on tient à conserver son identité propre et à se réaliser en tant que créateur. »

Les relations entre Évelyne Bouix et le metteur en scène, Andreas Voutsinas, ne sont pas au beau fixe. L'actrice ne se sent pas dirigée et n'est pas en confiance. « Je n'avais pas fait de théâtre depuis longtemps, j'aurais eu besoin de lui[2] », se souvient-elle. Plus tard, sur le conseil de Pierre Arditi, Andreas Voutsinas sera son coach sur le tournage des *Grandes familles* d'après l'œuvre de Maurice Druon, une série réalisée par Édouard Molinaro. Il se montrera alors sous un tout autre jour, intelligent et drôle, tel que Pierre Arditi le connaît.

Selon ce dernier, Voutsinas n'est pas un metteur en scène comme les autres. « Coach, il n'allait jamais contre la décision du metteur en scène », assure-t-il. En 1983, il l'a dirigé dans *Les Exilés* de James Joyce, avec Marthe Keller et Pierre Vaneck, chez Madeleine Renaud et Jean-Louis Barrault. Arditi a déjà joué la pièce de Joyce à la télévision, dans une fiction réalisée par Guy Lessertisseur pour Antenne 2. « Dans la distribution, il y avait un petit garçon, le fils de Jean Babilée, le célèbre danseur[3] », rappelle-t-il.

Dans la version télévisée, c'est Évelyne Dandry qui a créé le rôle de Berthe, mais elle n'a pas été retenue par Voutsinas. « Pierre a appelé mon agent et lui a

1. *L'Avant-scène théâtre*, 15 novembre 1988.
2. Entretien avec l'auteure, 25 septembre 2023.
3. Entretien avec l'auteure, 10 octobre 2023.

demandé : “Dites à Évelyne que je pense très fort à elle, elle doit être malheureuse en ce moment”[1] », raconte la comédienne.

Le soir de la première représentation, chacun se prépare dans sa loge. Évelyne Bouix est morte de peur. Elle est arrivée très en avance au théâtre, elle se signe, touche du bois. « Pourquoi suis-je là ? se demande-t-elle avant d'entrer sur scène. C'est comme une arène. À chaque fois, je me dis que je préférerais être à la montagne, pourtant je déteste la montagne ! C'est la différence avec le cinéma : au théâtre, il faut se lancer et réussir du premier coup. Alors que sur un tournage, on est protégé[2]. »

Pierre Arditi, lui, a pris de l'assurance : « Tends les bras, le monde te regarde », tente-t-il de la convaincre. Il n'a pourtant pas toujours tenu ce discours, autrefois sujet au doute, lui aussi. Désormais, il est prêt à en découdre. Comme il le rappelle, il a de l'expérience. Pourtant, il n'est pas non plus à la fête, bien qu'il prétende le contraire.

« Le trac n'est pas de même nature pour Pierre, observe l'actrice Ludivine de Chastenet. Il est du genre à se dire : “Il faut y aller maintenant.” Évelyne est plus sujette à la peur, elle a besoin d'être dans sa loge deux heures à l'avance, elle a peur d'être défaillante. Cela dit, parfois, ils arrivaient ensemble. Tous deux aiment et respectent le public qui se déplace pour les voir jouer[3]. »

« Sur scène, c'est chacun pour soi, les acteurs sont des sauvages, assure toutefois Évelyne Bouix. Il faut défendre son morceau. Pierre est un bon camarade, un

1. Entretien avec l'auteure, 1er février 2024.
2. Entretien avec l'auteure, 25 septembre 2023.
3. Entretien avec l'auteure, 24 avril 2024.

partenaire rapide, mais il s'impatiente quand il n'obtient pas immédiatement ce qu'il veut. » Pierre Arditi a surtout peur de décevoir le public, de le « trahir ». Il entend jouer chaque soir comme si c'était la première fois. Mais il sait que les gens viennent le voir et lui font confiance, il a évolué et se sent de plus en plus à l'aise avec la vie, comme il dit. « À 20 ans, on a peur. Cinquante ans plus tard, on veut toujours produire quelque chose à la hauteur de ce que les spectateurs sont venus obtenir. » Et l'acteur d'ajouter, au risque, prévient-il, de paraître prétentieux : « Quand on est à la hauteur de ce qu'on doit faire, on n'a pas de doute »[1].

« Ils étaient mignons ! trouve de son côté Ludivine de Chastenet en observant le couple travailler ensemble. Pierre était très protecteur et patient avec Évelyne. Il était très blagueur, il posait sur elle un regard attendri, mais aussi professionnel : "Là, j'ai besoin d'un moment seul[2]", disait-il. Évelyne était également à l'écoute. Ils donnaient, ils étaient généreux, aucun ne tirait la couverture à lui, ils n'étaient pas dans la performance[3]. »

⋆

Les deux époux continuent de collaborer au fil des ans, et ce jusque très récemment. De janvier à mai 2023, ils effectuent par exemple 80 dates de tournées pour la pièce *Fallait pas le dire !*, dirigés par Salomé Lelouch. Arditi ne se plaint jamais d'être fatigué et est au contraire « toujours gourmand » de rencontrer les directeurs de théâtres.

1. Entretien avec l'auteure, 10 octobre 2023.
2. Entretien avec l'auteure, 24 avril 2024.
3. *Ibid.*

Ludivine de Chastenet, qui l'a assisté, se souvient d'une anecdote qui se déroule dans une salle près d'Annecy, une structure moderne de 500 ou 600 places. Un vigile regarde le spectacle : « C'est vraiment super, dit-il. C'est la première fois que je vois une pièce de théâtre. » Ni une ni deux, elle lui demande s'il souhaite faire un tour dans les loges : « Je lui ai proposé de l'amener voir Pierre, se rappelle-t-elle. "Je ne veux pas déranger", protestait-il. Il était tétanisé. Finalement, il a accepté. "Pierre, je te présente M..." Pierre l'a reçu avec une gentillesse formidable, en prenant le temps de lui parler. "Ça vous a plu ?" Il remercie toujours le public d'être venu[1]. »

Entre-temps, Pierre et Évelyne se sont également retrouvés pour jouer un couple en pleine tourmente dans *Lune de miel* (*Private Life*), une comédie légère de Noël Coward adaptée par Éric-Emmanuel Schmitt en 2004. La barre est haute : Richard Burton et Elizabeth Taylor les ont précédés dans ces rôles en 1983.

L'histoire a tout pour leur plaire. Après cinq ans d'amour, Eliot et Amanda ont divorcé et se sont remariés chacun de leur côté. En pleine lune de miel, ils découvrent qu'ils logent dans des appartements mitoyens, dans le même hôtel. La magie qui les liait opère encore, mais pas pour longtemps !

L'actrice Chloé Lambert se souvient d'Arditi dans une scène en particulier : « Il manipulait un journal, il en faisait tout un foin, un spectacle dans le spectacle qui m'a fait penser à Marcello Mastroianni, c'était une leçon d'art dramatique[2]. »

1. *Ibid.*
2. Entretien avec l'auteure, 24 août 2023.

Pour Évelyne Bouix et Pierre Arditi, partager la scène est jouissif. Le comédien s'en souvient encore : « C'est une prolongation de notre vie. Nous avons choisi la même voie, à savoir une vie d'acteur. Nous partageons le goût et l'envie d'être ensemble, depuis trente ans. C'est un peu pervers car on se connaît très bien. C'est compliqué de piéger l'autre, mais ça nous arrive encore. C'est délicieux. »

*

En dehors des planches, Évelyne Bouix et son mari préservent leur jardin secret. Ils partagent un quotidien de tendres habitudes, mais ils continuent à mener des activités différentes pour avoir la joie de se retrouver ensuite. Quand ils jouent ou tournent ensemble, ils ont chacun leur loge. Selon Pierre Arditi, l'amour, c'est précisément « l'art de vivre harmonieusement avec quelqu'un qui ne pense pas forcément comme nous mais dont, pourtant, la présence, la pensée et les différences nous sont indispensables. L'amour, c'est l'art de cohabiter nerveusement, intensément avec quelqu'un qui ne nous ressemble pas et qui, pourtant, est indissociable de nous. C'est marcher dans un jardin apparemment non entretenu mais admirablement agencé sans qu'on s'en rende compte, dans lequel on se perd, dans lequel on se retrouve, dans lequel il n'y aurait pas d'habitude, pas de couleur prédéfinie[1] »…

Si Pierre Arditi prétend s'être calmé au fil des années, être devenu plus modéré dans ses humeurs, il est toujours capable de piquer des colères homériques et d'être

1. *Version fémina*, 6 mai 2008.

« véhément ». « J'ai hérité ça de mon père, c'était un râleur, un magnifique râleur, m'enfin, un emmerdeur », confie-t-il en montrant l'un de ses tableaux de l'intéressé qu'il a accroché au mur, et qui représente des femmes dans la campagne. « Quand on sait faire ça, on a le droit d'emmerder le monde »[1]…

« Quand il se fâche, je ne lui parle plus, il comprend[2] », remarque de son côté sa maquilleuse de toujours, Isabelle Kindinis Abriol. Lorsque le coiffeur, par exemple, omet de frapper à la porte de sa loge avant d'entrer, le comédien s'agace. Ses yeux s'allument comme ceux d'un taureau avant d'entrer dans l'arène, mais il ne dit rien. Christine Miller, elle, le comprend et justifie son attitude. Selon la scénariste, la moitié de ses colères proviennent de son état de fatigue.

Pour Élizabeth Bourgine, Pierre est certes capable d'un peu de malice et de mauvaise foi, mais « ce ne sont pas des colères pour faire du mal, seulement pour faire réagir, et qui prêtent à rire, explique-t-elle. Un moyen d'extérioriser ce qu'il a à dire, car il veut que ce soit juste et que ce soit bien dit, il veut être honnête. Ça surajoute à la colère, mais pas comme chez des gens colériques qui se sentent en faute ou acculés. Chez lui, c'est mûrement réfléchi, ça doit absolument sortir et quand ça sort, ça sort[3] »…

« Calme-toi ! » se contente de répéter Évelyne Bouix quand son mari sort de ses gonds. Contrairement à ce qu'affirme Arditi, ils se disputent quelquefois pour des détails. Pourtant, il lui rend une nouvelle fois hommage : « Elle a contribué à enrichir celui que je suis, que j'étais

1. Entretien avec l'auteure, 15 janvier 2024.
2. Entretien avec l'auteure, 8 septembre 2023.
3. Entretien avec l'auteure, 16 décembre 2023.

et que je serai. Ma femme est l'une de mes principales sources d'inspiration. Si elle disparaissait, je m'éteindrais[1]. »

★

L'adoration de Pierre Arditi pour Sacha Guitry n'est un secret pour personne. À la fin de la « Conversation intime » avec Catherine Ceylac qui se déroule au théâtre Antoine, le 31 mai 2023, il déclame un texte du dramaturge. « J'ai un aveu terrible à vous faire… Je vous aime », déclare-t-il au public. Tous les prétextes sont bons pour jouer du Guitry.

Il a d'ailleurs l'occasion de le faire aux côtés d'Évelyne Bouix en octobre 1997, dans *Le Mari, la Femme et l'Amant*, mis en scène par son complice Bernard Murat au théâtre des Célestins, à Lyon[2]. « Murat a organisé une rencontre chez Pierre et Évelyne – ils habitaient dans le 17e à l'époque – pour voir si ça collait entre nous, raconte Agathe Natanson. On a parlé, on a bu un verre et puis voilà ! C'est chez eux, dans leur salon, qu'ils ont dit "OK, c'est bon, c'est elle". C'était gracieux, joli et gentil, ce n'était pas une audition classique[3]. » Pierre Arditi et Évelyne Bouix seront d'ailleurs invités au mariage d'Agathe et de Jean-Pierre Marielle, à Florence, le 4 octobre 2003.

Dix ans plus tard, le 3 novembre 2007, France 2 relève le défi de ressusciter les belles heures d'« Au théâtre ce soir » en retransmettant en direct *Faisons un rêve*,

1. *Paris Match*, mars 2017.

2. L'année suivante, la pièce est reprise au théâtre des Variétés, à Paris.

3. Entretien avec l'auteure, 15 mai 2024.

l'une des pièces les plus brillantes de Sacha Guitry. « Délicieusement amorale », se réjouit Arditi. Quelque six millions de téléspectateurs sont devant leur poste. Le comédien, plus séducteur que jamais, n'a aucun mal à convaincre. Dans une mise en scène de l'incontournable Bernard Murat, il s'amuse dans le rôle de l'amant et ferraille avec la « dame », Michèle Laroque, et le « mari », François Berléand. Il jubile de faire vivre ce triangle amoureux classique et se concentre pour ne pas plaisanter avec son copain.

Pendant cinq semaines, la troupe répète face caméra dans la perspective d'une représentation unique en présence de 700 spectateurs. « Sans filets », précise Bernard Murat, excité comme avant une compétition sportive. « On a fait des efforts pour rester sérieux, mais au fond de nous, on avait les chocottes, on était blancs comme des linges[1] », se souvient Berléand. Forts du succès de la représentation, ils reprendront la pièce en 2009, au théâtre Édouard-VII.

1. Entretien avec l'auteure, 9 janvier 2024.

17

Des séries en série

Sans cesser de jouer sur scène ni d'être présent au cinéma, Pierre Arditi tourne, entre 1993 et 2012, pas moins de trois séries pour TF1 : *Passeurs d'enfants*, *Un et un font six* et *Sauveur Giordano*. Il n'a rien contre les personnages « récurrents » qui sortent du lot, tant qu'ils ont certaines qualités en commun.

« Le danger, avec les séries, c'est d'en faire pendant vingt-cinq ans. On peut y passer du temps, mais il faut qu'elles soient bonnes, quand même. Dans le cas de *Passeur d'enfants*, j'ai fait neuf épisodes. Ce n'est pas beaucoup[1] », compte l'acteur. Il ne craint pas particulièrement de devenir prisonnier d'un personnage : « Est-ce que j'ai l'air d'avoir été enfermé ? demande-t-il. Les séries ne m'ont pas empêché de tourner avec Resnais, avec Costa-Gavras, avec Marguerite Duras, elles ne m'ont pas empêché de faire énormément d'autres choses, par exemple de jouer *Tartuffe*[2]. » Arditi cite d'autres exemples pour illustrer ses dires. Selon lui, ses « copines » Mimie Mathy – qui a triomphé dans *Joséphine Ange gardien* – et Véronique Genest – célèbre

1. Entretien avec l'auteure, 4 avril 2024.
2. *Ibid.*

dans le rôle de la commissaire de police Julie Lescaut – ont eu d'autres opportunités au cours de leur carrière. Mais il admet : « C'est sans pitié, ce truc-là, parce qu'à un moment donné, les gens ne vous voient plus que dans un personnage, ils ne vous imaginent pas ailleurs. Moi, je ne l'ai jamais fait assez longtemps pour que ce soit le cas[1]. »

Les réalisateurs de séries pensent à lui pour des rôles de personnages « gentils ». « Pierre n'inspire pas l'antipathie, remarque Christine Miller. Sous son côté bourru, il a un aspect rassurant, voire raide, un peu rude. Il est certes capable de grosses colères, mais souvent, les colériques sont des tendres[2]... » « Il peut avoir ses humeurs comme tous les gens de talent[3] », ajoute Claude Lelouch.

Arditi est lui-même un amateur de séries, et pas seulement françaises. Pendant son service militaire, au foyer de la caserne, il a découvert les péplums *Maciste*, une production italienne : *Maciste contre le Cyclope*, *Maciste aux enfers*, *Maciste chasseur alpin*... Dans les années 1980, le dimanche, il aime regarder *L'Amour du risque* avec Stefanie Powers et Robert Wagner, ou *Magnum*, interprété par Tom Selleck.

« Je suis un caméléon, moi. Bien sûr, à l'origine, je suis avant tout un acteur de théâtre. Donc, je n'ai pas abandonné le théâtre, y compris en tant que spectateur, au contraire. Mais les séries ne sont pas dénuées d'intérêt. Je me suis toujours débrouillé pour faire les deux en même temps. Ce qui était d'ailleurs très fatigant, mais je l'ai fait[4]. »

1. Entretien avec l'auteure, 4 avril 2024.
2. Entretien avec l'auteure, 9 novembre 2023.
3. Entretien avec l'auteure, 5 décembre 2023.
4. Entretien avec l'auteure, 4 avril 2024.

Dans *Passeurs d'enfants*, Pierre Arditi campe Alex, un pilote d'avion humaniste qui part chercher des gamins disparus ou enlevés. Claude de Givray, directeur de la fiction française sur TF1, a demandé à Franck Apprederis de réfléchir à un personnage de série qui ne soit pas un policier. C'est en réponse à cette requête que le scénariste et réalisateur lui parle de *Passeur d'enfants*, qu'il a déjà proposé sans succès à France 2. Le patron de la Une, lui, n'hésite pas, et nomme même Franck Apprederis directeur de collection.

Après un premier voyage à Cuba, celui-ci commence, avec Alexandra Deman, l'écriture du scénario. Il pense très tôt à Pierre Arditi dans le rôle du héros. « Je tenais à avoir Pierre Arditi parce que je pensais qu'il était capable de se détacher d'une lecture au premier degré. J'ai eu raison. Il a donné au personnage une dimension humaine, il en a fait autre chose qu'un simple aventurier qui "passe" des enfants d'un pays à l'autre[1]. » De fait, on sent le comédien très concerné dans la peau d'un justicier des temps modernes. Dans le premier épisode, *L'Enfant de Cuba*, le personnage d'Alex est chargé par l'association Enfance Secours de récupérer un petit garçon que son père retient à Cuba, au mépris de la loi française. Évelyne Bouix joue la mère du gamin, qui n'est pas insensible au charme du sauveur – tout cela pour les besoins de la fiction, bien entendu ! Franck Apprederis a choisi Évelyne Bouix pour sa « grande sensibilité », mais pas seulement : « Elle avait déjà tourné pour moi dans *La Falaise aux corneilles* en 1978, rappelle-t-il. Je trouvais intéressant de la mettre face à Pierre Arditi, dont elle est la compagne dans la vie. La complicité et les rapports

1. *Le Monde*, 5 mars 1995.

parfois tendus qu'ils entretiennent en privé ont magnifiquement nourri la complexité de la relation qu'ils ont dans le film[1]. »

Le démarrage de la série est un succès. Heureusement, car l'enjeu est de taille : à l'époque, tous les directeurs de chaînes ont les yeux braqués sur les parts de marché. Diffusé en mars 1995, l'épisode tourné à Cuba séduit 8,5 millions de téléspectateurs (40,3 % de parts d'audience). Lors d'une nouvelle diffusion, en janvier 2000, il en attirera 6,7 millions (30,2 % de parts d'audience). Huit autres volets suivront, dont *L'Enfant de Soweto*, *L'Enfant de la Terre promise*…

Évelyne Bouix rejoint Pierre Arditi sur le tournage d'un autre épisode de *Passeur d'enfants* à La Nouvelle-Orléans, en 1997. Cette fois, Alex fait passer France, une jeune Américaine campée par Élizabeth Bourgine, pour sa femme. Celle-ci veut ramener sa fille en France, car elle soupçonne le père d'inceste. « Il y avait chez Pierre une douceur envers l'enfant qui rappelait celle qu'il a témoignée à Évelyne quand elle est venue nous retrouver, raconte l'actrice brune. C'était un loukoum, d'ailleurs il parlait beaucoup d'elle avant qu'elle arrive. Elle est son oxygène[2]. »

Certains épisodes marquent l'acteur pour longtemps. *Passeur d'enfants en Thaïlande* est sans doute celui qui le tourmente le plus, « tant par le sujet que par les conditions de travail ». Alex y est confronté à la prostitution féminine à Bangkok, où il doit retrouver une petite fille de 7 ans et sa mère. L'équipe, en majorité thaïlandaise, tourne « sous l'œil d'un représentant de la culture et

1. *Ibid.*
2. Entretien avec l'auteure, 16 décembre 2023.

d'une commission de censure ». Le téléfilm est diffusé avec la mention « accord parental souhaitable ».

Heureusement, il y a parfois des moments de légèreté. François Berléand donne par exemple la réplique à Pierre Arditi dans le sixième épisode de la série, *Passeur d'enfants à Lisbonne*. Dans l'histoire, il demande à Alex de retrouver sa petite fille adoptive qui a fait une fugue. « C'était impossible à faire tellement on riait, raconte François Berléand. J'imitais le commissaire Bourrel en faisant semblant de tirer sur une pipe. Pierre et moi avions de ces fous rires ! Nos épaules en tremblaient, mais on se contenait, parce que le réalisateur n'aimait pas interrompre la prise[1]. » Les deux complices enchaînent ensuite en retrouvant un autre grand fumeur de pipe, Bertrand Blier, pour le tournage des *Acteurs*, un film cette fois. François Berléand se souvient : « La caméra est sur moi, Pierre fait mine de fumer une pipe, j'éclate de rire. Blier arrive : "Que se passe-t-il ?" demande-t-il, la pipe au bec. On rit de plus belle. »

⋆

La rédaction du journal *La Provence* reçoit un jour Pierre Arditi dans ses locaux, ainsi que quelques lecteurs fans du comédien. Parmi eux, il y a Paola, 11 ans, qui lui demande quelle est sa série préférée. L'acteur répond : « Je ne peux pas choisir ! *Passeur d'enfants* a été une expérience formidable, car le tournage m'a emmené dans différents pays, que je n'aurais sans doute pas connus autrement. Je suis allé à Cuba, c'est un souvenir très fort, un peuple magnifique. Cela dit, tourner *Sauveur Giordano* m'a aussi beaucoup amusé, tout comme *Le Sang de la*

1. Entretien avec l'auteure, 9 janvier 2024.

vigne. La télévision apporte une popularité incroyable. C'est très gratifiant[1] ! »

De fait, cette série initialement diffusée sur France 3 du 12 février 2011 au 21 janvier 2017 a contribué à fidéliser le public du comédien. Pierre Arditi y incarne avec conviction Benjamin Lebel, un œnologue renommé qui enquête sur des crimes commis dans divers vignobles, en Gironde, dans l'Aude, le Jura, la Charente, la Marne ou le Vaucluse (autrefois, l'acteur possédait lui-même une maison entre Le Thor et L'Isle-sur-la-Sorgue).

Pierre Arditi et Lissa Pillu, la productrice, se sont déjà croisés sur des plateaux de cinéma. « Quand on a tourné *Aller-retour dans la journée*, avec Line Renaud, Pierre m'a demandé de lui trouver une série, explique celle qui a également produit *Louis la Brocante*. J'ai commencé à chercher, mais ce n'était pas évident. Je suis tombée sur les livres de Jean-Pierre Alaux et Noël Balen, édités chez Fayard. Je voulais obtenir les droits, mais Gérard Depardieu les avait déjà pris. Quand l'option a expiré, je les ai rachetés à la maison d'édition. Pierre avait miraculeusement un créneau de libre, on l'a pris ! On a commencé à tourner en août 2010[2]. »

Intitulé *Saint Petrus et le saigneur*, le pilote, adapté du neuvième tome de la collection, est écrit, produit et tourné en trois mois à Bordeaux et dans la région[3]. Le réalisateur y met en scène un tueur en série qui s'acharne sur de vieux messieurs. « Je ne savais pas que Pierre était amateur de vin, précise Lissa Pillu. Mais j'étais sûre qu'il serait parfait dans ce rôle. Un œnologue enquêteur qui résout des enquêtes grâce à son nez dans le milieu du

1. *La Provence*, 20 décembre 2014.
2. Entretien avec l'auteure, 22 avril 2024.
3. Le tournage a lieu du 18 août au 15 septembre 2010.

vin, c'était complètement atypique[1]. » La productrice a également pensé à une série dans le milieu gastronomique, et à une autre dans une école de théâtre dont Arditi aurait été le directeur, comme le grand professeur François Florent. « Mais c'était moins fédérateur », juge-t-elle. D'après Pierre Arditi, le métier d'œnologue n'est intrinsèquement pas si éloigné de celui de détective : « Un œnologue digne de ce nom est capable de percer les mystères et les secrets d'un vin ou d'une eau-de-vie, et, pour cela, il doit faire appel à son sens de l'écoute, du détail, tout en étant capable d'apprécier et d'absorber un tout »[2].

Benjamin Lebel est soutenu dans ses enquêtes par sa compagne France Pelletier, campée avec brio par Claire Nebout, et un jeune assistant, Silvère Dugain (Yoann Denaive). « La vérité est au fond du verre », répète le héros. Un mélange de Maigret et de Sherlock Holmes selon Pierre Arditi, qui s'inspire de la gestuelle de Michel Rolland pour son personnage. Consultant sur la série, le célèbre œnologue l'a d'ailleurs fait participer à l'assemblage de son pomerol 2009.

Dès la diffusion du premier épisode, le succès est au rendez-vous, avec plus de 4,2 millions de téléspectateurs. « Le scénario était limpide à la lecture, explique Yoann Denaive. L'assistant de Lebel est joyeux, il aime son patron, mais il est aussi très maladroit et tombe amoureux de toutes les femmes qu'il croise. Il apprend malgré tout son métier grâce à son supérieur hiérarchique. Le personnage est aussi passionné par Lebel que par le vin[3]. » Pierre Arditi s'attache de son côté à celui-ci

1. Entretien avec l'auteure, 22 avril 2024.
2. *Bourgogne Live*, 28 novembre 2012.
3. Entretien avec l'auteure, 26 septembre 2023.

comme Bruno Cremer s'est attaché au commissaire Maigret. « Pierre m'amenait partout comme un grand frère attentif, reprend Yoann Denaive. Pour lui, j'étais un gamin. Il aimait me parler du métier d'acteur. Quand le tournage avait du retard, il répétait avec gentillesse et humour : "Bon, les gars, il faut se dépêcher, je ne vais bientôt plus être raccord sur l'âge"[1] ! »

Grâce au *Sang de la vigne*, Pierre Arditi a le bonheur de donner la réplique à des proches. Rachel, sa demi-sœur, interprète par exemple sa fille dans *La Robe de Margaux*, un épisode de la première saison. « Pour Évelyne, c'était une évidence, il était heureux de travailler avec sa femme comédienne, explique Lissa Pillu. Catherine, sa sœur, est une actrice fantastique. Et c'est Pierre qui m'a fait connaître Rachel, qui est formidable. C'était très émouvant de voir leur relation, lui dans le rôle du père, elle dans celui de la fille. Quand on tourne avec des proches, on a envie qu'ils soient tous irréprochables, mais Pierre fait preuve d'une fraternité avec les autres en général[2]. »

Sur le tournage, le comédien est d'humeur changeante : « Le monde de la vigne, je le connais un peu. À moi aussi, ça me plaît de découvrir plus en profondeur cette géographie humaine, paysagère. Je prends du plaisir – quand ça ne m'énerve pas [il sourit car, quelques minutes plus tôt, il vient de pousser un coup de colère à la suite d'une multitude de prises de la même scène, trop nombreuses à son goût]. Je suis là pour m'amuser. Si je ne m'amuse pas, personne ne s'amuse[3]. » Ses partenaires s'accommodent plus ou moins bien de ces étincelles : « Il

1. Entretien avec l'auteure, 26 septembre 2023.
2. Entretien avec l'auteure, 22 avril 2024.
3. *L'Hebdo de Sèvre et Maine*, 4 juin 2016.

peut être très dur, c'est un râleur né, et si on pouvait le libérer avant la fin de la journée, ce serait bien ! » lance une relation de travail qui souhaite garder l'anonymat.

« Qu'il soit dans le plan ou pas, il reste impliqué de la même façon. C'était très émouvant et troublant[1] », confie de son côté Rachel Arditi, que le comédien réprimande pourtant vivement lors d'une scène finale. « Je devais lui dire que mon amoureux était mort, se souvient-elle. Quand on répétait la réplique, on avait des fous rires. Quand on a commencé à tourner, j'ai eu le même fou rire, mais Pierre m'a engueulée. "Arrête de pleurer, tu es forte !", m'a-t-il lancé d'une voix peu amène. Je me suis demandé s'il m'avait volontairement mise en situation de fragilité[2]. »

Plus avertie, leur sœur Catherine Arditi a été préservée du caractère parfois tempétueux de Pierre. Elle apparaît dans l'épisode de la dernière saison du *Sang de la vigne* intitulé *Crise aiguë dans les graves*. Enfin, Évelyne Bouix joue une veuve héritière et un peu alcoolique qui donne du fil à retordre à Lebel dans *Les Veuves soyeuses*, un épisode de la saison 3 signé Régis Musset (2013). Le plus souvent, l'ambiance est bon enfant : « On boit du champagne après les prises, pas avant[3] », signale l'actrice brune en riant. Son mari est bluffé par son jeu.

En 2017, l'arrêt brutal de la série après sept saisons et vingt-deux épisodes, sans explication de la part de la chaîne, laisse l'acteur perplexe et déçu. La production parle d'une nouvelle direction qui entend appliquer ses propres choix. Pierre Arditi apprend la mauvaise nouvelle alors qu'il est en train de tourner l'avant-dernier

1. Entretien avec l'auteure, 20 octobre 2023.
2. *Ibid.*
3. Entretien avec l'auteure, 25 septembre 2023.

épisode dans le Beaujolais. Il fait contre mauvaise fortune bon cœur et offre du champagne (Deutz) à toute l'équipe.

« On ne peut pas plaire à tout le monde ! Même si le public était fidèle, on ne plaisait plus aux dirigeants de France 3. Dommage. Cette série parlait d'univers différents, de métiers manuels pas souvent mis en valeur. Elle a fait découvrir des régions magnifiques aux téléspectateurs en les emmenant en vacances dans leur propre pays[1] », déplore-t-il. « On n'avait pas terminé notre périple à travers la France, qui aurait pu être extrêmement riche[2] », regrette Lissa Pillu. La série aura fédéré, à chaque épisode, pas moins de 3,5 millions de téléspectateurs en moyenne, avec des « guests » de choix comme Didier Bezace, Gérard Desarthe, Judith Magre ou Christian Vadim. En 2023, Arditi se consolera : la chaîne C8 rediffusera la série avec succès.

⋆

En 1996, l'acteur change de registre en tournant *Un et un font six*, une série humoristique créée elle aussi par Franck Apprederis, cette fois pour TF1. D'après le scénario de Nicole Jamet et de Pierre-Jean Rey, l'acteur forme une famille recomposée avec Brigitte Fossey. Paul est photographe et publicitaire ; Laurence, responsable des ressources humaines pour Air Europe. Chacun a déjà deux enfants nés d'une union précédente – parmi eux, la jeune Bérénice Béjo – qui se sont apprivoisés, et des ex plutôt envahissants. La série est étrennée par un téléfilm intitulé *Être père, c'est l'enfer*. Le tournage a lieu

1. *TV Magazine*, 14 janvier 2017.
2. Entretien avec l'auteure, 22 avril 2024.

dans un grand appartement de Vaucresson, en Île-de-France. « À cette époque, on pouvait rigoler entre deux prises, on avait plus de temps qu'aujourd'hui », raconte Isabelle Kindinis Abriol.

En 2000, Pierre Arditi revient à un registre plus grave avec *Sauveur Giordano*. Depuis quelque temps, Eddy Cherki, de DEMD Productions, cherche une idée de série et un sujet à lui faire porter. Christine Miller a justement envie d'écrire un rôle de détective, « quelque chose qui mêle une vraie enquête et un humour décalé, précise-t-elle. Le personnage avait la folie de la bouffe, il était capable de quitter une enquête pour aller manger une choucroute[1] ! ». La scénariste raconte aussi comment le titre lui est venu : « Mes parents avaient un chauffeur de taxi qui s'appelait Sauveur, c'est la première et unique fois de ma vie que j'ai entendu ce prénom. Ça m'amusait de jouer dessus, ainsi que sur les rapports père-fille, moi qui adorais mon père. »

Ainsi naît l'histoire de Sauveur Giordano, qui a démissionné après avoir été policier pendant vingt ans. Il a refusé « d'étouffer une affaire » et est devenu enquêteur bénévole dans une association d'aide aux victimes, Ultime défense. Aidé par une assistante, Isabelle Habiague, il répare les erreurs judiciaires et est papa d'une jeune femme policière, Julie, jouée par Julie Bataille, avec laquelle il se chicane souvent.

« Aujourd'hui, je suis libre, j'ai gagné le droit de l'ouvrir et je n'ai pas l'intention de m'en priver ! » avertit Sauveur Giordano dans le générique. Des mots que pourrait prononcer Pierre Arditi. Au début, l'acteur se montre enthousiaste, mais pour des raisons éditoriales, TF1 supprime les touches d'humour. Au grand regret

1. Entretien avec l'auteure, 9 novembre 2023.

de Christine Miller : « Une fois, Pierre m'a engueulée parce qu'il trouvait que la série se banalisait et que je ne la défendais pas assez auprès de la chaîne, mais je lui ai dit : "Tu as plus de pouvoir que moi pour la faire évoluer comme tu veux"[1]... » De fait, les sujets abordés sont de plus en plus durs, parfois violents. Dans le quatorzième épisode, *Descente aux enfers*, diffusé en 2007, la femme avec laquelle Sauveur a refait sa vie (Carole Richert) est assassinée.

La série séduit néanmoins 8 millions de téléspectateurs en moyenne à chaque épisode. Un soir de décembre 2003, elle atteint un pic avec près de 10 millions de fidèles grâce à *Transports dangereux*, le cinquième épisode. Julie y est injustement accusée d'avoir provoqué un accident mortel avec un autobus, à Bruxelles. Ses analyses de sang révèlent qu'elle était en état d'ébriété.

Hélas, ce qui avait fait l'originalité de la série à ses débuts est peu à peu dilué par les exigences de la chaîne, et *Sauveur Giordano* est arrêtée au seizième épisode. Reste que Pierre Arditi a augmenté son capital sympathie auprès du public. « On savait comment il allait dire et jouer les choses, il avait des automatismes[2] », se souvient Pierre Colin-Thibert, coscénariste de comédies à succès pour TF1 avec Jean-Claude Islert. La chaîne a bien compris que l'acteur séduit les téléspectateurs. Le duo lui écrit donc des comédies sur mesure qui n'ont d'autre prétention que de faire rire. « À l'époque, Pierre était l'une des vedettes de TF1[3] », précise Pierre Colin-Thibert.

1. *Ibid.*
2. Entretien avec l'auteure, 7 février 2024.
3. *Ibid.*

Arditi joue ainsi dans *Un amour de cousine*, un téléfilm réalisé par Pierre Joassin. Véronique Genest y campe sa « bonne ». « Les publicitaires n'y croyaient pas, mais ça a fait un tabac[1] », s'esclaffe Colin-Thibert (53 % de parts d'audience). Dans *Chacun chez soi*, d'Élisabeth Rappeneau, Pierre Arditi est un écrivain qui tombe amoureux d'Évelyne Bouix, laquelle fait de la poterie. « Ils se sont bien marrés, raconte Colin-Thibert. Dans une scène, elle devait être allongée seins nus sur une chaise longue au bord de la piscine. On lui a demandé si ça la gênait. Très nature, elle nous a répondu : "Pas de problème, je les ai fait refaire !" »

Le tandem de scénaristes écrit ensuite *Presque*, une série pour Arditi et Bernard Le Coq qui se décompose en trois volets réalisés par Charlotte Brandström : *Un couple modèle*, *Une Ferrari pour deux* et *Une villa pour deux*. « Ah, les voilà, ces deux-là ! lance ironiquement l'acteur à chaque fois qu'il aperçoit Pierre Colin-Thibert et Jean-Claude Islert. C'est lamentable, vos scénarios ! Allons-y, faisons la lecture. » Les deux hommes ont gardé en mémoire une anecdote autour de la Ferrari apparaissant dans le deuxième film de la série, qui était bleue et non rouge pour des raisons de budget. Collectionneur de voitures anciennes, Jean-Claude Islert a demandé une Testarossa, un modèle « mythique », mais la production a objecté, à raison, qu'on ne pouvait monter à trois dedans.

Dans ce volet de *Presque*, Salomé Lelouch joue la fille de Pierre. Alors qu'il fait route vers Marseille dans le fameux véhicule, Bernard Le Coq prend ce dernier en stop. Arditi lui demande alors de le laisser conduire afin d'impressionner sa fille à leur arrivée. Une séquence a

1. *Ibid.*

lieu au Moulin de la Bonde, dans l'ancienne maison de Brassens, à Crespières, au sud-ouest de Poissy. « Il faut rentrer la Ferrari dans la propriété », ordonne Charlotte Brandström. À l'entrée de la propriété se dresse un portail et, au milieu, une butée qui permet aux portes de se refermer. « J'y vais », lance Arditi, fan de voitures de course. Tandis qu'il passe le portail, la petite troupe entend un grand bruit : « Pan ! » La Ferrari a raclé la butée – et l'équipe constate avec effroi que le réservoir à huile fuit. « La tête du représentant de la voiture[1] ! » rigole Jean-Claude Islert. « Pierre était embêté, mais l'assureur, lui, est devenu livide[2] », ajoute Pierre Colin-Thibert. Une nouvelle Ferrari bleue est livrée. Les acteurs n'ont plus le droit d'y toucher, sauf pour les plans tournés à l'intérieur du véhicule.

Un autre jour, la réalisatrice tourne une scène où la voiture roule en direction de Cannes. Sur la Croisette, le personnage d'Arditi s'énerve et doit donner un coup de pied dans l'un des feux rouges du véhicule. « Moteur ! » lui indique la réalisatrice. Le comédien donne bien un coup de pied dans la voiture, mais... sur l'aile. « Qu'est-ce qu'on a pu rire[3] », se rappelle Jean-Claude Islert.

Les deux acteurs s'entendent comme larrons en foire. « Autant Pierre avait une aisance, une facilité sur le plateau, au point qu'on avait presque l'impression qu'il ne travaillait pas, autant on voyait Bernard Le Coq apprendre son texte jusqu'à la dernière minute, explique Pierre Colin-Thibert. L'un et l'autre parvenaient pourtant à fonctionner ensemble. Mais il fallait les tenir,

1. Entretien avec l'auteure, 14 février 2024.
2. Entretien avec l'auteure, 7 février 2024.
3. Entretien avec l'auteure, 14 février 2024.

c'était la cour de récréation. Ils étaient en permanence à faire le pitre, c'était à la fois réjouissant et agaçant[1]. »

Son acolyte les compare à Laurel et Hardy, ou Poiret et Serrault. « Pierre est un vieux théâtreux, c'est un acteur de métier, il arrivait le texte su, raconte Islert. Le Coq était un feu follet, plutôt un acteur d'instinct, il donnait plus l'impression d'improviser[2]. »

1. Entretien avec l'auteure, 7 février 2023.
2. Entretien avec l'auteure, 14 février 2024.

18

Tout lui réussit

À 43 ans, Pierre Arditi a atteint la maturité professionnelle. Tout lui réussit. Il commence d'ailleurs à cumuler les récompenses. Protéiforme, il tourne *Mélo* pendant la journée ; à 18 h 30, salle Renaud-Barrault, il interprète le difficile texte d'André Pieyre de Mandiargues, *Le Deuil des roses*, à la demande de Jean-Louis Barrault[1]. Plus tard dans la même soirée, il joue Héro dans *La Répétition ou l'Amour puni* de Jean Anouilh, toujours dirigé par Bernard Murat, au théâtre Édouard-VII. L'aventure est « joyeuse », se souvient à propos de cette pièce Béatrice Agenin, qui sort de la Comédie-Française et interprète Hortensia. Emmanuelle Béart fait là ses premiers pas au théâtre, Bernard Giraudeau et Anny Duperey forment « le couple attendu » du spectacle, à savoir le « comte » et la « comtesse », et Pierre est « à la fois un magnifique acteur et un facétieux partenaire »[2], admire Béatrice Agenin. La comédienne raconte que Pierre Arditi a le chic pour la faire rire pendant les représentations. « Il est capable de jouer un être désespéré,

1. La nouvelle qui donne son titre au recueil paru chez Gallimard, dans la mise en scène de Jean-Pierre Grandval.

2. E-mail envoyé à l'auteure, 14 décembre 2023.

comme de s'amuser à vous mettre à l'épreuve de votre propre exigence. J'étais une comédienne sérieuse qui jouait des tragédies au Français, je devais "tenir" malgré les terribles mimiques qu'il m'adressait[1]. »

Pierre Arditi s'en tire haut la main dans la pièce d'Anouilh. Pour preuve, il obtient le Molière du meilleur second rôle masculin. « C'était le premier Molière décerné par l'association Les Molières. J'étais assis à côté de Bernard Pivot. Juste avant qu'on prononce le nom du vainqueur, il a dit : "C'est Arditi, bien sûr !" Je n'avais pas préparé de discours, je me suis débrouillé comme j'ai pu[2] », indique-t-il avec le recul.

Sur la scène du théâtre du Châtelet, encadré par Micheline Presle et François Périer, ému devant le micro, il s'empresse de « partager » son prix avec ses « rivaux » : Jean-Michel Dupuis, Patrick Raynal, Jean-Paul Roussillon et Didier Sandre. « Je viens du théâtre, je commence à faire un peu de cinéma maintenant, mais je viens du théâtre, je viens de chez vous, vous êtes ma famille. Vous êtes mes racines. C'est avec vous que j'ai appris mon métier, et à cause de vous que je le fais comme ça, je crois. Alors, je vous aime, c'est la seule chose que j'ai à vous dire. Vous êtes ma famille[3] ! »

Arditi se sent enfin reconnu par ses pairs. Pierre Marcabru va jusqu'à le comparer à Marcello Mastroianni. Le critique de théâtre l'encense tout en touchant du doigt sa fragilité : « Avec Arditi, rien n'est tout à fait sûr. On le sent en danger. On sait qu'il peut tomber. Tout son art se nourrit d'instabilité, et sa vérité est faite de doutes et de hasards. D'une charnelle et amicale complicité. Qu'il

1. *Ibid.*
2. Entretien avec l'auteure, 10 juin 2024.
3. Cérémonie du 23 mai 1987, visible sur ina.fr.

joue *Mélo*, *L'Amour à mort* de Resnais ou *L'Éloignement* de Loleh Bellon, c'est cette complicité qui est aux commandes. D'où l'impression, rare sur les planches, qu'il est de la même espèce que nous autres spectateurs. Et qu'il se casse lui aussi les dents sur les mêmes pépins de la réalité. Il est notre semblable[1]. »

À la même période, Françoise Sagan n'est pas non plus avare de compliments à son égard dans le programme de *L'Éloignement*, que Pierre Arditi joue avec Macha Méril au théâtre de la Gaîté-Montparnasse[2]. Le personnage d'Arditi est un auteur dramatique qui se demande à chaque nouvelle pièce s'il va être « recalé ou reçu ». « Pierre était extraordinaire, comme d'habitude. Il était ce personnage imbu de lui-même, pas du tout amical avec sa femme. J'ai donc eu un petit succès personnel : le personnage sympathique, c'était moi[3] », raconte Macha Méril. L'actrice, qui à l'époque n'a encore jamais joué au théâtre à Paris, a pris des cours de diction pour être à la hauteur. La pièce s'achève sur le *Concerto numéro 3* de Mozart. Et rencontre son public.

« Pierre Arditi est l'un des très rares comédiens – combien sont-ils au demeurant ? – dont on ne sait, lorsqu'il apparaît, s'il va nous mener aux larmes ou aux fous rires, écrit Françoise Sagan. Tout ce que l'on sait, c'est qu'il le fera avec les moyens des plus légers et des plus efficaces, sans avoir à lever la voix ou les sourcils… Il est capable d'être l'infatigable héros de Feydeau comme l'homme lassé de Resnais. » Macha Méril ne connaît pour sa part personne qui sache dire autant de mots à la minute et avec une telle précision. « Il a un art dramatique excep-

1. *Le Point*, 12 octobre 1987.
2. *Ibid.*
3. Entretien avec l'auteure, 5 décembre 2023.

tionnel[1] », s'exclame-t-elle. Jean-Claude Grumbert a son opinion sur le sujet : « Le fait de travailler énormément, ou bien ça les tue, ou bien ça les grandit. Lui, ça l'a grandi. Comme Michel Aumont, plus il jouait et plus il était bon. Le fait de passer d'une salle de synchro au tournage d'un film de Resnais puis à la scène d'un théâtre le soir, ça l'a enrichi, pas sur le plan financier, mais comme acteur. Plus il a de rendez-vous, plus il est heureux[2]. »

*

Pierre Arditi ne tarde pas à recevoir d'autres récompenses, y compris pour ses nombreuses apparitions à la télévision. En 1987, après deux ou trois rôles pas très marquants, il reçoit le Sept d'or du meilleur comédien pour une fiction vaguement inspirée de Marivaux, *Le Parfait Amour*, réalisée par Jean-Pierre Marchand. Dans l'histoire, propriétaire d'un château, il tombe amoureux de la domestique qui vient d'être engagée, Christine Citti. La jeune actrice fait alors ses débuts sur le petit écran. « J'étais encore jeune, lance Arditi lorsqu'il se remémore ce tournage. C'était un rôle ambigu, équivoque. Je n'ai jamais vraiment été un jeune premier, et heureusement ! Ce sont des rôles inintéressants pour moi. Le Sept d'or, c'était très bien, mais moins important que les Césars ou les Molières[3]. » L'acteur ne cache néanmoins pas sa fierté d'avoir cumulé les trois récompenses au cours de sa carrière. Un premier César, un Molière puis un Sept d'or : il aura attendu vingt et un ans pour voir son nom

1. *Ibid.*
2. Entretien avec l'auteure, 16 novembre 2023.
3. Entretien avec l'auteure, 10 juin 2024.

devenir incontournable. Sa persévérance a payé. « Je ne crois pas qu'il existe des talents totalement méconnus, je crois que si l'on me récompense, c'est que d'une certaine manière, on a attendu l'occasion de le faire. On a attendu vingt ans, c'est qu'il fallait le faire à ce moment précis. Je n'ai pas de revanche à prendre avec ce métier, qui a toujours été relativement bienveillant avec moi. L'essentiel, c'est que ça se passe comme on l'a rêvé[1]. »

Au sommet de sa gloire, Pierre Arditi est également à l'affiche du film *De guerre lasse*, d'après le roman de Françoise Sagan, adapté par Jean Aurenche et réalisé par Robert Enrico. Dans le scénario, amoureux de Nathalie Baye, il la dispute à Christophe Malavoy. Alors scripte sur le long-métrage, Florence Moncorgé-Gabin écrit : « Seul Arditi était comme un poisson dans l'eau. Il est des acteurs qui, comme lui, n'ont besoin ni d'encouragements ni d'indications, qui ne se laissent atteindre ni par les colères ou les sautes d'humeur du metteur en scène, ni par les impondérables du tournage. Ce sont eux, les vrais routiers du métier, des personnalités taillées dans le roc, des natures dont le jeu est sûr, net, carré, précis. Ils sont aussi à l'aise le premier jour de tournage que le dernier[2]. »

⋆

Les honneurs ne changent rien pour Arditi, qui joue par vocation et pas pour être récompensé, mais lui font malgré tout plaisir. Le 15 avril 2024, Pierre Arditi reçoit les insignes de commandeur de l'Ordre national

1. *Le Divan* de Henry Chapier, France 3, 1987.

2. Florence Moncorgé, *Quitte à avoir un père, autant qu'il s'appelle Gabin*, Paris, Le Cherche midi, 2004.

du mérite des mains du président de la République, Emmanuel Macron, sous la verrière du Jardin d'hiver du palais de l'Élysée, revisitée par Daniel Buren. « Ça m'a fait penser à la statue du commandeur dans *Dom Juan*, et je me suis dit que j'avais vieilli. On me décore parce que je suis vieux, après tout on ne donne des décorations qu'aux vieux[1] », glisse un Pierre Arditi hilare. Il ne lâchera pourtant pas sa médaille de la soirée. Polisson, il fera même mine d'avoir un malaise en attendant le président. « Non, Pierrot, ne fais pas ça ! » le supplient Lissa Pillu et Catherine Arditi. Emmanuel Macron arrive en retard, s'excuse, embrasse le comédien et Évelyne Bouix. Brigitte Macron le suit de près, elle les embrasse à son tour. Le président s'installe derrière le pupitre, sur l'estrade, cite Jean Anouilh : « C'est très joli, la vie. Mais cela a un inconvénient, c'est qu'il faut la vivre. » Puis il raconte le parcours du comédien, sur les plans à la fois professionnel et privé, évoque ses parents. Enfin, il salue le couple que Pierre Arditi forme avec Évelyne Bouix, « deux instruments qui s'accordent à merveille ».

Pourquoi l'acteur n'est-il pas démodé ? interroge le chef de l'État en regardant le récipiendaire dans les yeux, souriant. Il en oublie même de regarder ses notes. « Au fond, vous n'avez jamais joué votre époque, vous avez joué des rôles intempestifs. Vous êtes devenu un style, intemporel, vous représentez l'esprit français, vous avez traversé les époques. »

Après le discours, le tutoiement reprend le dessus. Ému, Pierre Arditi est félicité et embrassé par les invités comme du bon pain, prend la pose sans bouder son plaisir. Emmanuel Macron offre un bouquet de fleurs blanches à Évelyne Bouix, qui enlace et embrasse son

1. Entretien avec l'auteure, 4 avril 2024.

mari sur la bouche. Le président et sa femme serrent toutes les mains et claquent la bise aux amis. Frédéric et Catherine Arditi ont à peine le temps de poser pour le photographe officiel. « Vous n'avez pas le choix, on vous garde pour le dîner », prévient en riant Brigitte Macron. Conviées à 19 heures pour un « cocktail dînatoire », une quarantaine de personnes participent à la soirée informelle. Les invités dégustent du poulet à la crème ou de la lotte aux crevettes arrosée de grands vins. On se sert au buffet. La brigade de serveurs est aux petits soins.

Il n'y a que des « intimes » dont Pierre Arditi se sent proche et qu'il aime, comme il le précise à deux reprises. À commencer par son fils Frédéric, Évelyne Bouix, Adrien de Van, le compagnon de sa sœur Rachel, directeur du théâtre de la Villette, Isabelle de La Patellière, Roselyne Bachelot, Jean-Claude Casadesus, Bernard Cazeneuve, l'ancien Premier ministre socialiste, avec lequel il discutera longuement, Lorraine Lévy, Agathe Natanson, Anne Sinclair, Claude Lelouch et sa femme Valérie Perrin, Nathalie Saint-Cricq et Patrice Duhamel, Sylvie Fennec et François Marthouret, le décorateur Nicolas Sire, Cyril Gely, le metteur en scène Tristan Petitgirard, Bertrand Thamin, le directeur du théâtre Montparnasse, l'attachée de presse Nicole Sonneville qui évoque le prochain rôle de Pierre Arditi au théâtre avec Ludmila Mikaël…

« Emmanuel Macron m'a dit qu'il n'avait pas fait un discours, mais une déclaration d'amour », résume plus tard Pierre Arditi. Comblé, il déguste à ses côtés un vieil armagnac de la cave de l'Élysée. Après cette soirée, il range ses médailles dans un placard, mais porte la Légion d'honneur lors des réunions officielles. « C'est une reconnaissance que m'offrent la nation et les gens.

Le Mérite national, c'est le deuxième ordre de la nation, le premier étant la Légion d'honneur, qui est en principe une décoration militaire. Elle récompense les frères d'armes. Les frères des arts et des lettres, ce n'est pas la même chose. L'Ordre du mérite national, c'est plus cohérent s'agissant d'artistes comme moi. Avant, c'était aussi une décoration militaire, il n'y en avait pas pour les saltimbanques. Je suis très honoré, je n'ai pas l'habitude de faire la fine bouche quand on fait quelque chose d'aussi beau pour moi, je suis très fier[1]. »

⋆

Insatiable, Pierre Arditi continue à travailler comme s'il était dans l'urgence. « Il est comme un cycliste qui se dirait : "Si j'arrête de pédaler, je tombe", décrit Bruno Podalydès. C'est toute une logique de vie, tout est plus léger peut-être quand on passe ainsi d'un tournage à l'autre, il y a toujours le projet d'après pour vous porter, pour rendre l'instant présent moins grave[2]. »

Pour certains, Arditi semble chercher à échapper à la réalité. Sa curiosité l'entraîne sur des chemins divers. Depuis ses débuts, il fait preuve d'une grande capacité d'introspection : « On croit que je suis un homme mûr. C'est normal, j'en ai l'âge, mais au fond de moi-même, je le sais bien : je ne suis qu'un sale gosse, et je n'ai pas envie d'être autre chose qu'un garnement[3] », lâche-t-il. Un garnement qui fait ce qui lui plaît.

⋆

1. Entretien avec l'auteure, 4 avril 2024.
2. Entretien avec l'auteure, 15 septembre 2023.
3. *Le Journal du dimanche*, 12 décembre 1987.

En 1994, Pierre Arditi réalise l'un de ses rêves grâce à Alain Resnais. Il reçoit enfin le César du meilleur acteur pour *Smoking / No Smoking*, qui vaut par ailleurs au réalisateur quatre autres Césars, sans oublier le prix Louis-Delluc. 800 000 spectateurs ont été enthousiasmés par le film. C'est Catherine Deneuve qui remet le prix à Pierre Arditi lors de la dix-neuvième cérémonie présidée par Gérard Depardieu, au théâtre des Champs-Élysées. La comédienne le connaît bien : elle a interprété son ex-femme dans le film *Agent trouble* de Jean-Pierre Mocky.

Comme lorsqu'il a été distingué aux Molières, Arditi n'a rien préparé. « Je ne pensais pas que je l'aurais, j'étais déjà très flatté d'être nommé. À l'époque, je jouais *L'Aide-mémoire* à Gap avec Jane Birkin. On m'avait proposé d'intervenir dans un camion en duplex si j'étais nommé. Michel Denisot m'avait prévenu : "Je ne te dis pas que tu l'as, juste que tu dois te tenir prêt"[1]. » Catherine Deneuve, elle, lui fait comprendre de son côté : « Ça, mon vieux, il faut être là ! » Après coup, l'animateur de Canal+ lui confie : « Tu avais une telle avance sur les autres, je ne suis pas étonné… »

Bien qu'il ait conscience de réaliser un rêve en recevant cette récompense, Arditi réfléchit : « Je fais partie de la famille, c'est une reconnaissance du métier. Mais je me souviens de Jean-Pierre Marielle qui, lorsqu'il a reçu un César, n'est pas venu à la cérémonie : "Je ne suis pas un acteur de tombola !" a-t-il dit. Jean-Paul Belmondo, lui aussi, préférait la reconnaissance du public à celle de ses pairs. »

Arditi accepte finalement le César qui lui est décerné. Souriant, le ruban du Sidaction accroché au revers de sa veste noire, le comédien a l'air presque intimidé quand

1. Entretien avec l'auteure, 10 juin 2024.

il prend la parole. Il cite son copain Fabrice Luchini, qu'il retrouvera sous peu dans le film de Claude Lelouch *Hommes, femmes, mode d'emploi* : « Un acteur sans regard, ça n'est rien. » Empli de gratitude, Pierre Arditi a ensuite une pensée pour son « père de cinéma » présent dans la salle : « Moi, j'ai eu la chance de croiser le regard d'Alain Resnais il y a une dizaine d'années. Cher Alain, le bonheur que je ressens ce soir, je vous le dois, mais je vous dois quelque chose de beaucoup plus important dans ma vie. C'est qu'à intervalles réguliers, dans cette vie, vous êtes venu, avec votre longue silhouette, à des périodes où probablement, je m'égarais moi-même, où je ne savais plus trop bien qui j'étais, vous êtes venu me rappeler que j'étais cet objet précieux[1]… »

Le lauréat s'adresse ensuite à sa partenaire : « À toi, chère Sabine, je devrais dire, à tous les partenaires, je souhaite à tout le monde de t'avoir un jour devant sa caméra ou comme partenaire de jeu, parce que tu es l'une des plus merveilleuses machines à jouer que je connaisse et tu es mon amie… » À ces mots, elle sourit, émue. Il faut dire que les deux acteurs se connaissent bien et s'estiment mutuellement. Bruno Podalydès, qui les a dirigés ensemble, signale : « Le nombre de prises ne leur fait pas peur. Ils sont toujours contents d'en tourner une, ils ne donnent pas tout du premier coup, ils se rodent et ils gardent quelque chose de fragile à chaque fois, une sorte de remise en cause. La prise ne sera jamais deux fois la même. Il y a chez eux un appétit du jeu[2]. »

Pour finir, Pierre Arditi remercie le producteur exécutif du film, Bruno Pésery.

1. Ina.fr.
2. Entretien avec l'auteure, 15 septembre 2023.

★

La collaboration du comédien avec Alain Resnais reprend dès 1997, année de tournage d'*On connaît la chanson*, le long-métrage élaboré avec Jean-Pierre Bacri et Agnès Jaoui dans lequel les acteurs chantent en play-back. Arditi y incarne Marc, un personnage qui n'a pas le courage de quitter sa femme Odile (Sabine Azéma). Alors qu'il s'apprête enfin à lui chanter « Je suis venu te dire que je m'en vais, et tes larmes n'y pourront rien changer… », il la trouve déjà en larmes. Lâchement, il se contente alors de la prendre contre lui et entonne à la place : « T'en fais pas, mon loup, C'est la vie, ne pleure pas. T'oublieras, mon petit loup. » Selon Sabine Azéma, Alain Resnais met en scène des personnages qui essaient d'être « le moins malheureux possible ».

Leur partenaire, André Dussollier, se souvient du film comme d'une « mosaïque » de personnages et de lieux. « Ce qui est frappant chez Resnais, c'est qu'il propose des choses très inattendues. Dans *On connaît la chanson*, il a introduit des refrains qui font maintenant partie de nos vies et qui trouvent parfaitement leur place dans les scènes dialoguées du film. Il y a chez lui quelque chose d'enfantin, un point de vue très jeune sur les choses. Quand le film est sorti, je voyais dans le regard des metteurs en scène de la génération d'après qu'ils se demandaient : "Pourquoi je n'ai pas pensé à ça ?" Maniée par Resnais, la chanson avait autant de valeur qu'une réplique. L'idée a été reprise par François Ozon et Christophe Honoré. Mais Resnais était le seul capable de passer de *L'Amour à mort* à *On connaît la chanson*. »

★

Fidèle également à son autre complice, Bernard Murat, Pierre Arditi joue de nouveau avec lui, et sous sa direction, *L'Idée fixe* de Paul Valéry[1]. « Cela nous amusait[2] », se souvient Murat. Quand Paul Valéry écrit cette pièce, sous-titrée *Deux hommes à la mer*, en 1932, il est marié et a une maîtresse de 30 ans avec laquelle il doit rompre. Malheureux, il puise son inspiration dans son chagrin et ses promenades solitaires au bord de la Méditerranée.

Pierre Arditi incarne son double, un philosophe mélancolique atteint par le « mal d'amour ». « J'étais en proie à de grands tourments » : telle est la première phrase que son personnage prononce. « Pierre est malléable, il aime chercher de nouvelles propositions, il a apporté de la littérature dans l'histoire », estime Bernard Murat. « Il est toujours en quête, il enquête sur son personnage[3] », confirme Chloé Lambert.

Le metteur en scène joue quant à lui l'« importun » de l'intrigue, un médecin généraliste qui essaie de profiter de ses vacances, mais a « du mal à ne rien faire ». Par son agitation, il perturbe le penseur dans son chagrin d'amour. Ensemble, ils parlent de la notion d'« idée fixe », mais aussi des hommes, de la vie, de la mort et des dieux. « Il m'a plu de penser que le personnage que joue Pierre pouvait se balancer dans le vide pour une histoire d'amour[4] », observe Bernard Murat. Les deux comparses joueront la pièce en tournée dans tout le

1. La pièce fut adaptée par Pierre Fresnay et Pierre Franck au théâtre Hébertot en 1990.

2. Entretien avec l'auteure, 3 mars 2023.

3. Entretien avec l'auteure, 24 août 2023.

4. *On n'est pas couché*, 10 février 2007.

pays. « Les gens criaient : “Merci !” » raconte le metteur en scène.

Dans un registre plus léger, Pierre Arditi joue le mari alité d’Évelyne Bouix dans un téléfilm réalisé par son ami, *Les gens ne sont pas forcément ignobles* (1990). Une comédie rocambolesque dans laquelle se dispute le couple Chazel-Clavier, et qui permet à Geneviève Page et Jacques François, les « parents » de Pierre Arditi, de revenir à l’écran.

En parallèle, pour le cinéma, ce dernier échange sa vie d’écrivain célèbre contre celle de son « frère » Gérard Jugnot, professeur de français, dans *Les Clefs du paradis*, de Philippe de Broca. Placées devant le fait accompli, leurs compagnes respectives, Fanny Cottençon et Philippine Leroy-Beaulieu, doivent composer avec les caprices de leurs hommes.

Pierre Arditi reprendra *L’Idée fixe* avec Bernard Murat seize ans plus tard, alors qu’il triomphe aux côtés de Jean-Michel Dupuis dans *La Danse de l’albatros* au théâtre Montparnasse. « On a été pleins de septembre à décembre. On a arrêté en pleine gloire, mais on aurait pu tenir encore un an[1] », se souvient l’auteur de cette seconde pièce, Gérald Sibleyras. C’est la directrice du lieu, Myriam Feune de Colombi, qui a rendu le projet possible. Elle sait que Pierre Arditi peut jouer à guichets fermés. Comme l’acteur cherche justement une pièce dans laquelle jouer, elle en parle à Gérald Sibleyras, qui lui propose *La Danse de l’albatros* : « Je l’ai écrite en pensant à lui, en espérant qu’il accepte », explique celui-ci, intimidé par l’acteur. « Il m’a toujours évoqué Jules Berry, Louis Jouvet ou Pierre Brasseur. »[2]

1. Entretien avec l’auteure, 10 novembre 2023.
2. *Ibid.*

Un soir, Arditi lui téléphone après avoir lu le texte de la pièce. Sibleyras s'en souvient encore : : « Il m'a dit : "Je l'ai lue dans mon bureau, je me suis marré toute la soirée !" » Le comédien joue un ornithologue spécialiste des espèces en voie de disparition. Il est écartelé entre sa compagne de 24 ans (Alexia Barlier) et son ex-femme (Josiane Stoléru). Son ami, Jean-Michel Dupuis, campe avec humour un militant écolo. Dans une scène clé, Arditi remporte l'adhésion de la salle en mimant la danse d'un albatros qui retrouve sa femelle. « C'est le clou de la pièce », observe Patrice Kerbrat.

« C'est l'histoire d'un type qui refuse de vieillir, sort avec une jeune fille et réalise que les générations ne peuvent pas se mélanger », résume Gérald Sibleyras. Quand il se rend sur le plateau, Pierre Arditi lui dit : « Là, il faut me laisser du temps. » « Au départ, il dit oui à tout, indique l'auteur. Face à mes recommandations, il répondait : "C'est ça qu'il faut faire, j'y arriverai." Il n'a peur de rien, il y va, quoi ! »

Pendant les répétitions, Pierre souffre cependant d'une grosse bronchite à cause du tabac. Il est obligé d'arrêter de fumer pour continuer à jouer. « Il rit formidablement bien, mais à cause du tabac, son rire se transformait en toux. Quand il est revenu une dizaine de jours après, il ne savait plus le texte de la dernière scène, cela le mettait de mauvais poil[1] », explique Patrice Kerbrat. Dans l'histoire, à la suite d'un malaise, son personnage dresse un bilan de sa vie et se projette dans l'avenir. Arditi se sent alors des points communs avec l'homme qu'il incarne. « Cette pièce souligne le fait qu'on est sans doute préparé à mourir, mais pas du tout à vieillir, confie-t-il. C'est tout le comique de l'histoire :

1. Entretien avec l'auteure, 28 novembre 2023.

vivre aux côtés d'une jeune personne fait prendre dix ans à mon personnage. Elle lui propose une version "rap" de la vie. Il tombe des nues [...]. J'ai la même angoisse du temps qui passe : comme lui, je m'emporte, exaspéré de sentir ma jeunesse derrière moi. Je suis d'une totale mauvaise foi, je sais que je vais mourir mais je n'y crois pas[1]. » Viviane Blassel résume avec justesse : « Pierre vit pour qu'on l'aime. C'est la preuve qu'il existe[2]. »

Mais, même si *La Danse de l'albatros* lui tient à cœur, le comédien quitte le Montparnasse pour le théâtre Édouard-VII après plusieurs mois d'un succès retentissant : « J'avais déjà donné ma parole à Bernard qu'on ferait revivre *L'Idée fixe* et il n'était pas question que je la retire », rappelle-t-il. « On croyait ne plus savoir le texte, mais c'est revenu », signale de son côté le metteur en scène en riant. *La Danse de l'albatros* sera transposé en téléfilm.

⋆

On n'arrête pas une équipe qui gagne. Arditi et Murat continuent leur partenariat en proposant *L'Aide-mémoire*, de Jean-Claude Carrière (1993). L'acteur donne la réplique à Jane Birkin, avec laquelle il pose sur l'affiche conçue pour le théâtre de la Comédie des Champs-Élysées. La pièce raconte trois jours et deux nuits dans la vie d'un homme et d'une femme que tout oppose, mais qui tombent amoureux. Complices, les deux comédiens s'envoient des fleurs au sens propre du mot.

Surfant toujours sur la vague du succès, Pierre Arditi est à l'affiche d'un film de Costa-Gavras écrit par

1. *Le Figaro*, septembre 2012.
2. Entretien avec l'auteure, 6 janvier 2024.

Jean-Claude Grumberg, *La Petite Apocalypse*. Sur la couverture du dossier de presse de l'époque, l'œuvre est sous-titrée *Un film sur l'air du temps vicié*. Tournée en partie à Moscou, cette histoire grinçante autour d'un réfugié polonais suicidaire, Jiri Menzel, réunit une nouvelle fois Pierre et son complice André Dussollier dans le rôle d'un ancien soixante-huitard, et Maurice Bénichou. « Nous avons voulu faire un film qui nous ressemble, où l'on essaie de mettre en scène des gens comme nous, "hommes nouveaux", nés de la défaite de nos idéaux, expliquent Costa-Gavras et Jean-Claude Grumberg en note d'intention du dossier de presse. On a perdu. Qu'on ait été communiste ou pas, qu'on ait lutté ou pas. [...] On est obligé de faire le deuil d'une manière de vivre et de penser. » Et Arditi de commenter : « Nous avons perdu une bonne partie de nos croyances et nous finirons par devenir orphelins de nous-mêmes. On peut revendiquer le droit de se moquer de soi-même, vite, vite, avant d'être obligés d'en pleurer ! »

Le comédien suit à la lettre les indications de Costa-Gavras, qui possède cette « chose en plus qui fait qu'un être vous est cher : l'innocence, l'adolescence. [...] Il redécouvre tout, vous faisant sentir pour toujours que vous êtes, vous aussi, tout neuf ! ». Pourtant, timide et réservé, le réalisateur franco-grec refuse que les acteurs se reposent sur leurs lauriers et est avare de compliments.

*

Pierre Arditi a 48 ans et refuse d'être en dessous des objectifs qu'il s'est fixés. On le sent en pleine réflexion, à l'écoute de ses désirs et du monde qui l'entoure, à l'affût du temps qui passe aussi. « Ça m'emmerde ! râle-t-il. J'ai toujours été trop vieux, du moins c'est ce que j'imagine dans ma tête. J'ai peur, mais j'ai toujours pensé que le jour où je cesserais d'avoir peur, je cesserais aussi d'être intéressant, si tant est que je sois intéressant… Je ne sais pas ce qu'on attend de moi, mais moi, je sais ce que j'attends de moi[1]. » Sur scène, il tombe le masque, se livre sans artifices.

« Parler du temps qui passe est une façon de l'apprivoiser, estime Évelyne Buyle bien des années plus tard. Pendant la tournée de *Comme s'il en pleuvait*, Pierre approchait des 70 ans, ça l'angoissait. Il disait : "Ça y est, c'est fini, je suis mort !" On lui répondait : "Mais non, laisse tomber, ça va bien." S'il en avait parlé sur un divan, il en aurait peut-être moins parlé à ses amis. Mais le privilège de l'âge permet de ne pas avoir trop peur devant le miroir. Il faut du courage pour vieillir, et il l'a, ce courage[2]. »

Bien qu'il ait douloureusement conscience des années qui passent, Arditi connaît bientôt un autre succès miraculeux, le 28 octobre 1994. Il s'illustre avec brio dans *Art* de Yasmina Reza, mis en scène par Patrice Kerbrat, assisté d'Anne Bourgeois, à la Comédie des Champs-Élysées. Celui-ci a déjà monté les deux premières pièces de l'autrice, *Conversations après un enterrement* (1987) et *La Traversée de l'hiver* (1990). « Je jouais une pièce de Pirandello au théâtre Hébertot quand le directeur, Félix Ascot, m'a proposé de monter *Art*[3] », se souvient le metteur en scène qui est aussi acteur.

1. France 3, 10 avril 1993.
2. Entretien avec l'auteure, 23 juin 2023.
3. Entretien avec l'auteure, 28 novembre 2023.

Alors directrice de la Comédie des Champs-Élysées, Jacqueline Cormier en achète les droits. « Elle avait du nez[1] », rappelle Nicole Herbaut de Lamothe. La distribution est déjà décidée : Yasmina Reza a écrit en pensant à certains comédiens. « Pierre avait une grande qualité, l'audace : quand il lisait une pièce et qu'elle lui plaisait, il en parlait autour de lui et appelait même des gens qu'il ne connaissait pas, comme Florian Zeller… ou Yasmina Reza, signale Patrice Kerbrat. Ils sont devenus amis. L'idée était qu'on fasse tous les trois une lecture publique du texte. Un jour, il a débarqué chez moi comme une tornade, visiblement tout à fait décidé à devenir mon ami. C'est ce qui s'est passé[2]. »

Yasmina Reza envoie son manuscrit aux acteurs, qui se retrouvent chez Pierre Vaneck pour une lecture. « On s'assied, on lit. Et là, pas de pièce, rien ne s'incarne, ça ne passe pas. On était un peu décontenancés. Ce qui nous avait emballés ne se produisait plus[3] », explique Pierre Arditi. Fabrice Luchini décide d'abandonner, mais le lendemain, Yasmina Reza rappelle les acteurs. Elle a une solution : Pierre Arditi pourrait lire le rôle destiné à Luchini, celui-ci, le rôle prévu pour Vaneck, et ce dernier, celui initialement confié à Pierre Arditi. D'abord, le comédien hésite, estimant que le monologue sur les belles-mères qu'il devra alors déclamer a été écrit sur mesure pour Luchini, pas pour lui. Mais, comme ses partenaires, il accepte la proposition de l'autrice et, lors de la seconde lecture, la magie est de nouveau là.

Arditi demande à Kerbrat de les diriger. Dans un salon aux tons clairs décoré par Édouard Laug, le comédien

1. Entretien avec l'auteure, 18 avril 2024.
2. Entretien avec l'auteure, 28 novembre 2023.
3. *Le Club Le Figaro Culture*, spécial théâtre, 11 mars 2024.

incarne Yvan, un représentant en papeterie qui tente d'arbitrer un débat à propos d'un tableau entre Marc, un ingénieur en aéronautique campé par Pierre Vaneck, et leur ami commun Serge, un dermatologue fortuné amateur d'art contemporain joué par Fabrice Luchini. Ce dernier est certain que la toile blanche qu'il vient d'acquérir est un chef-d'œuvre. « Tu as acheté cette merde 200 000 francs ?! » se récrie Marc. Yvan essaie de recoller les morceaux, mais le mal est fait. Afin de démontrer son bon goût, Serge qualifie en retour de « croûte » le tableau accroché au-dessus de la cheminée d'Yvan. Il se souvient, trop tard, qu'elle est l'œuvre de son père. Son ami a déjà claqué la porte.

Une autre scène qui marque la mémoire du public est la longue tirade dite des « belles-mères » ou de « la dernière roue du carrosse », déclamée par un Pierre Arditi au jeu flamboyant. Son personnage, très en colère, est en retard – Marc et Serge l'attendent pour se rendre au restaurant. Lorsqu'il les rejoint enfin, il jette sa veste sur un fauteuil du salon et débite, ardent, son monologue. « Alors dramatique, problème insoluble, dramatique, les deux belles-mères veulent figurer sur le carton d'invitation [...]. Je hais ma belle-mère, il est hors de question que ma belle-mère figure sur le carton... » Patrice Kerbrat se souvient : « Dès la première lecture à la Comédie des Champs-Élysées, tout le monde était mort de rire, tout était là[1]. »

Le « jour de la couturière », lors de l'avant-dernière répétition, la salle est remplie de gens du métier invités par la direction. « Au bout de trente secondes, ils ont commencé à rire. Plus ils s'esclaffaient, et plus je me disais que j'avais loupé quelque chose : j'avais monté la pièce comme une tragédie », raconte Kerbrat.

1. Entretien avec l'auteure, 28 novembre 2023.

« Les gens n'ont pas arrêté de rire dès la couturière, confirme Nicole Herbaut de Lamothe. Quand Jacqueline Cormier a vu qu'il y avait de plus en plus de monde, elle a acheté des coussins pour que les gens puissent s'asseoir sur les marches[1] ! » Après la représentation, Kerbrat retrouve les comédiens dans les coulisses. Ils sont furieux : « On n'a pas pu jouer, ils rient trop ! Tu verras, avec le vrai public, ce sera différent. » Mais dès la première, les spectateurs sont pliés en deux. Yasmina Reza n'en revient pas.

Malgré cet accueil pour le moins inattendu, la pièce est donnée plus d'un an à Paris, puis en tournée, et traduite en trente-cinq langues. L'engouement du public surprend la troupe. Mais d'après Nicole Herbaut de Lamothe, les gens attendaient depuis longtemps un spectacle comme celui-ci. « C'est à cette époque que la notoriété de Yasmina Reza a explosé ! juge l'attachée de presse. Les spectateurs ne voulaient pas quitter la salle. Il y avait un kilomètre de file d'attente devant le théâtre. Je passais plus de temps à refuser du monde qu'à dire oui[2]. » « Je ne m'attends jamais à rien quand je monte un spectacle, mais Pierre et moi étions assez vieux pour savoir que ce succès mondial était exceptionnel, un cadeau[3] », souligne de son côté Patrice Kerbrat.

En 1995, Pierre Arditi est président de l'association des Molières. La cérémonie, dédiée à Madeleine Renaud,

1. Entretien avec l'auteure, 18 avril 2024. Jacqueline Cormier a d'abord produit la pièce seule, puis avec Félix Ascot pour le théâtre Hébertot.

2. Entretien avec l'auteure, 18 avril 2024.

3. Entretien avec l'auteure, 28 novembre 2023.

a lieu au théâtre Marigny et est retransmise sur France 2. Le comédien déclare : « Le théâtre a tendance à se porter mieux que le cinéma en ce moment, peut-être parce que le théâtre est encore un artisanat et que le cinéma est une industrie. En ce sens, il est en butte à des réalités ou à des concurrences économiques très grandes[1]. »

La pièce *Art*, qu'il continue à jouer, reçoit deux trophées, celui du Meilleur auteur et celui du Meilleur spectacle de théâtre privé. L'acteur est nommé pour sa prestation, mais repart bredouille. « Je crois que c'est Berthe Bovy[2], à laquelle une jeune actrice avait dit : "Oh Madame, c'est merveilleux le théâtre, c'est une grande famille." "Oui, les Atrides !" avait répondu cette dernière[3]. »

Depuis, il est revenu de cette déception. Jean-Marc Dumontet lui propose de présider à nouveau la cérémonie en mai 2024, mais le comédien n'est pas disponible. « Je le referais volontiers, ça représente le métier, mes collègues, la famille… » assure-t-il.

« Pierre a énormément contribué à la réussite de ce spectacle, comme compagnon et soutien artistique, insiste Patrice Kerbrat à propos d'*Art*. Quand on a commencé à répéter, je lui conseillais souvent d'aller à tel ou tel endroit du plateau. Il m'a demandé pourquoi. Je lui ai répondu que c'était pour qu'on le voie. Il pensait être visible, mais en réalité, il était en permanence de profil. Je connais d'autres acteurs qui auraient tout fait pour être de face. Pas Pierre, c'est un artiste. Il a pris beaucoup de risques pour une pièce qui se donnait dans un théâtre privé. Il a tout de suite embrassé le projet. Il

1. *Le Journal de 20 heures*, 27 mars 1995.
2. Une comédienne belge disparue en 1977.
3. Entretien avec l'auteure, 4 avril 2024.

a facilement convaincu ses camarades, qui étaient moins enthousiastes sur mes choix – enfin, au départ[1]. »

*

La notoriété d'Arditi lui donne désormais une grande marge de manœuvre. « C'est Pierre qui décide de tout, c'est lui la vedette[2] », rappelle Gérald Sibleyras. Il profite de cette liberté pour rejouer *Tailleur pour dames* en direct, pour France 2, toujours sous la direction de Bernard Murat et, cette fois, aux côtés de François Berléand, Emmanuelle Devos, Marthe Villalonga et Chloé Lambert dans le rôle d'Yvonne, sa femme. Arditi a alors 66 ans, mais qu'importe le temps qui passe, il se démène toujours comme un forcené. « On a beaucoup répété, on a joué toute une semaine presque sans interruption, se souvient Chloé Lambert. C'était comme un match de football, chacun devait trouver sa place. Tout l'enjeu pour Pierre était d'apporter de la fraîcheur à son personnage. Il est intelligent, il a réussi[3]. »

C'est Pierre Arditi qui a choisi la comédienne. Ils se sont rencontrés lors d'une lecture de *La Danse de l'albatros*, la pièce de Gérald Sibleyras. À l'époque, elle auditionne pour jouer sa maîtresse : « Je ne savais pas comment faire la scène, je lui ai filé un petit coup de pied sous la table. Il m'a dit que j'étais trop jeune pour le rôle, mais qu'on travaillerait un jour ensemble. » Le comédien a tenu sa promesse.

De son côté, Emmanuelle Devos est terrorisée, parce qu'elle n'a jamais joué Feydeau. Mais la présence de

1. *Ibid.*
2. Entretien avec l'auteure, 10 novembre 2023.
3. Entretien avec l'auteure, 24 août 2023.

Pierre Arditi la rassure : « C'est un pur acteur, avec ce feu intérieur, cette mécanique de jeu incroyable. Un regard de lui vaut plus qu'une réplique. Et il a un appétit de jeu, un plaisir très communicatif [...]. Comme un bon danseur de valse, il m'a entraînée, portée. Ç'a été une expérience inoubliable, que j'ai voulu renouveler[1]. »

De fait, les deux comédiens retravailleront ensemble dix ans plus tard, au théâtre Édouard-VII, dans la pièce *Quelque part dans cette vie* de l'Américain Israel Horovitz, adaptée par Jean-Loup Dabadie et mise en scène – une fois encore – par Bernard Murat. Emmanuelle Devos interprète la nouvelle aide à domicile. Pierre Arditi joue un professeur de littérature et de musique retraité et odieux. Le comédien est troublé : c'est la première fois qu'il doit mourir sur scène.

Malgré cette fin brutale, il prend plaisir à renouer des liens avec des complices de jeux. Il observe : « Emmanuelle aimait à dire qu'elle connaissait tout de moi. Comme je voulais lui prouver le contraire, cette pièce était une occasion en or de la retrouver et de la surprendre[2]. »

⋆

Toujours aussi occupé, Pierre Arditi court d'un plateau à l'autre, assurant tantôt la promotion d'un film, tantôt celle d'une pièce. En 1996, il tourne pour la première fois avec Claude Lelouch dans *Hommes, femmes, mode d'emploi*, une « comédie inhumaine tendre et cruelle » d'après la bande-annonce. On y voit Bernard Tapie serrer la main des comédiens dans un cimetière. « La plus

1. *Madame Figaro*, 21 janvier 2018.
2. *Madame Figaro*, 9 mars 2018.

belle mise en scène du monde, c'est la vie elle-même, il faut jouer avec[1] », assène Lelouch.

Parfois, la réalité rattrape la fiction. Pierre Arditi incarne le médecin de Bernard Tapie, qui campe pour sa part un richissime homme d'affaires sans scrupules, marié à Caroline Cellier. Lelouch se souvient de la genèse du long-métrage : « Ce n'était pas facile pour Pierre de tourner avec Bernard Tapie, parce que c'est un personnage hors normes, ni d'ailleurs avec Fabrice Luchini (qui joue un hypocondriaque). Tapie était un poids lourd dans son genre, tandis que Luchini est un acrobate. Face à eux, il fallait quelqu'un de solide. Heureusement, tous deux avaient de l'admiration pour Pierre, celui-ci les appréciait en retour, et il s'est révélé compétent pour boxer dans les deux catégories[2]. »

Le personnage que joue Tapie répète : « Le pire n'est jamais décevant. » Il ne croit pas si bien dire. Afin de se venger d'avoir été quittée, Alessandra Martines, avec laquelle il a eu une liaison par le passé, s'arrange pour lui faire croire qu'il a un cancer de l'estomac. Perverse, elle demande à Pierre Arditi, son médecin, de lui faire faire une fibroscopie ainsi qu'une biopsie histoire d'entretenir le doute.

Il faudra plus de vingt ans pour que les comédiens soient frappés par l'ironie cruelle de la vie. Bernard Tapie sort alors de l'hôpital de Nice, où il vient de passer des examens, et rentre à Paris. En montant dans l'avion, il aperçoit Pierre Arditi assis au premier rang. Il raconte : « Je l'ai attrapé. Il m'a demandé : "Comment vas-tu ?" Et je lui ai dit : "Pierre, tu te souviens de ce que tu m'avais trouvé comme maladie, dans ce film de

1. Entretien avec l'auteure, 5 décembre 2023.
2. *Ibid.*

Lelouch, il y a vingt-cinq ans ? Figure-toi qu'aujourd'hui, c'est devenu la réalité." Et on est restés là à se regarder, époustouflés, car c'était inimaginable[1]. » Bernard Tapie ajoute : « Il m'a pris les mains et on a eu la chair de poule. » Claude Lelouch, lui aussi, se souvient du jour où il a appris cette triste coïncidence : « Bernard m'a appelé en disant : "Devine ce qui vient de m'arriver ? J'ai pris l'avion ce matin, et je suis tombé sur Pierre. Je lui ai annoncé que j'avais un cancer de l'estomac." Je lui ai dit : "Je suis désolé"[2]. »

Telle une diseuse de bonne aventure, le cinéaste affirme qu'il a pressenti le drame. « Pour quiconque connaissait bien Bernard, c'était évident qu'il aurait un jour un truc à l'estomac. C'est un organe fragile, qui encaisse vos emmerdes un peu plus que les autres. Au moment du tournage, il m'a demandé : "Qu'est-ce que tu me proposes, comme maladie ?" J'ai répondu : "Une saloperie à l'estomac", sans savoir que ça arriverait. Je ne suis pas une voyante, mais quand je m'empare d'un personnage, j'aime bien que tout ce qui lui arrive corresponde à sa nature. Il y a des gens qui sont plus disposés à certaines pathologies que d'autres. »

Claude Lelouch rappellera Pierre Arditi pour lui proposer de jouer dans *Hasards ou Coïncidences* (1998), puis dans *Le Courage d'aimer*, une nouvelle mouture des *Parisiens*. Dans le premier film, amoureux d'Alessandra Martines, Arditi incarne un artiste-peintre faussaire qui monnaie un prétendu Soutine. C'est alors qu'il a la peur de sa vie : seul sur un voilier en pleine mer, il manque de se noyer. Dans le second, il joue un médecin facétieux

1. France 2, 31 janvier 2021.
2. Entretien avec l'auteure, 5 décembre 2023.

qui, en guise d'ordonnance, conseille à Arielle Dombasle de prendre un amant. « Cette immense saloperie qu'on appelle l'amour a bien du charme », dit-il.

Le réalisateur a découvert Arditi dans les films de Resnais. Selon lui, le comédien correspond à « Annie Girardot en homme. Il peut tout faire, il est crédible aussi bien dans la comédie que dans le drame, c'est un 4 × 4 tout-terrain. Une grosse pointure, zéro défaut[1] ». Une qualité d'autant plus précieuse que Lelouch n'aime « pas trop » les rôles de composition. « Quand je donne un rôle à un acteur, ce doit être un rôle qui lui va. Le physique raconte beaucoup de choses. Quant à Pierre, s'il devait faire partie demain d'une troupe de théâtre, il serait capable de jouer tous les rôles. Ç'aurait été un acteur parfait pour la Comédie-Française. *L'Avare*, *Le Bourgeois gentilhomme*, Shakespeare, c'était pour lui. »

Comme souvent, l'agenda d'Arditi est chargé. Il est à l'affiche d'*Un chat dans la gorge*, réalisé par Jacques Otmezguine, « une sorte de polar malsain entre des comédiens et la police[2] » d'après Jean-Claude Grumberg, qui l'a adapté de son roman *La nuit tous les chats sont gris*. Arditi campe un comédien au chômage qui se retrouve contraint d'accepter le rôle d'un chat dans une « salle minable » de banlieue. « Ça nous a rapprochés », assure l'auteur.

En avril 1999, au théâtre du Rond-Point, l'acteur joue *Hamlet*, puis un personnage hanté par son père déporté dans *Rêver peut-être*, encore de Grumberg, avec Chantal Neuwirth, Marcel Maréchal et Michel Aumont. Le metteur en scène, Jean-Michel Ribes, parle d'une pièce sur

1. *Ibid.*
2. Entretien avec l'auteure, 16 novembre 2023.

l'oubli et la mémoire. « Pierre était l'interprète idéal pour cette pièce, il avait et la légèreté, et la profondeur nécessaires[1] », signale Jean-Claude Grumberg, qui a pourtant d'abord pensé à Gérard Desarthe. L'auteur présente ainsi sa pièce : « Disons que *Rêver peut-être* est un journal de bord, tenu la nuit par un scripteur, Gérard B., orphelin, se prenant pour Hamlet – le fils des fils – et dérivant sans boussole, cramponné, transi de peur et de joie, au capuchon de sa plume d'oie, affrontant nuit après nuit les plus hautes instances onirico-judiciaires… »

Une nouvelle fois, Pierre Arditi ne peut s'empêcher de penser à ses parents tandis qu'il joue. À l'époque, il a déjà perdu sa mère, mais il s'adresse à elle tout en contemplant les tableaux de son père. « Je continue à les enterrer, j'ai besoin d'abîmer mon âme que je n'ai pas d'ailleurs puisque je suis un athée. La meilleure manière de leur faire savoir qu'ils ne sont pas morts, c'est de faire en sorte que, quand j'imagine qu'ils ne sont plus là, ça me fasse souffrir, ça fasse souffrir le personnage, et moi aussi par la même occasion[2] », confie-t-il. Il se souvient de ce que lui a raconté Jane Birkin quand elle tournait *La Pirate* de Jacques Doillon (1983) : « Il fallait qu'elle souffre pour jouer son personnage. À partir du moment où elle sentait des larmes chaudes couler sur ses joues, et que ses larmes faisaient souffrir son âme, c'était le Nirvana. Cette souffrance est bienheureuse. Mais ça ne peut pas être un psychodrame, c'est au service de quelque chose qui doit être incarné, quelque chose d'artistique. Il faut pouvoir le maîtriser », explique Pierre Arditi.

1. *Ibid.*
2. Entretien avec l'auteure, 15 janvier 2024.

19

Joyeuses Pâques

Au début des années 2000, Pierre Arditi a envie d'être davantage « utilisé » au cinéma. Malgré les films qu'il a tournés avec Alain Resnais, il sent qu'il a encore des choses à donner. D'un autre côté, le théâtre lui procure toujours autant de joie et il ne peut rien refuser à Bernard Murat. En 2000, celui-ci a le bonheur de remplir le théâtre des Variétés avec *Joyeuses Pâques*, de Jean Poiret. « C'était un boulevard élevé au rang d'art suprême », estime Pierre Arditi. La pièce a été créée pour la première fois en janvier 1980 au théâtre du Palais-Royal, dans une mise en scène de Pierre Mondy.

Pierre Arditi succède à ce dernier dans le rôle de Stéphane, mari volage qui profite de l'absence de sa femme Sophie (Caroline Sihol) pour inviter chez eux la jeune et belle Julie. L'acteur souhaite donner la réplique à Barbara Schulz. Il a du flair : pour ce rôle, celle-ci recevra le Molière de la révélation féminine en 2001. Dans l'histoire, l'épouse revient plus tôt que prévu. Pris en flagrant délit, Stéphane prétend avec aplomb que Julie est sa fille née d'un premier lit. Un argument qui rappelle celui utilisé dans *Tailleur pour dames*, que Pierre Arditi a joué une quinzaine d'années auparavant. L'ancien directeur du théâtre, Jean-Paul Belmondo, a lui-même endossé ce rôle de mari infidèle dans un film de Georges Lautner avec Sophie Marceau et Marie Laforêt (1985).

« Pierre est l'homme de théâtre par excellence, avec une présence extrêmement efficace, un sens du jeu, un sens du mensonge parfait… il sait tout faire ! s'esclaffe Bernard Murat. Tout ce que je ne peux pas lui expliquer, je le lui montre, et il fait dix fois mieux : ça m'énerve à chaque fois ! Pourtant, Pierre est quelqu'un qui doute et cherche l'assentiment pour avancer… Pas sûr de lui, contrairement à ce qu'on peut croire, et très exigeant avec lui-même… Quand il angoisse, qu'il commence à être nerveux, je lui demande de se calmer et là, on s'engueule, voilà… "Arrête, arrête !", je lui dis. Et il m'écoute ! Il est tout le temps critique envers lui-même, parce que ça le nourrit… ce qu'il aime, c'est jouer, jouer, jouer, incarner[1]. » Nicolas Briançon compare de son côté le comédien à Peter Brook, pour qui jouer est un jeu, comme on joue aux cow-boys et aux Indiens. « Nous avons fait une lecture à 10 heures du matin – c'est tôt, pour les acteurs. Au bout de quinze secondes, Pierre nous a regardés et s'est mis à jouer avec nous comme un gamin[2]. »

Lors de la première de *Joyeuses Pâques*, au théâtre des Variétés, Caroline Cellier lance : « Si Jean [Poiret] avait été là, il aurait adoré Caroline [Sihol]. » Cette dernière garde un excellent souvenir de la pièce : « On s'est beaucoup amusés avec Pierre. Même aujourd'hui, quand on se revoit, il y a entre nous une fraternité de gens

1. *Thé ou Café* avec Pierre Arditi au théâtre Édouard-VII, 24 février 2018.

2. Entretien avec l'auteure, 6 juillet 2023.

de cirque, on a toujours des histoires de famille à se raconter. »

Tous deux se souviennent d'avoir vu la pièce jouée par l'auteur Jean Poiret lui-même. « Avec Claude Rich, on tombait de nos sièges tellement on se marrait », raconte Pierre Arditi. À son époque, Jean Poiret s'est distribué le rôle du coureur de jupons, aux côtés de Maria Pacôme, l'épouse trahie. Nicole Calfan est Julie. « Prendre la suite de Poiret, ce n'est pas rien, confie Pierre Arditi. J'ai eu la trouille, car ce n'est pas commode de passer après un tel maître. » Pour s'aider, l'acteur applique le conseil de son aîné : « Plus on joue des choses folles, plus il faut être sincère. » Au fil des jours, Pierre Arditi se détend.

Poiret, décédé en 1992, lui avait fait découvrir la cave de Lucien Legrand, au 1 rue de la Banque, à Paris. À l'époque, les comédiens « soupent » après les représentations. Arditi signale que c'est le même Jean Poiret qui lui a appris à mentir, ce qu'il admet avoir beaucoup fait dans sa vie (mais pour la bonne cause !). « C'était un poète du mensonge, il était éblouissant. En général, les acteurs qui doivent mentir sur scène balbutient. Lui faisait exactement le contraire, il affirmait, assénait. On le voyait mouliner pour trouver la phrase qui allait nourrir le mensonge suivant. Du grand art ! Je me suis inspiré de lui, c'est un de mes maîtres[1]. »

À l'instar de son partenaire, Caroline Sihol répète la pièce avec acharnement. « Le texte demande de la part des acteurs une sincérité et une énergie sans faille, comme dans un Feydeau[2] », juge-t-elle. « On ne peut pas lâcher le moindre centimètre carré d'argument », renchérit son partenaire. Les deux comédiens sortent

1. Entretien avec l'auteure, 10 octobre 2023.
2. Entretien avec l'auteure, 10 février 2023.

épuisés du plateau. D'autant que pendant la journée, Pierre Arditi répète *L'École des femmes* de Molière pour le Festival d'Avignon. Obéissant aux consignes de son médecin, il décide une première fois d'arrêter de fumer. « Si vous n'arrêtez pas, vous ne pourrez plus jouer », l'a averti celui-ci. Or pour son patient, ne plus jouer serait pire que la mort. « Pour être à la hauteur, il faut consentir des sacrifices, estime Arditi. Moi qui suis un grand fumeur, j'ai par exemple fait vœu d'abstinence de ce côté-là. Sur des scènes moins exigeantes, je peux me débrouiller, parce que je suis un vieux crabe. Mais ici, pas question de compter sur le métier : jouer ou fumer, il faut choisir. J'ai besoin de souffle si je veux me faire entendre[1]. »

« Pierre est totalement concentré, il ne lâche rien, il ne laisse rien passer. Il profite de tout ce qui se passe, est en permanence sur le qui-vive, alors qu'en tournage il est plus décontracté, il plaisante davantage et se montre plus ouvert », explique Caroline Sihol. Elle-même a parfois du mal à tenir la cadence : « J'étais morte de fatigue. En plus, je répétais *Elvire* de Bernstein. Ma costumière me faisait remarquer : "Tu as encore maigri !"[2]. »

La sincérité des interprètes contribue sans aucun doute au succès de *Joyeuses Pâques*. Alain Resnais vient lui aussi voir son « protégé ». Selon Jean-Luc Moreau, quand Pierre Arditi est « tenu » par un metteur en scène exigeant, il est « super ». S'il ne l'est pas, il tombe dans ses démons. En l'occurrence, le pari est réussi : « Madeleine, Madeleine, mais enfin Madeleine, ne me dites pas, ne me dites pas[3]... » imite le metteur en scène en riant.

1. *Le Temps*, 7 juillet 2001.
2. Entretien avec l'auteure, 10 février 2023.
3. Entretien avec l'auteure, 24 novembre 2022.

⋆

Pascal Thomas aime à rappeler que le comédien est également cultivé, « ce qui est rare chez les acteurs ». Il ajoute : « Pierre a beaucoup d'esprit, il est lettré[1]. » Arditi parle en retour du cinéaste comme d'un « frère de sang ». Ce dernier ne lui a confié que des rôles inspirés d'amis proches. Dans *Le Grand Appartement* (2006), Pierre Arditi joue Adrien, un « cinéaste en jachère et séducteur compulsif » qui squatte l'appartement de Mathieu Amalric, que son amie campée par Laetitia Casta emmène sur son scooter. « Ce rôle l'a amusé, explique Pascal Thomas. J'ai raconté notre histoire dans ce film, il y a des éléments autobiographiques. Dans la réalité, c'est Jacques Rozier[2] qui était fauché et avait été chassé de chez lui. Il m'a demandé de l'héberger pour une semaine… il est resté sept ans. Il avait sa chambre et son couloir. Il répétait ses comédies musicales chez moi. Mais Pierre est peut-être encore plus drôle dans le film. Il ne craint d'ailleurs pas de se moquer de Jacques, il en rajoute presque. En ce qui le concerne, son personnage m'a été inspiré par un autre ami, qui amenait des femmes et des victuailles à la maison. »

Dans *Encore quelques instants de bonheur*, rebaptisé par la suite *Le Voyage en pyjama* et sorti en janvier 2024, Arditi joue le chef d'une petite bande de cambrioleurs (mais attention, il ne vole que les riches !). « Je ne fais que passer, c'est l'esprit, j'adore le cinéma iconoclaste de Pascal Thomas comme celui de Philippe de Broca[3] », affirme l'acteur. Pour ce road-movie à bicyclette, en péniche,

1. Entretien avec l'auteure, 21 novembre 2023.
2. 1926-2023.
3. Entretien avec l'auteure, 15 janvier 2024.

en TER ou à Vespa, le réalisateur a pensé cette fois à un vieux professeur de français, Roland Duval, dont il a suivi les cours à 12 ans. « Nous avions créé un ciné-club en province. On a chanté *Les Boîtiers font des trucs et des tracts*. » Et d'ajouter, avec le recul : « Pierre est d'une drôlerie constante. Il doit bien avoir des moments de mélancolie, mais il les cache »[1].

1. Entretien avec l'auteure, 21 novembre 2023.

20

Avignon

En juillet 2001, Pierre Arditi crée une nouvelle fois l'événement. Désormais considéré comme une star de cinéma, il n'en reste pas moins fidèle au théâtre et fait l'ouverture du 55e Festival d'Avignon dans la cour du Palais des papes avec *L'École des femmes*, de Molière. Évelyne Bouix et lui viennent d'acquérir une maison entre Le Thor et L'Isle-sur-Sorgue. Trente-neuf ans après avoir joué Arnolphe une première fois dans les cours de Tania Balachova, Pierre Arditi reprend ce rôle sous la direction de Didier Bezace.

« Il était magnifique, alors que c'est un rôle lourd et compliqué[1] », admire Jean-Claude Grumberg. « Pierre Arditi dirigé par Bezace, c'était du très grand art, il n'a jamais été aussi bon, complimente de son côté Nicole Herbaut de Lamothe. Bezace était un metteur en scène d'excellent niveau, il le tirait vers le haut[2]. » « C'étaient deux registres magnifiques. Didier Bezace nous manque aujourd'hui[3] », renchérit Lissa Pillu.

1. Entretien avec l'auteure, 16 novembre 2023.
2. Entretien avec l'auteure, 18 avril 2024.
3. Entretien avec l'auteure, 22 avril 2024.

Arditi entame un compagnonnage enrichissant, tant sur le plan professionnel que sur le plan humain, avec le metteur en scène. À leurs côtés, Agnès Sourdillon campe Agnès, la pupille amoureuse d'Horace (Olivier Ythier). Arditi et Bezace voient dans Arnolphe les prémices d'autres personnages de Molière, en particulier Don Juan, Alceste et Tartuffe. « Pourquoi monter du théâtre ? interrogeait à son époque Louis Jouvet. Mais parce que c'est Molière ! » « On n'a pas à s'excuser de monter du Molière, cela n'empêche pas de jouer par ailleurs des textes contemporains[1] », justifie Pierre Arditi.

La représentation, qui commence à 22 heures sur une plateforme ponctuée de clochers conçue par le scénographe Philippe Marioge, fait le plein en accueillant quelque 2 200 spectateurs. La pièce affiche complet un jour et demi à peine après l'ouverture de la billetterie. Mais, le vendredi 6 juillet, la première est annulée à cause d'un violent orage. La ministre de la Culture et de la Communication, Catherine Tasca, se rend dans les loges du Palais des papes pour réconforter la troupe. Heureusement, le spectacle pourra reprendre dès le lendemain.

Ce n'est pas la première fois que le comédien fétiche d'Alain Resnais foule les planches de ce lieu historique. À 30 ans, sous la houlette de Marcel Maréchal, il y a joué *La Poupée* de Jacques Audiberti et *Hölderlin* de Peter Weiss. « J'étais inconscient, un chien fou, raconte Pierre Arditi. Dans *La Poupée*, il y avait une scène où j'avais la tête de Patrick Juvet, avec le visage pailleté et le look rock d'Arthur Brown[2]. » À l'époque, la pièce est très critiquée

1. Conversation intime avec Catherine Ceylac, au théâtre Antoine, à Paris, le 31 mai 2023.

2. *La Provence*, 29 mai 2014.

par Maurice Rapin dans *Le Figaro*. « Il [Maréchal] fait carrément basculer *La Poupée* vers le cirque, le music-hall et le cabaret. Sans doute pour apporter sa marque personnelle. C'est l'exemple type de ce que ne doit pas faire un metteur en scène : de la mise en scène pour la mise en scène », reproche l'« envoyé spécial » du quotidien, qui salue toutefois le jeu des acteurs, Bernard Ballet, Pierre Arditi, Pierre Tabard, Roger Riffard, Colette Bergé et Francine Bergé[1]. Lors de la recréation de la pièce en 1968 au théâtre de Cothurne, Marcel Maréchal défend son point de vue bec et ongles dans le programme : « Hormis quelques grincements de dents de notables, le spectacle fut accueilli avec enthousiasme par le public. »

*

Pierre Arditi a pris de la bouteille et ne peut plus faire un pas dans la rue sans être reconnu. Pourtant, du haut de ses 56 ans, il n'est pas rassuré à l'idée d'entrer une nouvelle fois dans la Cour, où tant de comédiens illustres comme Jean Vilar l'ont précédé. Il se lance néanmoins dans l'arène. Cheveux hirsutes, longs et gris, regard noir, obsédé par son projet de fabriquer une épouse pure, Arditi se métamorphose pendant deux heures et demie en Arnolphe, « monstre solitaire » au bord de la folie. L'acteur lutte un soir contre le mistral, qui ne l'empêche pas d'être plus que convaincant. La pièce sera reprise au théâtre de la Commune, à Aubervilliers, de janvier à mars, puis en tournée.

Par la suite, Pierre Arditi aura à nouveau l'occasion de jouer à Avignon, mais plus jamais dans la Cour

1. Le 22 juillet 1974.

d'honneur du Palais des papes, ce qu'il ne manquera pas de regretter quelques années plus tard. Il a pourtant l'habitude de faire des allers-retours entre le théâtre privé et le théâtre public. D'après Nicolas Briançon, il a justement « ce truc rare » que n'ont pas beaucoup d'acteurs stars du privé : il peut alterner un Guitry avec Bernard Murat, une comédie comme *L'École des femmes* ou *Le Cas Sneijder* avec Didier Bezace. « Il a gardé quelque chose de profondément sincère. Certains ont fait du métier un gagne-pain ; Pierre, lui, est constamment dans le plaisir du jeu[1]. » Claude Lelouch n'aurait pas dit mieux.

En 2009, Arditi travaille à nouveau avec Didier Bezace au théâtre de la Commune, à Aubervilliers. Fin janvier et début février, il répète *Les Fausses Confidences*, la dernière pièce de Marivaux (1737)[2]. Il joue le valet Dubois, manipulateur tout-puissant qui manigance pour que la riche veuve Araminte (Anouk Grinberg) épouse Dorante (Robert Plagnol). La presse est invitée à suivre des extraits de la pièce. Fébrile, le patron du lieu, Didier Bezace, fume Gitane sur Gitane. Vêtu d'un costume noir, Pierre Arditi entre en scène : « En avant le désastre ! » plaisante-t-il, cabot. De fait, se croyant déjà à l'acte III, il surgit d'une trappe comme un beau diable, interrompant une scène d'intimité entre Araminte et Dorante. Acteurs et journalistes éclatent de rire tandis qu'Arditi commente : « Je trouvais l'enchaînement de Marivaux insatisfaisant, c'est mieux comme ça, non, Didier ? » Le spectacle sera un succès.

Didier Bezace semble avoir toute confiance en l'acteur car, en 2015, il partage avec lui l'affiche d'un épisode du

1. Entretien avec l'auteure, 6 juillet 2023.

2. France 2 l'a choisie pour sa première captation en direct, en banlieue, le 30 mars 2010.

Sang de la vigne[1]. Puis, en 2017, il le dirige dans *Le Cas Sneijder*, une adaptation du roman de Jean-Paul Dubois, au théâtre de l'Atelier, à Paris (18e). Il s'agit de leur quatrième collaboration après *L'École des femmes*, *Les Fausses Confidences* et *Elle est là* de Nathalie Sarraute. Plein de retenue et de sobriété, Pierre Arditi y incarne deux heures durant l'unique rescapé d'un accident d'ascenseur qui a coûté la vie à sa fille. Anéanti, Paul Sneijder s'informe sur le fonctionnement d'un ascenseur… et de l'existence en général. Un peu plus tard, il deviendra promeneur de chiens. Le metteur en scène incarne pour sa part l'avocat de l'ascensoriste. Dans le décor, une phrase de Confucius est inscrite à la craie, qui correspond bien à l'état d'esprit d'Arditi : « Choisissez un travail que vous aimez, et vous n'aurez plus à travailler un seul jour de votre vie. »

« Paul Sneijder, c'est Pierre Arditi, écrit Didier Bezace en note d'intention. Il y a chez lui quelque chose d'une nature tchékhovienne. Élégant, fragile, désabusé, il vient d'un monde vétuste, en voie de disparition… Sa défaite est la nôtre. Il nous apprend que les vertigineuses ascensions, même les plus fulgurantes, ne nous mènent pas au paradis mais en enfer[2]. »

En 2020, tous deux répètent *Le Neveu de Rameau*, de Diderot, mais Didier Bezace décède d'un cancer le 11 mars de cette même année. « C'était un compagnon de route très cher, confie Pierre Arditi. J'ai senti qu'on n'irait pas au bout, mais il était d'un courage ! Il a tenu le coup pendant les mises en place. Je ne jouerai jamais la pièce sans lui, c'est fini[3]. »

1. *Chaos dans le vin noir* tourné dans le Quercy.
2. En février 2017.
3. Entretien avec l'auteure, 10 octobre 2023.

★

Arditi tourne ensuite pour la première fois avec Bruno Podalydès qui, sur l'échelle du talent, le compare à une Rolls-Royce. Pour lui, l'acteur s'impose dans le rôle proposé comme une évidence. Il ne sait pas encore que, d'ici à 2023, il le dirigera dans pas moins de cinq films. « Je l'ai admiré dans les longs-métrages d'Alain, où il tient la longueur de manière incroyable, admire le metteur en scène. Il fait partie des acteurs les plus inspirants. J'écris très facilement en pensant à lui, à son timbre de voix, à ce mélange d'élégance, de générosité et de classe qui le caractérise, avec la faculté de tomber dans le comique aussi, c'est-à-dire d'être parfois dépassé par les événements ou de faire des lapsus, ou les deux en même temps, avec une espèce d'assurance et de fragilité qui amène à la comédie[1]. »

Les deux hommes ont un point commun : ils aiment beaucoup l'univers de Gaston Leroux. Le réalisateur confie donc au comédien le rôle de l'inspecteur Larsan dans son adaptation du *Mystère de la chambre jaune* (2003), tiré du roman éponyme de l'écrivain. Le film est accompagné par la musique intrigante de Philippe Sarde. « Pierre peut être très sérieux, très entier, puis tout à coup, basculer dans le rire. Cela m'attirait, j'y voyais un potentiel de comédie que je n'avais pas tellement vu au cinéma[2] », explique Bruno Podalydès.

Le frère de ce dernier, Denis Podalydès de la Comédie-Française, joue pour sa part le célèbre reporter Joseph Rouletabille. Le film connaîtra une suite, *Le Parfum de la dame en noir* (2004), tourné dans le même château.

1. Entretien avec l'auteure, 15 septembre 2023.
2. *Ibid.*

Arditi y apparaît surtout dans les flash-back. « J'ai le souvenir d'un monologue qu'il a récité face à Michael Lonsdale, raconte la comédienne Isabelle Candelier. C'était une leçon de comédie. Pierre est un bosseur, il arrive en sachant son texte au cordeau. Il a toujours l'œil qui frise[1]. »

« Pierre a ressenti une vraie jubilation à apprendre ces deux textes comme on peut apprendre un beau texte de théâtre, se souvient de son côté le réalisateur. Le premier matin, il est arrivé en bateau sur le plateau du *Parfum de la dame en noir*, prêt à tourner. Il a joué ses scènes impeccablement. Le soir, il a offert un repas à tout le monde et il est reparti vêtu de blanc sur son bateau. C'était Arsène Lupin[2] ! »

De fait, Pierre Arditi peut se permettre de brèves apparitions comme celle-ci : il n'est pas souvent disponible. Il arrive souvent d'un pas pressé, car il joue au théâtre le soir, mais quand il est présent, « c'est la fête », assure Bruno Podalydès. « Il invite tout le monde dans un super restaurant », reprend Isabelle Candelier. Un jour, à table, l'acteur découvre que le fromage se marie très bien avec le vin blanc ! « C'est un sensuel, un gourmand, nous mangeons trop vite tous les deux », commente Sabine Azéma, qu'Arditi emmène au moment du tournage à Vézelay. Tout le contraire d'Alain Resnais, qui est l'homme qui mange le plus lentement au monde. L'amie du comédien raconte : « Il portait un chapeau, conduisait une voiture décapotable. "Allez, je t'invite à dîner !" m'a-t-il après une journée de tournage. "Il faut que tu goûtes ça, et ça..." Le lendemain matin, on allait repartir

1. Entretien avec l'auteure, 16 mai 2024.
2. *Ibid.*

quand on est tombés sur le chef décorateur Jacques Saulnier. Il nous a invités à boire un café dans son jardin. J'ai reconnu les bancs et les chaises qui étaient dans le décor de *Smoking / No Smoking*, ça nous a fait un drôle d'effet[1]. »

« Pierre vient parfois juste pour un sketch, il n'a pas toujours en tête les tenants et les aboutissements du film, mais il est là à 100 %, se félicite Bruno Podalydès. Il est sur le bateau avec l'équipage, c'est pour cette raison que ça ne m'a jamais gêné qu'il vienne pour de courts laps de temps. Quand il est là, il y a sur le plateau une intensité qu'on n'aurait pas forcément si on tournait sans arrêt ensemble. Je dis ça, mais pendant *Le Mystère de la chambre jaune*, c'était très chaleureux et festif[2]. »

Marie-France et Étienne de Certaines, les propriétaires du château de Villemolin, dans la Nièvre, où le film est tourné, conservent le souvenir d'un camion de « restauration raffinée ». Ils entretiennent soigneusement le décor de la fameuse chambre et du laboratoire attenant, au fond du parc, à l'orée du bois. Le château a, depuis, été classé Monument historique. « On s'est très bien entendus, raconte le couple. Ces gens ne connaissaient pas bien la campagne, c'était amusant. Par exemple, ils s'étonnaient que le gravier fasse tant de bruit, ou que la lumière soit différente quand il y avait de la rosée... Ils ont travaillé de nuit pendant quinze jours, avec un ballon à l'hélium pour figurer la lune. Les gens venaient voir, pensant que c'était un ovni ! Bruno Podalydès est un grand poète[3]. »

1. Entretien avec l'auteure, 28 mai 2024.
2. Entretien avec l'auteure, 15 septembre 2023.
3. *Le Journal du Centre*, 8 août 2021.

Élizabeth Bourgine parle pour sa part de « vases communicants » entre le réalisateur et Arditi : « Pierre a besoin de se recharger quand il passe d'un tournage à une pièce, mais quand il est là, il est vraiment là. » D'après Jean-Pierre Guérin, cet engagement de tous les instants a des airs de fuite en avant : l'acteur ferait tout pour ne pas « se retrouver face à lui-même[1] ».

Du tournage des adaptations de livres de Gaston Leroux, Bruno Podalydès garde un souvenir en particulier, qui lui réchauffe le cœur : « Nous avions tourné toute la nuit, au château, des plans assez difficiles, techniques, où il fallait que Pierre se débarrasse de ses vêtements. Nous avons mis du temps à obtenir le résultat souhaité. Au petit jour, nous étions rincés et fatigués, mais avec le sentiment d'avoir tourné de bons plans. Nous nous sommes regardés et nous avons ressenti une joie très profonde, la satisfaction du travail accompli, de la camaraderie[2]. »

De l'avis général, Pierre Arditi est un partenaire agréable. Souvent piquant. Il a toujours la formule pour faire rire ou pour étonner. « C'est du Guitry ! » résume Pascal Thomas. « Formidable, ta veste, ils font la même pour hommes[3] ? » demande par exemple un beau jour le comédien à Pierre Colin-Thibert. « L'heure tourne, elle est bien la seule ! » lance-t-il une autre fois à Bruno Podalydès, qui en rit encore. Parfois, les taquineries vont plus loin : « Passer d'Alain Resnais à Bruno Podalydès, c'est l'histoire d'une déchéance ! » plaisante Arditi. Le réalisateur ne s'en offusque pas, et décrypte : « Il a des blagues qui cachent une certaine

1. Entretien avec l'auteure, 23 janvier 2024.
2. Entretien avec l'auteure, 15 septembre 2023.
3. Entretien avec l'auteure, 7 février 2023.

pudeur. Quand il m'appelle et qu'il me dit : "Comment ça va, mon connard ?", cela cache une sensibilité, c'est une sorte d'insulte affectueuse qu'il faut savoir interpréter. C'est un jeu[1]. »

Pierre Arditi déplore que ses scènes soient de plus en plus courtes dans les films de Bruno Podalydès. Mais, selon le cinéaste, il sous-estime la portée de ses propres personnages. « On me parle souvent de Pierre dans *Comme un avion* », signale-t-il par exemple. Arditi estime pourtant n'avoir fait qu'apporter sa « participation ». Dans ce long-métrage, il insulte Bruno Podalydès, le personnage principal, qui passe devant lui en kayak. « Kayaconnard ! » lance l'acteur déguisé en pêcheur. La réplique marque les esprits. Quand le cinéaste fait du kayak pour son plaisir, il tombe parfois sur quelqu'un qui lui crie : « Kayaconnard ! »

« Je voudrais que Pierre prenne conscience que ses apparitions, comme il dit, sont marquantes », insiste Bruno Podalydès. Le réalisateur cite également l'exemple de *Bancs publics (Versailles rive droite)*, film dans lequel Arditi joue un PDG d'entreprise. « Son discours aux employés, pendant lequel il enchaîne les lapsus sexuels, a une grande portée. Ce n'est pas juste un gars qui pousse une porte en disant : "Madame est servie"[2]. »

« Avec Bruno, on est dans un univers lié à l'enfance, estime Isabelle Candelier, sa comédienne fétiche. On fait partie d'une bande. Comme il est acteur lui-même, il nous comprend et nous protège énormément. D'humeur égale, il est toujours content d'être là et de nous voir

1. Entretien avec l'auteure, 15 septembre 2023.
2. *Ibid.*

jouer[1]. » L'intéressé se souvient du jour où il a appelé Pierre Arditi pour lui proposer de jouer dans *Comme un avion*. « Alors, ça va être quoi, le prochain rôle ? Un rôle muet comme une carpe ? Si tu veux, je peux ouvrir une porte[2]… » le taquine l'acteur, caustique. Il ne croit pas si bien dire. Bruno Podalydès raconte : « Je lui ai dit : "Tu feras un pêcheur." Il m'a aussitôt répondu : "Mais je n'ai jamais pêché de ma vie, c'est quoi ces conneries ?!" » Le comédien consacre néanmoins un après-midi entier à faire des essais, s'entraînant à tourner le moulinet et à lancer une canne. « Il se voyait déjà pêcheur, on aurait pu croire qu'il avait pêché toute sa vie, c'était formidable. C'était comme Chaplin qui savait tituber comme personne, et qui passait pour un marin[3] », s'émerveille le metteur en scène. « Elles ne remontent pas trop haut, ces cuissardes ? Faudrait pas une taille en dessous ? » se plaint régulièrement Arditi. Sur le tournage, il se décide néanmoins à les enfiler et se jette dans l'eau – qui pénètre immédiatement à l'intérieur. Le comédien s'emporte : « Je te préviens, tu fais ta prise tout de suite… L'eau est froide, je vais pas pouvoir rester plus longtemps, t'as compris ? Connard, connard ! » L'équipe, mortifiée, aide le comédien à sortir de l'eau. Le lendemain, il a 40 °C de fièvre. Pour se faire pardonner, Bruno Podalydès lui offre un pomerol. « Merci, connard[4] ! » consent à marmonner Arditi.

⋆

1. Entretien avec l'auteure, 16 mai 2024.
2. Avant-première de *Comme un avion*, au cinéma Le Renoir, à Aix-en-Provence, 20 mai 2015.
3. *Ibid.*
4. Entretien avec l'auteure, 15 septembre 2023.

« Bruno Podalydès et Alain Resnais étaient très proches[1] », se souvient Michel Vuillermoz. Au Festival de Cannes de 2012, Pierre Arditi les représente d'ailleurs tous les deux. Le premier dans *Adieu Berthe – l'enterrement de Mémé*, une histoire déjantée dans un décor de pompes funèbres présentée à la Quinzaine des réalisateurs. Le second, dans *Vous n'avez encore rien vu*, présenté en compétition officielle.

À presque 90 ans, Alain Resnais livre un film testamentaire très librement inspiré de la pièce *Eurydice* de Jean Anouilh. À l'occasion de la mort de leur ami Antoine d'Anthac, un célèbre auteur dramatique (certainement calqué sur Denis Podalydès, voire sur Resnais lui-même), ses amis, des comédiens (Anne Consigny, Anny Duperey, Vimala Pons, Lambert Wilson, Michel Piccoli…), qui ont autrefois interprété sa pièce *Eurydice*, se réunissent dans son château. Par le biais d'une vidéo qu'il a enregistrée avant sa mort, Antoine d'Anthac leur demande de visionner une captation d'*Eurydice* jouée par une jeune troupe, la compagnie de la Colombe. Celle-ci réclame l'autorisation de ses illustres prédécesseurs pour monter la pièce. Les scènes du passé s'entrelacent à celles du présent.

Pour les besoins du message vidéo posthume, c'est Bruno Podalydès qui filme de jeunes comédiens dans un entrepôt. « Alain Resnais m'avait demandé d'inventer une fausse troupe, en contrepoint des aînés dont ils reprendraient les personnages, dit-il. C'était une bonne idée[2]. » « Bruno Podalydès joue comme un enfant avec les jouets que sont sa troupe et ses tours de magie[3] », remarque de son côté Michel Vuillermoz.

---

1. Entretien avec l'auteure, 11 mai 2023.
2. Entretien avec l'auteure, 15 septembre 2023.
3. Entretien avec l'auteure, 11 mai 2023.

Dans l'histoire, Pierre Arditi, l'interprète d'Orphée n° 1, est en couple avec Sabine Azéma, qui joue Eurydice n° 1. « Tous deux forment un couple très puissant, estime Bruno Podalydès. C'est toujours bien quand le spectateur accepte l'ancienneté d'un duo, une histoire ancrée dans le passé, grâce à d'autres films qui remplissent cet imaginaire. » Pierre Arditi aurait pour sa part préféré le rôle de Mathieu Amalric, M. Henri, mais Alain Resnais en a décidé autrement.

21

Cinquante ans de carrière

En septembre 2015, Pierre Arditi fête ses cinquante ans de carrière. Mais loin de lui l'idée de s'arrêter pour marquer le coup : jusqu'au mois de janvier suivant, une fois encore, il est pris dans un marathon de travail. À 19 heures, il joue *L'être ou pas* au théâtre Antoine avec Daniel Russo, sous la direction de Charles Tordjman. Un texte qui tord brillamment le cou aux clichés sur l'identité juive. Une mototaxi lui permet ensuite de rejoindre le théâtre Édouard-VII, à 21 heures, pour jouer *Le Mensonge*, la pièce que Florian Zeller avait écrite pour Évelyne Bouix et lui, toujours sous la férule de Bernard Murat. « On se dépêchait comme des fous[1] », se souvient Daniel Russo, qui rejoint quant à lui le théâtre du Palais-Royal en deuxième partie de soirée.

Dans *L'être ou pas*, le personnage campé par Arditi est un « juif français laïque ». « Je suis juif, oui, juif », commence-t-il dans cette comédie grinçante. « Baptisé moyen », son voisin (Daniel Russo) est curieux d'en savoir plus. Il l'interroge sur ses croyances, la Palestine,

1. Entretien avec l'auteure, 19 septembre 2023.

la Shoah… « Mais c'est quoi, au juste, être juif ? » renchérit sa femme. « Certains spectateurs prenaient le texte au premier degré, ils faisaient des réflexions pendant la représentation », raconte Daniel Russo, qui rêve de rejouer la pièce (il n'avait jamais partagé la scène avec Pierre Arditi auparavant). « On l'a reprise trois fois, c'était tout le temps plein. Dommage qu'il n'y ait pas eu de captation[1]. »

Jean-Claude Grumberg est épaté quand les deux comédiens la rejouent pour lui, sans décor ni mise en scène, un an et demi plus tard. « Ils savaient encore leur texte, ce qui est rare. C'était comme s'il leur suffisait d'appuyer sur un bouton. Pierre n'avait plus l'angoisse du "faire". Il pouvait tout faire. Pour Russo, c'était pareil[2]. ».

L'antisémitisme n'a pas disparu, rappelle Pierre Arditi quand on l'interviewe sur la pièce. Ses grands-parents maternels étaient juifs. Circoncis, il se présente comme un « Français juif ». Sa maison est la France, scande-t-il, bien qu'il soit souvent allé en Israël, où il a d'ailleurs tourné un épisode de *Passeur d'enfants*. Il se présente en juif athée, « mystique, mais athée quand même », « juif déjudaïsé », selon la formule de Raymond Aron. Il n'est pas sûr de savoir s'il croit en Dieu ou non.

Le comédien s'interroge sur les questions de religion, comme certains de ses partenaires ou mentors. D'après Claude Lelouch, par exemple, il est impossible de ne pas croire en Dieu. « Tout le monde y croit, même ceux qui disent le contraire. L'univers, la nature, l'infiniment grand, l'infini petit… Il y a quelqu'un qui a conçu tout ça. À un moment donné, on lui a tous demandé quelque

1. Entretien avec l'auteure, 19 septembre 2023.
2. Entretien avec l'auteure, 16 novembre 2023.

chose. La carrière d'Arditi, qui est une succession de miracles, il n'y a que Dieu qui a pu la lui offrir[1]. »

Dans *Le Mensonge*, Arditi et Bouix sont mari et femme et s'appellent Paul et Alice. Ils ont invité à dîner leurs amis Laurence et Michel (Josiane Stoléru et Jean-Michel Dupuis). Mais, dans la rue, Alice a surpris Michel embrassant une autre femme. Doit-elle dire la vérité à Laurence ? Paul lui conseille de se taire.

« Pierre est un partenaire de rêve, se souvient Josiane Stoléru. Outre son immense talent, il aime jouer avec les autres. Le seul problème que j'ai eu, c'est qu'il était si drôle dans la comédie qu'il m'est arrivé d'avoir un fou rire, ce qui l'amusait beaucoup[2]. » À l'époque, Pierre Arditi vient de grossir de dix kilos pour les besoins d'un épisode du *Sang de la vigne* tourné dans le pays charentais. Il les perd pour jouer cette comédie aigre-douce, d'abord à Paris, puis en tournée partout en France. « Le mensonge ? Tu en es un spécialiste[3] ! » lui lance Johnny Hallyday lorsqu'il a vent du projet. Vers 15-16 ans, l'acteur a prétendu qu'il jouait très bien au tennis, mais ses copains l'ont démasqué.

⋆

En 2011, Arditi a déjà interprété *La Vérité*, une autre pièce écrite sur mesure pour lui par Florian Zeller, au théâtre Montparnasse. « Écrire pour Pierre, c'est comme devenir un compositeur de piano : il est un instrument à lui seul, il a son phrasé, sa façon de jouer avec son

1. Entretien avec l'auteure, 5 décembre 2023.
2. Entretien avec l'auteure, 12 juin 2024.
3. *Vivement dimanche*, France 2, 2 octobre 2011.

corps, c'est un stradivarius », commente l'auteur qui, avec *Le Mensonge*, souhaite prolonger « l'aventure heureuse » de *La Vérité*. « Tout le jeu porte sur ce qui est réel et ce qui ne l'est pas, dit-il. C'était important de travailler avec un vrai couple pour obtenir une dimension de vertige supplémentaire. J'ai trouvé Évelyne Bouix et Pierre Arditi solidaires, respectueux et aimants l'un envers l'autre[1]. »

Dans *La Vérité*, le personnage de l'acteur trompe Christiane Millet avec Fanny Cottençon, la femme de son meilleur ami Patrice Kerbrat, qui signe également la mise en scène. Le 27 décembre, la comédie est diffusée en direct sur France 2. « Je joue certainement des choses que j'ai dû vivre sans le savoir », glisse Pierre Arditi. Sur le plateau, il doit s'arrêter à plusieurs reprises parce qu'il y a des fous rires dans la salle. Florian Zeller se souvient : « Je n'ai jamais retrouvé ça chez personne d'autre, cette virtuosité dans le comique. Le thème éternel du théâtre est le masque, ce qui va bien à Pierre. Pour faire croire qu'on est un mauvais menteur, il faut être un acteur extraordinaire. La mécanique de la vérité s'appuie sur la compréhension implicite de l'acteur et du spectateur, la capacité de dédoublement. Pierre se moque de son personnage en connivence avec le public. Il est merveilleux dans les sous-textes : quand il dit "non", on peut entendre "oui", et inversement[2]. »

Pour Arditi, la pièce fait l'éloge du mensonge dans le couple. Florian Zeller fait d'ailleurs dire cette jolie phrase au personnage féminin : « Ce serait tellement plus simple si tout le monde se disait la vérité. » « Ce serait un cauchemar ! rétorque Arditi. Il n'y aurait plus

1. Entretien avec l'auteure, 16 juin 2024.
2. *Ibid.*

aucun couple sur terre. Mentir n'est pas forcément trahir. On peut mentir par omission, pour ne pas blesser. Cela m'est arrivé, comme à beaucoup de monde[1]. » « À la fin de la pièce, on ne sait plus si les autres ne mentent pas au moins autant que lui[2] », assure en souriant Patrice Kerbrat.

Finaud, Arditi distingue le mensonge « professionnel » du mensonge « privé ». « Il fait trop de choses, il ne peut pas être constant dans ses affections ni dans ses amitiés[3] », estime Viviane Blassel. « Je suis tellement narcissique que je ne pourrais pas supporter de ne pas être aimé par les autres[4] », lâche pourtant le comédien. Agathe Natanson le considère pour sa part comme quelqu'un de présent : « Il est très focalisé sur lui-même, mais ça ne l'empêche pas d'aller vers les autres. S'il y avait une urgence, il m'ouvrirait tout de suite sa porte. Même si je ne lui demande rien, savoir qu'il existe me rassure[5]. »

---

1. *Le Figaro*, 5 et 6 septembre 2015.
2. Entretien avec l'auteure, 28 novembre 2023.
3. Entretien avec l'auteure, 6 janvier 2024.
4. *En aparté*, Canal+, 14 mars 2024.
5. Entretien avec l'auteure, 15 mai 2024.

22

Plusieurs premières

Sa longue expérience n'y change rien : chaque nouvelle aventure stimule le comédien. De septembre à novembre 2018, il se collette à *Tartuffe* sous la direction du metteur en scène allemand Peter Stein, au théâtre de la Porte Saint-Martin. Jacques Weber joue Orgon ; Isabelle Gélinas, son épouse. La rencontre entre Arditi et Weber, deux figures du théâtre français qui ne s'étaient jamais donné la réplique sur les planches, est un événement. Ils sont sur tous les plateaux télé et radio pour faire la promotion du spectacle. « J'étais très impatient et impressionné de voir Pierre Arditi arriver ici, se souvient le directeur du lieu, Jean Robert-Charrier. C'était un vrai événement dans ma vie de directeur de théâtre. Même s'il en fait beaucoup et que je ne suis pas fou de tous les spectacles qu'il joue, il reste un puits sans fond de culture. Il est doué quand il se laisse diriger et qu'il a un bon texte[1]. » Bien plus tard, début 2024, installé à la table de Pierre Arditi et d'André Dussollier à la brasserie Lipp, Jean Robert-Charrier restera fasciné par l'aura de ces grands comédiens : « Ce sont deux monstres sacrés,

1. Entretien avec l'auteure, 14 juin 2024.

reprend-il. Quand ils jouent, on ne comprend pas ce qu'on voit, on n'aperçoit rien des ficelles, de la fabrication. Tout est archi-naturel. Ils prennent un pied fou sur scène, d'ailleurs ils font certes beaucoup de cinéma, mais reviennent toujours sur les planches. Le théâtre privé les a fait avancer. »

Lors de la préparation de *Tartuffe*, c'est Jacques Weber qui souffle le nom de son potentiel partenaire à Peter Stein. « Pierre est une bête de scène », le complimente l'acteur, qui ne tarit pas sur sa « générosité » dans le jeu. Le pari est gagné : les spectateurs jubilent. « On les a eus », pouffent les deux comédiens, complices, en quittant le plateau à la fin de chaque représentation.

⋆

À la fin des années 2010, Arditi continue à vivre des « premières fois ». Il joue dans deux longs-métrages : *Les Estivants* de Valeria Bruni-Tedeschi – la réalisatrice présente son film comme une autobiographie imaginaire –, et *Monsieur & madame Adelman* de Nicolas Bedos (2017) pour une apparition.

Pierre Arditi explique à cette occasion sa vision de la répartition des rôles sur un plateau : « Resnais disait qu'en cinéma, il existe deux "formes" : la petite et la grande. L'acteur est responsable de la petite, le réalisateur, de la grande. En l'occurrence, c'est elle [Valeria Bruni-Tedeschi]. Moi, je ne peux parler que du petit "compartiment" qui m'est réservé et qu'elle m'aide à remplir. Pour le reste, c'est elle qui voit ce qui fait partie de sa vie et ce qui s'en échappe[1]. »

1. *Le Petit Bulletin de Saint-Étienne*, 6 février 2019.

Quant à Nicolas Bedos, sous le charme de l'acteur après leur premier tournage ensemble, il lui offre un autre rôle dans *La Belle Époque*, une comédie romantique pleine de nostalgie qui se déroule dans les années 1970. Arditi y est entouré de Fanny Ardant et de Daniel Auteuil[1].

C'est également aux côtés de Bedos qu'Arditi, toujours partant pour de nouvelles aventures, accepte en avril 2022 de jouer dans sa première série pour la plateforme de streaming d'Amazon, Prime Video, intitulée *Alphonse*. La plateforme américaine promet un « voyage à travers la découverte de soi, à la fois délectable et irrévérencieux ». Arditi joue Jacques, un gigolo qui, à la suite d'une attaque, se retrouve en fauteuil roulant et demande à son fils Alphonse (Jean Dujardin) de lui succéder. Dès sa diffusion, la série fera scandale. « N'en déplaise aux esprits chagrins, Nicolas est quelqu'un pour qui j'ai beaucoup d'admiration, défend Arditi. Je respectais déjà énormément son père, Guy Bedos. On ne se voyait pas forcément tous les jours, mais je l'aimais beaucoup, et son père m'aimait bien aussi. Nicolas est un petit peu comme un fils que j'aurais eu sur le tard. Il me regarde toujours comme si j'étais son père. On parle la même langue[2]. »

« Même pas peur ! » se dit de son côté Nicole Garcia quand elle accepte de figurer au casting. Interprétant une directrice de cabinet, elle couche et avec le fils, et avec le père, qui lui fait une demande en mariage. Un peu plus tard dans le scénario, elle s'imagine qu'elle est enceinte. Garcia s'explique sur son personnage : « Elle

1. Le film recevra trois Césars.
2. Entretien avec l'auteure, 4 avril 2024.

a une revanche à prendre sur sa vie sentimentale, mais elle le fait sur un mode décalé. Les situations étant complètement loufoques, il fallait les jouer avec une sincérité totale et ça m'allait[1]. » Son engagement suscite l'étonnement : « Certains m'ont demandé comment j'avais pu accepter, d'autres étaient plus enthousiastes, observe l'actrice blonde. Je suis féministe, pas militante. C'est vrai que les femmes ont longtemps vécu sous un patriarcat qui ne tolérait aucune remise en cause. Je crois faire partie d'une génération qui a mené des combats solitaires. Heureusement, le combat est devenu solidaire[2]. » Macha Méril a pour sa part refusé de tourner dans *Alphonse*. Elle résume sans ambages son argument : « Le postulat, ce sont des femmes riches qui se paient des mecs. Je devais tailler une pipe à Pierre[3]… »

Sur le plateau, quand Pierre Arditi tombe sur Évelyne Dandry, ex-Joséphine de Beauharnais qui joue désormais une vieille dame « indigne », il l'interpelle en riant : « Ah, ça ne m'étonne pas de toi, tu es capable de tout[4] ! » La note d'intention du casting réclamait, pour un petit rôle, « une femme âgée ayant entre 60 et 80 ans, acceptant la nudité totale[5] ».

La mission d'Alphonse est claire : « Je suis là, Mesdames, pour satisfaire tous vos désirs, même les plus inavouables. Tous. Je deviendrai qui vous voudrez : votre amour de jeunesse, votre idole, votre animal de compagnie ou votre bourreau. Quel que soit votre physique ou votre âge, vous serez la plus belle femme du

1. Entretien avec l'auteure, 5 avril 2024.
2. *Ibid.*
3. Entretien avec l'auteure, 5 décembre 2023.
4. Entretien avec l'auteure, 1er février 2024.
5. Castprod.com.

monde », promet-il en échange d'un tarif à négocier. Dès le premier épisode, le ton est donné : « Il y a des familles d'acteurs, il y a des familles de boulangers… nous, on est imbattables dans une chambre à coucher ! Ton talent, c'est ta gaule, comme ton père. »

« Ce n'est pas simple de jouer un handicapé libidineux. Je redoutais de voir la série, mais c'est raconté avec une tendresse infinie », souligne Ludivine de Chastenet, qui joue la fille d'Évelyne Dandry. On ne lui propose qu'une soirée de tournage, mais elle dit oui tout de suite. Elle explique : « J'avais beaucoup aimé les films de Nicolas Bedos, notamment *La Belle Époque*, avec Daniel Auteuil et, déjà, Pierre Arditi. J'ai pensé que c'était un réalisateur qui aime les comédiens. Nicolas était très enthousiaste, précis, il savait ce qu'il voulait. Je suis sortie de là très agréablement surprise[1]. »

Pierre Arditi a également « adoré » être dirigé par Nicolas Bedos. Il ajoute : « J'ai beaucoup aimé travailler avec Dujardin, qui m'a complètement bluffé. Parce que le côté marrant, on connaît ; mais là, il tape dans d'autres tessitures. On s'est tout de suite trouvés[2] », s'emballe l'acteur qui juge son rôle « formidable ».

Les critiques ne sont pas tendres. Contrairement à l'opinion de Claude Lelouch, qui défend le projet : « Pierre a un rôle tordu, mais il s'en est vachement bien sorti, juge le metteur en scène. On peut tout lui faire dire, il n'est jamais vulgaire. Si, un matin, on a des horreurs à dire à quelqu'un, il faut se servir de lui[3]. » Arditi ferait-il du Arditi ? François Berléand le soutient également : « Il a été stanislavskien quand il travaillait avec

1. Entretien avec l'auteure, 24 avril 2024.
2. Entretien avec l'auteure, 4 avril 2024.
3. Entretien avec l'auteure, 5 décembre 2023.

Alain Resnais ou Didier Bezace, mais quand on lui serre trop la bride, comme Bernard Murat, il fait du Arditi… et il a raison[1]. » Claude Lelouch oppose le même argument aux détracteurs d'*Alphonse* : « Qu'est-ce que les gens ont aimé chez Belmondo ? C'est quand il faisait du Bébel. Qu'est-ce qu'ils ont aimé chez de Funès ? C'est quand il faisait du de Funès. Le public a envie que les grands comédiens jouent ce qu'ils sont, il faut s'en servir pour ce qu'ils savent faire. Quand vous avez une gueule, vous êtes plus intéressant. J'ai tourné deux films avec Lino Ventura, je lui ai fait faire du Lino un peu plus que d'habitude. Bien sûr, l'accord parfait n'existe pas. C'est difficile de donner un rôle à Alain Delon ou à Brad Pitt[2]. »

Visé par une enquête pour viol et agressions sexuelles, Nicolas Bedos ne fait aucune promotion autour de sa série, qui est diffusée en catimini en octobre 2023. Interrogé sur le sujet, Pierre Arditi estime que c'est « très bien que les femmes se défendent sur un certain nombre de choses qui sont inacceptables pour elles. Mais il faut se méfier et des rumeurs et des exagérations. Il y a des choses qui se sont réellement passées, et qu'on doit dénoncer, bien entendu. Mais il y a une valeur à laquelle je tiens, c'est ce qui s'appelle la présomption d'innocence. Il y en a une autre qui s'appelle la justice. Et ce n'est pas à la vindicte publique de désigner les coupables. On ne peut pas rendre justice soi-même, c'est à la justice d'établir la vérité. Et je trouve que de nos jours, on observe une possible dérive à laquelle il faut faire très attention[3] ».

1. Entretien avec l'auteure, 9 janvier 2024.
2. Entretien avec l'auteure, 5 décembre 2023.
3. Entretien avec l'auteure, 4 avril 2024.

⋆

Dans les mêmes années s'annonce une autre première expérience, cette fois sur les planches, avec Michel Leeb. Pierre Arditi commence la saison en septembre 2019 avec *Compromis*, une comédie de Philippe Claudel au théâtre des Nouveautés, qu'il reprendra ensuite en tournée. C'est Michel Leeb qui l'a sollicité : il interprète lui-même l'ami de Pierre dans la pièce, un dramaturge médiocre. Arditi campe pour sa part un comédien raté et lâche. Les deux hommes n'ont encore jamais joué ensemble.

Dans l'histoire, nous sommes en mai 1981, à la veille de l'élection de François Mitterrand. « L'amitié se nourrit de compromis. Et ces compromis ne sont pas des reniements, ni des trahisons comme tu le penses. Ce sont des preuves d'amour », écrit l'auteur. De son côté, Pierre Arditi jubile toujours à l'idée de camper des rôles de séducteurs, d'hommes de mauvaise foi – parfois les deux ensemble –, de salauds ou de gentils crétins. « Il m'arrive d'être ouvert à des phases de la vie auxquelles j'étais fermé quand j'étais plus jeune. Je joue en ce moment une pièce qui s'appelle *Compromis*, et qui parle des moyens de vivre avec les autres quand on n'est pas tout à fait d'accord avec eux. C'est ma philosophie d'aujourd'hui. Compromis ne veut pas dire compromission[1]. »

⋆

En tournée avec la pièce de Philippe Claudel, Pierre Arditi accepte tout de même une proposition de Jean-

1. *Le Pays d'Auge*, 9 décembre 2022.

Marc Dumontet et de Stéphanie Bataille : une lecture sur scène du conte *La Plus Précieuse des marchandises*, de Jean-Claude Grumberg, au théâtre Antoine, à Paris[1]. Une histoire « belle et dure, attendrissante et bouleversante ». Dans un train de marchandises qui roule vers Drancy, un père lance l'un de ses jumeaux emmaillotés par la fenêtre en espérant le sauver. La fillette est recueillie par une « pauvre bûcheronne » qui rêvait d'avoir un enfant. « Le bébé devient le trésor de cette femme qui l'aimera comme si c'était le sien, raconte Pierre Arditi. Ce livre parle d'un amour indestructible, il nous apprend que même les pires maux, la haine, la guerre, la barbarie, ne peuvent lutter contre l'amour d'une mère. Celui de la mienne est toujours présent dans ma vie, bien qu'elle soit partie depuis longtemps[2]. »

Dès la publication du conte, en janvier 2019, Jean-Claude Grumberg demande au comédien de le lire à la Maison de l'Amérique latine[3]. L'auteur constate : « Il y a des gens qui peuvent jouer de n'importe quel instrument de musique, et d'autres qui savent jouer n'importe quelle musique sur un seul instrument. Pierre fait partie des premiers : il connaît tous les instruments, mais il a sa propre mélodie. Pendant la lecture, les spectateurs pensaient qu'il était enrhumé, mais non, il pleurait[4]... »

« C'est une lecture pure et simple, une table, un livre, un verre d'eau, prévient Pierre Arditi, qui met un point d'honneur à regarder les spectateurs dans les yeux. Pour

1. Jean-Claude Grumberg, *La Plus Précieuse des marchandises*, Paris, Seuil, 2019.

2. Entretien avec l'auteure pour *Théâtral magazine*, décembre 2019.

3. Arditi l'a depuis enregistré sur un CD.

4. Entretien avec l'auteure, 16 novembre 2023.

un acteur, la lecture, c'est l'art premier. J'adore cet exercice qui est ma madeleine de Proust. Quand nous étions enfants, pour nous endormir, ma tante Denise nous lisait dans son lit, à ma sœur et moi, allongés chacun d'un côté, des histoires de Paul d'Ivoi avec un héros qui s'appelait Cigale. J'en ai racheté récemment à prix d'or. Mais la magie avait disparu : c'était la voix de ma tante qui créait la dramaturgie. Elle jouait, mimait, et concluait toujours par : "Que va-t-il lui arriver ?" Quand on lui demandait la suite de l'histoire, elle répondait : "Vous le saurez demain." Je me suis dit : pourquoi ne pas faire comme elle[1] ? »

« Noir, tragique », le texte de l'auteur de *L'Atelier*, destiné aux « amateurs d'histoires vraies », ne laisse pas son lecteur insensible. « Cette histoire me déchire, j'ai beaucoup de mal à garder mon calme quand je la lis, à contrôler mon émotion, je n'ai pas pu m'empêcher de verser quelques larmes lors de la première lecture », confie l'acteur qui conseille le « spectacle » à partir de 10, voire 12 ans. « La barbarie dépeinte par Grumberg est presque poétique. Il y a bien sûr des méchants, mais il n'entre pas dans le détail. » Il n'est pas étonnant que l'acteur soit si touché : d'après Lissa Pillu, Pierre Arditi a « une sensibilité très forte sous un tempérament de feu[2] ».

Heureusement, comme souvent les œuvres de Grumberg, lui-même enfant de déportés, le conte n'est pas dénué d'humour noir. « Grumberg se protège du malheur, il est toujours caustique. *La Plus Précieuse des marchandises* est un vrai conte tragique. Il ne faut pas pour autant en craindre la lecture, car une fois

1. Entretien avec l'auteure pour *Théâtral magazine*, décembre 2019.
2. Entretien avec l'auteure, 22 avril 2024.

qu'on se l'est approprié, on peut l'incarner... Alors qu'on est seul sur scène, on crée tout d'un coup des images dont le public est coauteur[1]. » De fait, les spectateurs affluent, comme s'ils avaient rendez-vous avec le comédien. « Oui, le public vient pour moi, ce n'est pas la peine d'être faussement modeste. Après il ne faut pas le décevoir, je sers le texte du mieux que je peux », conclut-il.

Plusieurs années auparavant, Pierre Arditi a déjà fait une lecture pour Le Marathon des mots dans la chapelle du cloître des Jacobins, à Toulouse. Devant le micro, il a interprété des personnages du livre de Georges Simenon, *Les Inconnus dans la maison*. « Je vais faire pour vous ce qu'on faisait pour moi quand j'étais petit, à l'envers... Vous lire une histoire... » commence-t-il à l'époque avec sérieux. Puis, à la fin, après des applaudissements nourris : « C'est cette qualité de silence qui donne aux comédiens l'impression de tenir le monde ! Et, à mon âge, le temps passant, je ne fais plus ce métier que pour tenir le monde[2]. »

⋆

Pour la première fois, en 2020, Salomé Lelouch dirige sa mère, Évelyne Bouix, et son beau-père, Pierre Arditi. Elle leur a tricoté une pièce sur mesure, *Fallait pas le dire !*, jouée au théâtre de la Renaissance, à Paris. Celle-ci a été reportée à deux reprises à cause du Covid. Ils l'ont répétée chez eux, dans la cuisine de leur appartement, rue Bonaparte. Sans masque, mais en respectant

1. *Ibid.*
2. *La Dépêche*, 30 juin 2013.

les règles de distanciation en vigueur. « Pierre était très précautionneux, sans être hypocondriaque, se souvient Ludivine de Chastenet. Dès la première lecture, il a compris la subtilité de l'écriture du texte de Salomé[1]. »

C'est la cinquième fois que le couple joue ensemble après *La Vraie Vie* de Tom Stoppard, *Le Mari, la Femme et l'Amant* de Sacha Guitry (1997-1999), *Lunes de miel* de Noël Coward et *Le Mensonge* de Florian Zeller. « Ma mère et Pierre ont envie de s'amuser, d'y aller, et ont besoin d'un regard extérieur[2] », explique Salomé Lelouch, très inspirée par les disputes familiales. « J'avais l'impression que c'était quelqu'un d'autre, s'esclaffe de son côté Évelyne Bouix. Salomé était très autoritaire dans le travail, mais elle m'appelait Maman : "Maman, mets-toi là !"[3] »

La jeune femme leur a autrefois déjà écrit une première comédie qui s'appelait *Sur la tête des enfants*, mais Évelyne Bouix et Pierre Arditi ont estimé, à raison, qu'ils étaient « trop vieux[4] » pour jouer les personnages. Dans *Fallait pas le dire !*, ils interprètent « elle » et « lui », un couple qui échange sur divers sujets – les réseaux sociaux, la vieillesse, la GPA, la pollution, la pédophilie, la politique, l'homosexualité, le port du voile, la chirurgie esthétique… Tout en se chamaillant dans des scènes de ménage piquantes. Comme dans la vie, le choix du gigot, la cuisson du poisson ou la perte de la clef de la voiture sont autant de prétextes à ferrailler. « Ils ont

1. Entretien avec l'auteure, 24 avril 2024.

2. Sa pièce n'a reçu aucun Molière, mais elle a été montée dans plusieurs pays.

3. Entretien avec l'auteure pour *Le Figaro*, 20 octobre 2021.

4. Salomé Lelouch créera d'ailleurs le spectacle en janvier 2023 avec Marie Gillain et Pascal Elbé, au théâtre de la Renaissance, à Paris.

une capacité à monter très vite dans les tours », observe Salomé Lelouch en souriant.

« Lui » est de mauvaise foi, achète *Libération* depuis trente-cinq ans et se dit de gauche, même s'il a voté une fois à droite (tiens !). « Elle » est féministe, écolo et prône une parole libre et naturelle. Toute ressemblance avec les interprètes n'est pas purement fortuite. Les deux personnages se disent tout ce qu'ils ne devraient pas se dire. « C'est du théâtre, pas du psychodrame », rappelle toutefois Pierre Arditi.

« On s'est juste interrogés sur ce qui fonctionnait ou pas, signale pour sa part Salomé Lelouch. Je leur demande de faire des choses qu'ils n'ont pas faites depuis longtemps, comme bouger les décors. On sent qu'ils ont envie de s'amuser. Je craignais que ce ne soit pas simple de les diriger ; c'est pour cette raison que j'ai fait appel à Ludivine de Chastenet. On n'a pas l'impression d'être en famille pendant les répétitions, le plateau est vraiment un terrain de jeux[1]. »

« Salomé admire beaucoup Pierre. Il n'a pas à ses yeux le statut d'un beau-père classique. Elle le connaît dans l'intimité. Mais elle voulait justement quelqu'un d'extérieur pour maintenir une distance », confirme Ludivine de Chastenet, qui a « pris son élan » pour parler à Arditi et lui expliquer qu'elle allait jouer les médiatrices. « Il n'est pas du tout paternaliste, il nous a très vite fait confiance. Il a regardé Salomé comme une autrice et une metteuse en scène à part entière, et moi aussi d'ailleurs. S'il n'était pas d'accord, il le disait, il essayait des choses, mais restait disponible et bienveillant[2]. »

1. Entretien avec l'auteure pour *Le Figaro*, 20 octobre 2021.
2. Entretien avec l'auteure, 24 avril 2024.

Les deux femmes sont complémentaires et s'adressent à tour de rôle aux comédiens. « Être à côté de Pierre sur un plateau, ce n'est pas rien ! reprend la metteuse en scène. On a essayé de faire ressortir la vraie personnalité d'Évelyne qui, malgré son petit gabarit, est une femme extrêmement forte, au caractère bien trempé. Sur le plateau, ils étaient à égalité. Évelyne est une grande travailleuse, elle était très en demande, mais Pierre aussi. Il aime le plateau désespérément. Ce n'est pas quelqu'un qui se repose sur ses acquis. On ne faisait pas de pauses-café, ou alors elles avaient lieu sur le plateau. On enchaînait les filages. On allait jusqu'au bout. » « Pierre, j'ai besoin de la refaire », prévient parfois Évelyne Bouix. « OK, OK », répond son mari, compréhensif.

Salomé Lelouch a développé les portraits de ses personnages jusqu'au dernier moment. « Étonnamment, ceux qui sont les plus proches de ma mère et de Pierre en termes de personnalité ne sont pas les plus faciles à jouer pour eux. C'est amusant de travailler avec eux à cet endroit-là, sur l'intimité. Parfois la discussion entre nous se prolongeait[1]… »

Un jour, alors qu'Arditi et sa femme sont installés à une table dans les coulisses du théâtre, on leur demande pour quelles raisons ils ont demandé à Salomé d'écrire une pièce sur mesure pour eux : « On ne le lui a pas demandé… » s'esclaffe le comédien, taquin. Puis, plus sérieusement : « On était très preneurs de ce qu'elle faisait. Elle avait écrit *Politiquement correct*, qui était formidable. Elle a le sens de ce type de sujet. Malgré une orthographe déplorable ! Pour moi qui l'ai élevée, elle le sait bien, c'est une honte[2] ! » Pierre Arditi rit de nouveau

1. Entretien avec l'auteure pour *Le Figaro*, 20 octobre 2021.
2. *Ibid.*

tandis que sa femme renchérit : « Salomé écrit sur l'air du temps. "Elle" et "lui", c'était pour nous, mais on n'a pas l'impression que c'est nous. Cela dit, elle nous connaît très bien et s'en est inspirée. Mon personnage est un mélange subtil de Salomé et de moi, en particulier pour le côté écolo, qui vient d'elle. » « Elle devine très bien quand on se fait du charme ou quand on s'engueule. Elle connaît nos modes de fonctionnement par cœur. Elle a pris ce qu'elle connaissait du couple en général, et elle y a ajouté un certain nombre de nos humeurs », explique son mari.

⋆

Pierre Arditi a toujours aimé incarner de grandes figures historiques. On se souvient par exemple de Blaise Pascal ou d'Aristide Briand[1]. Quand Lorraine Lévy lui propose le rôle de Georges Clemenceau, il l'accepte sans réfléchir. Le scénario, signé Jacques Santamaria, s'inspire du livre de Nathalie Saint-Cricq, *Je vous aiderai à vivre, vous m'aiderez à mourir*[2]. La journaliste et la production ont d'abord pensé à François Berléand, puis changé d'avis. « Mieux valait que ce soit Pierre, il avait plus l'âge du rôle et je suis devenu allergique au maquillage[3] », lance ce dernier en souriant.

En octobre 2022, Arditi tourne donc un « unitaire événement » intitulé *Clemenceau, la force d'aimer*[4]. Les prises de vues ont lieu dans la maison de l'homme politique, à Saint-Vincent-sur-Jard, en Vendée, mais aussi

1. *La Séparation*, de Bruno Fulugini, réalisé par François Hanss.
2. Éditions de l'Observatoire, 2021.
3. Entretien avec l'auteure, 9 janvier 2024.
4. Titre d'abord pressenti : *Clemenceau et Marguerite*.

à Nantes, en Loire-Atlantique et dans d'autres lieux où Clemenceau a vécu. Lorraine Lévy, qui utilise une toute nouvelle caméra baptisée Alexa, ne dispose que de vingt jours pour boucler la fiction.

« C'est un film de cinéma », assure Pierre Arditi. Il est si investi qu'il paie lui-même l'autre caméra appelée Dolly dont la réalisatrice a également besoin, le budget de la production étant limité. Sur le plateau, quelqu'un colle une feuille de papier qui porte la mention « La Dolly de Pierrot ».

L'acteur a alors 77 ans. Dans le scénario, le « Tigre sanguinaire », lui, en a 82, et tombe « violemment » amoureux de l'éditrice Marguerite Baldensperger, 41 ans, jouée avec maestria par Émilie Caen (vue au cinéma dans les films *Ducobu* et révélée par *Qu'est-ce qu'on a fait au bon Dieu ?*). Élizabeth Bourgine incarne sa fille Madeleine. « Nos duels sont pleins de respect et de tendresse[1] », signale la comédienne.

Pierre Arditi vieillit de cinq ans pendant les trois heures quotidiennes de maquillage. « Il devait en plus porter un postiche et une prothèse dentaire, se souvient Isabelle Kindinis Abriol. On se levait à 5-6 heures du matin, Pierre était fatigué, il voulait que ça aille vite[2]. » Sur le plateau se trouve également un prothésiste qui a du mal à tenir sa langue, au grand dam de l'acteur qui a besoin de silence pour se concentrer.

« Les grands comédiens ont une signature, mais dans ce film-là, on oublie Pierre Arditi pour ne plus voir que Clemenceau, il est ébouriffant », complimente Lorraine Lévy, qui l'a déjà dirigé dans son premier long-métrage sorti en 2004, *La Première Fois que j'ai eu 20 ans*, d'après

1. Entretien avec l'auteure, 16 décembre 2023.
2. Entretien avec l'auteure, 8 septembre 2023.

le livre autobiographique de Susie Morgenstern[1]. Arditi y jouait l'oncle Jérémy, qui encourage sa nièce Marilou Berry à jouer de la contrebasse dans un milieu misogyne. Un être marginal qui prononce cette réplique : « Je suis juif, diabétique, homosexuel et je crois quand même en Dieu. »

Pierre Arditi a même failli incarner Sacha Guitry pour la réalisatrice, mais le projet est tombé à l'eau. « Quand nous nous sommes retrouvés, il m'a dit : "Tu vois, on n'a pas fait Guitry, mais on va faire Clemenceau"[2] », se souvient celle-ci. Elle n'a aucun doute : le comédien est l'homme qu'il lui faut. « Avec vingt ans de plus et plus d'expérience que lors de notre précédente rencontre, j'ai pu savourer le plaisir de travailler avec un acteur de cette trempe. J'ai pensé à Michel Simon, Pierre Brasseur ou Lucien Guitry. »

Le scénario relate « quatre années durant lesquelles l'éditrice et le "Père la Victoire" échangent près de 700 lettres, écrites le cœur battant ». Une « histoire puissante, hors norme »[3], résume Lorraine Lévy. Émilie Caen et Pierre Arditi sont d'autant plus à l'aise pour se donner la réplique qu'ils se sont déjà rencontrés pour une lecture au théâtre plusieurs années auparavant, bien que le projet n'ait pas abouti. « Il m'a félicitée quand il a su que c'était moi qui avais été choisie pour le rôle, signale l'actrice. On n'a jamais vu Pierre comme ça, il m'a bluffée, c'est le partenaire le plus enfantin que j'aie jamais eu. Il ne voulait jamais s'arrêter, il était toujours enthousiaste et en même

1. Susie Morgenstern, *La Première Fois que j'ai eu seize ans*, Paris, L'École des loisirs, 1990.

2. Entretien avec l'auteure, 24 août 2024.

3. *Ibid.*

temps dans l'exigence[1]. » « Il fallait que les comédiens se comprennent, explique de son côté la réalisatrice. Le troisième jour, on a tourné la scène dans laquelle Marguerite évoque le suicide de sa fille. Émilie Caen et Pierre se sont immédiatement retrouvés sur la même longueur d'onde. Il m'a dit : "Elle est formidable, la petite !" »

Chaque matin, Pierre Arditi accueille la réalisatrice dans sa loge par un joyeux : « Mesdames et Messieurs, Lorraine Lévy, 1413-1485 ». Il a de l'esprit, le sens de la repartie et rit souvent aux éclats. « Il n'arrêtait pas de faire l'imbécile[2] », se souvient, amusée, Nathalie Saint-Cricq qui a un petit rôle. « J'aimais bien tourner avec lui, il était toujours souriant, renchérit Jean-Pierre Guérin. Comme Gérard Depardieu, ce sont des comédiens qui ont besoin de sortir des blagues, ça leur donne de l'énergie pour des choses plus compliquées parfois. Il aime que ça aille vite, il est toujours juste, je ne l'ai jamais vu mettre un plateau en péril[3]. »

Élizabeth Bourgine garde de son côté à l'esprit le tournage d'un téléfilm dans lequel elle a autrefois joué la femme d'Arditi : *Une Ferrari pour deux*, réalisé par Charlotte Brandström (2002). Salomé Lelouch incarnait alors leur fille. Pierre était agacé par Bernard Le Cocq qui lui faisait des compliments sur la cuisine de son épouse. « Pierre était à pleurer de rire, il n'arrêtait pas, on a mis une journée entière pour tourner une séquence de petit déjeuner, de déjeuner, de dîner ! La caméra tressautait tellement le cadreur riait », se remémore l'actrice.

1. Entretien avec l'auteure, 24 octobre 2023.
2. Projection de *Clemenceau* sur France Télévisions, 18 octobre 2023.
3. Entretien avec l'auteure, 23 janvier 2024.

Mais quand Arditi est Clemenceau, il est Clemenceau. Lorraine Lévy estime que l'acteur est même allé « au-delà » de ce qu'elle lui demandait. « Je l'ai vu ralentir son pas, accomplir des choses qui l'ont emmené petit à petit vers Clemenceau, dit-elle. Il est dans le détail[1]. » « Il ne voulait pas rompre le fil[2] », se souvient Élizabeth Bourgine.

« Clemenceau est un homme dur, qui a des convictions et les défend bec et ongles. Par les temps qui courent, ce n'est pas si courant », décrit Pierre Arditi. L'acteur a des points communs avec l'homme politique, notamment sa propension à être bougon et de mauvaise humeur. Élizabeth Bourgine se rappelle : « Dans le film, il y a une scène où je fais remarquer son mauvais caractère à Marguerite en lui disant : "Ne vous inquiétez pas, chez lui, la vigueur passe toujours par la colère." Ça va bien à Pierre[3]. »

Celui-ci a l'autorisation de s'allonger sur le lit de Clemenceau dans la chambre de l'appartement du 8 rue Benjamin-Franklin, à Paris (aujourd'hui un musée). Aussitôt, l'acteur croit sentir la présence de l'homme politique : « Je te jure, Lorraine, y a quelqu'un ! » lance-t-il, troublé. Il répète alors à qui veut l'entendre qu'il n'est pas seul dans la pièce, ce que confirme Élizabeth Bourgine : « Il avait un grand respect pour les lieux. Et dès qu'il commençait à s'habiller, à se transformer, il changeait d'état d'esprit en même temps qu'on lui posait son faux crâne, sa fausse moustache. Il faisait des essais, il se promenait en Clemenceau, il s'asseyait dans ses fauteuils. Il était excité, curieux comme un enfant la veille de Noël,

1. Entretien avec l'auteure, 24 août 2024.
2. Entretien avec l'auteure, 16 décembre 2023.
3. *Ibid.*

mais à partir du moment où on entrait dans la maison de Clemenceau, ce n'était plus le Pierre qui fait des blagues et badine avec tout le monde. Il nous a parlé des cours d'art dramatique qui l'avaient marqué, selon lesquels il fallait intérioriser son personnage. Plus jeune, ça l'avait d'ailleurs bloqué. Il s'en était sorti en formulant les choses différemment : "Tu prends le personnage par la main et tu l'emmènes avec toi." »

Élizabeth Bourgine n'a jamais vu l'acteur dans cet état. « Je n'avais pas l'impression qu'il prenait le personnage par la main, mais qu'il se laissait imprégner par lui, comme on se laisse envahir par une émotion. Il avait décidé de se laisser traverser au lieu de diriger. Je trouvais ça très beau, très touchant qu'il s'abandonne et se laisse bousculer. »

Comme Lorraine Lévy, Pierre Arditi s'inquiète de la programmation du téléfilm face à *L'amour est dans le pré*. Le rendez-vous de M6 attire près de 4,5 millions de personnes. Par bonheur, ce soir-là, Clemenceau arrive en seconde position, soutenu par 2,5 millions d'amateurs de fictions historiques – devant le dernier épisode de *Clem*, la série à succès de TF1.

*

Après avoir tourné *Les Choses humaines* d'Yvan Attal, Arditi précise sa vision du jeu et son rapport aux rôles qu'il endosse. Sur le plateau de ce film, il s'est tout de suite entendu avec Bruno Chiche, qui le dirigeait pour la première fois (le réalisateur a été l'assistant de Robert Enrico). « Nous ne sommes que les chefs d'orchestre des hommes que nous sommes, affirme-t-il. C'est ça, l'histoire. On a d'abord appliqué les règles dictées par des coaches. Puis on a décidé de s'en affranchir, parce que notre liberté d'acteur, de singe d'acteur, a pris le dessus. Yvan Attal a trouvé un mode d'expression qu'on pourrait qualifier de janséniste et de minimaliste, et moi, une façon d'être plus extravertie – ce qui me correspond mieux, et reste fidèle aux enseignements de Léonard Bernstein. Mon personnage n'a pas à être sympathique : s'il est sympathique, il n'y a pas de film[1]. »

Pierre Arditi compare la façon de travailler de Bruno Chiche à celle d'Alain Resnais, qui n'imposait rien, se contentant de suggérer. Comme le souligne Sabine Azéma, « Resnais nous considère comme des collaborateurs, il donne le goût du risque[2]. » « Il y a deux catégories de réalisateurs : les violeurs et les voleurs, estime son partenaire. Les violeurs, ce sont ceux qui ont décidé de vous arracher de gré ou de force ce qu'ils veulent, et quand ils vous l'ont pris, ils vous jettent à la poubelle parce que ça ne les intéresse plus. Les voleurs, au contraire, sont des gens qui vous font toucher du doigt des choses dont vous ne soupçonniez pas forcément la présence en vous, ou dont vous ne vous étiez pas servis. Et quand eux s'en sont servis, ils vous le rendent, dans votre bagage à vous, et ça vous appartient[3]. »

Claude Lelouch appartient à cette seconde catégorie : « Les acteurs participent toujours à l'élaboration du personnage, c'est normal, c'est leur métier, dit-il. Nous, les réalisateurs, on n'est pas là pour diriger, mais pour doser, comme un médecin, pour donner la bonne

1. France Inter, 7 décembre 2022.
2. La Cinémathèque française, 7 novembre 2021.
3. France Info, 4 décembre 2022.

prescription. On n'a qu'à dire "Moteur !" et Pierre se lance[1]. »

Arditi affirme qu'il est doux comme un agneau à partir du moment où le réalisateur ou le metteur en scène auquel il a affaire en sait autant que lui : « S'il en sait moins que moi, je ne suis plus du tout facile à diriger. Il y a deux catégories d'acteurs : ceux à qui on demande de faire quelque chose, qui le font honnêtement et qui, quand ça ne va pas, disent : "Écoute, ça ne va pas, peut-on le faire autrement ?" Si le metteur en scène est intelligent, il accepte. Et puis il y a les acteurs qui, au départ, avant même d'avoir essayé, disent : "Non, je ne peux pas le faire comme ça, ça ne va pas…" Ce sont des cons ! » Selon Patrice Kerbrat, Arditi déteste par ailleurs que le metteur en scène soit également acteur dans la pièce qu'il dirige (cela a pourtant été le cas pour *La Vérité* de Florian Zeller).

⋆

À chaque fois qu'Évelyne Buyle travaille avec Arditi, elle porte un regard admiratif sur son partenaire. Entre eux, l'entente s'est instaurée immédiatement, au-delà des mots. « Avec lui, c'est tout pour le spectacle, dit-elle. On dit souvent que Pierre joue toujours de la même façon, mais c'est faux. Regardez les films de Valeria Bruni-Tedeschi ou ceux de Resnais comme *Smoking / No Smoking* : Pierre ose faire des choses assez différentes. Comme lui, Michel Simon jouait sans arrêt. Ces acteurs-là ne se sclérosent pas, ils font leurs gammes intelligemment[2]. »

1. Entretien avec l'auteure, 5 décembre 2023.
2. Entretien avec l'auteure, 23 juin 2023.

En tournée pour la pièce *Comme s'il en pleuvait*, Pierre Arditi invite toute la troupe, techniciens compris, dans un restaurant étoilé de chaque ville où le spectacle est joué. Il a des amis partout. « Il sait s'entourer, il a l'esprit de troupe. En avançant, il devient de plus en plus attentif aux autres[1] », souligne Évelyne Buyle. « C'est un acteur généreux avec les plus jeunes, et avec les autres en général, dans son jeu comme avec son public[2] », estime Chloé Lambert. « Jouer reste le cœur de sa vie[3] », renchérit Nicolas Briançon.

Pierre Arditi a en outre le cœur sur la main. « Tu ne vas pas encore me payer un taxi, j'ai l'âge et les moyens de me le payer, et c'est pareil pour les billets d'avion », proteste régulièrement son fils Frédéric face à la générosité paternelle. « La première fois de ma vie que je l'ai invité à manger, c'était début 2023. Bon, il faut dire qu'il nous emmène souvent dans des lieux où on ne peut pas payer l'addition[4]. »

Les jours de générale, Arditi offre même des « cadeaux somptueux[5] » à ses camarades, comme s'en souvient Béatrice Agenin. Un Noël, François Berléand, Sylvie Testud et Bernard Murat, qui jouent à l'époque avec lui *Sentiments provisoires* au théâtre Édouard-VII, reçoivent des écharpes Hermès en cachemire. « C'est trop ! » protestent-ils. « Ça me fait plaisir », répond Arditi, ravi. « Il n'aime pas l'argent, il dépense tout. Il a besoin d'inviter les gens au restaurant, c'est presque impossible de payer l'addition[6] », indique

1. *Ibid.*
2. Entretien avec l'auteure, 24 août 2023.
3. Entretien avec l'auteure, 6 juillet 2023.
4. Entretien avec l'auteure, 23 février 2024.
5. E-mail envoyé à l'auteure, 14 décembre 2023.
6. Entretien avec l'auteure, 9 janvier 2024.

François Berléand. « Je gagne de l'argent, alors je partage, rétorque son ami. Cela dit, je commence à faire un peu attention… Je ne vais pas aller dans la tombe avec mes lingots d'or… Mais je m'autorise à vivre. Si j'ai envie de passer huit jours quelque part avec Évelyne et les petits-enfants, je le fais[1]. »

« Le fait qu'il ait réussi et ne soit pas dans le besoin joue sur sa générosité[2] », estime Yoann Denaive. Pierre Colin-Thibert se souvient de son côté d'une grillade arrosée d'un vin local à la fin du tournage d'*Une villa pour deux*, à Lisbonne : « Pierre avait invité toute l'équipe[3]. »

« C'est l'un des seuls acteurs à ne pas avoir d'oursins dans les poches », estime Isabelle Kindinis Labriol, qui se souvient d'un geste de sa part lors du tournage de *Mémoire trouble*, à Lille. « Nous allons chez Hermès pour lui trouver des baskets. Pierre me demande : "Qu'est-ce que tu veux ?" » Tous deux se rendent ensuite dans une boutique Repetto. « Je vois une paire de tennis à lacets roses à tomber raide : il les a payées avant que j'aie le temps de sortir mon porte-monnaie[4]. »

Agathe Natanson a un souvenir identique. Au moment où Pierre et elle jouent *Le Mari, la Femme et l'Amant* au théâtre des Célestins, ils vont chez un antiquaire dans le vieux Lyon. La comédienne s'arrête devant un petit tableau représentant un personnage clownesque. « Il te plaît ? Je te l'offre », lance Arditi. « Il nous emmenait dans tous les restaurants qu'il connaissait, raconte de son côté la veuve de Jean-Pierre Marielle. Il a également été le parrain de la Fondation Recherche Alzheimer.

1. Entretien avec l'auteure, 4 avril 2024.
2. Entretien avec l'auteure, 26 septembre 2023.
3. Entretien avec l'auteure, 7 février 2024.
4. Entretien avec l'auteure, 8 septembre 2023.

Lors d'un gala, il a offert un jéroboam de vin pour la tombola. »

Selon Pascal Thomas, l'acteur conserve cette élégance dans tous les domaines. Le premier jour de tournage du film *Le Voyage en pyjama*, il ne connaît pas ses partenaires, mais « il invite tout le monde au restaurant – et pas dans un McDonald's ! ». Évelyne Dandry se souvient de son côté qu'il l'a invitée à La Closerie des lilas pour se faire pardonner un impair.

La générosité du comédien a toujours fait partie de son caractère, quel que soit son niveau de notoriété. Dans les années 1990, Michelle Podroznik souhaite par exemple qu'il tourne *Le Parfum de Jeannette*, une adaptation de la pièce du même nom de Françoise Dorner et Jean-Claude Carrière. L'acteur est partant, d'autant qu'il a déjà vu la pièce mise en scène par Annick Blancheteau au Studio des Champs-Élysées. Mais la productrice, débutante à l'époque, n'a pas un gros budget et ne pratique pas le star-système. Pour elle, tous les comédiens doivent toucher le même salaire. L'agent d'Arditi lui réclame une somme forfaitaire qui dépasse largement ses prévisions. « Ce n'était pas incohérent, étant donné que Pierre était une énorme vedette et qu'il avait fait beaucoup de films et de télé », rappelle-t-elle. Conciliant, celui-ci lui propose néanmoins un marché : « Si je prends la moitié, c'est bon ? Je gagne de l'argent à côté, la pièce me plaît et je te dois bien ça[1]. »

Depuis, il n'a pas changé. Christine Miller se souvient d'un jour où ils se promenaient dans le 6e arrondissement : « Il y avait des pompiers qui faisaient la quête, il a leur filé de l'argent, et pas trois francs ! » Jean-Claude

1. Entretien avec l'auteure, 21 septembre 2023.

Grumberg se rappelle pour sa part être allé au restaurant tous les soirs après le théâtre. « C'était toujours lui qui payait pour une table de dix personnes, ce qui est rare, observe l'auteur. Jean-Paul Roussillon était pareil. Pierre dit que s'il gagne beaucoup d'argent, c'est justement pour le dépenser – ma mère aurait dit pour le jeter par les fenêtres ! Il a besoin de cet argent, pas pour le garder, mais pour le claquer, si possible en aidant les autres[1]. » En revanche, il se montre embarrassé quand son entourage cherche à lui rendre la pareille. Catherine Hiegel raconte ainsi qu'Arditi l'a disputée, un jour où elle avait « réussi » à payer l'addition. « Il a été furieux quand il s'est aperçu que je l'avais invité[2]. »

Selon Lissa Pillu, l'acteur a un rapport « très sain » à l'argent. « Pierre est libre, irréprochable. Il peut être dur, mais il se lâche quand il le peut[3]. » En effet, pour qu'un film se monte, Arditi est prêt à faire des sacrifices sur son cachet, comme le signale Pascal Thomas, qui disposait de très peu d'argent pour tourner *Le Voyage en pyjama*. « Pierre n'a reçu qu'un centième de ce qu'il aurait dû toucher, un cachet de figurant, insiste-t-il. Tout le monde a été payé de la même façon[4]. »

1. Entretien avec l'auteure, 16 novembre 2023.
2. Entretien avec l'auteure, 21 février 2024.
3. Entretien avec l'auteure, 15 avril 2024.
4. Entretien avec l'auteure, 21 novembre 2023.

23

Lapin

Après la tournée de *Fallait pas le dire !*, qui dure jusqu'à la mi-mai, Pierre Arditi aurait dû marquer la rentrée de septembre 2023 avec *Salut les copains*, une pièce de Samuel Benchetrit, aux côtés de Nathalie Baye et de Thierry Lhermitte, au théâtre Édouard-VII. Mais le projet, jugé « trop compliqué », est stoppé net.

Pascal Legros, le directeur du théâtre Édouard-VII, le contacte alors pour lui proposer de jouer dans *Lapin*, une autre pièce du même auteur, écrite à la vitesse d'un TGV à la demande de Muriel Robin. Sous sa direction, les deux acteurs jouent leurs doubles, « Mumu » et « Pierrot ». Les lundis, jour de relâche, la première dîne chez le second. Ils parlent alors de tout et de rien, échangent sur leurs conjoints respectifs, leur santé, leurs déceptions, leurs espoirs et leurs projets. À mesure qu'ils se dévoilent, ils comprennent qu'ils ne sont pas seuls. Sur les planches, les deux acteurs jouent ensemble pour la première fois.

« Quand Pascal Legros m'a dit que Muriel Robin figurait au casting, j'ai tout de suite accepté. Je l'avais repérée chez Philippe Bouvard[1] », se souvient Pierre Arditi.

1. Entretien avec l'auteure pour *Le Figaro*, 30 août 2023.

Sa partenaire, quant à elle, est aux anges : « J'ai choisi le meilleur acteur français[1] », clame-t-elle à qui veut l'entendre. « Muriel est une enfant », observe Arditi, tout sourire, prêt à affronter ce nouveau défi. « Il a besoin de se concentrer, il répète tout haut[2] », raconte Évelyne Bouix.

Les deux trublions se sont connus dans l'émission *Le Théâtre de Bouvard*, diffusée sur Antenne 2 le 25 avril 1985. À l'époque, ils interprètent un sketch dans lequel mari et femme se bagarrent. Plus tard, dans une autre émission, Pierre Arditi est interrogé sur ses coups de cœur culturels et évoque l'humoriste blonde. Celle-ci s'en souvient encore : « Il a cité Soulages, je ne sais plus qui, et moi ! C'était l'apogée de ma vie ! Je n'avais rien fait, à part le conservatoire… » Tout de même.

Pierre Arditi est par ailleurs séduit par le texte de Samuel Benchetrit. Il faut dire que l'écrivain a parfaitement cerné le « personnage » de Pierrot, à qui il fait dire : « Ce n'est pas normal de jouer… ce n'est pas normal d'être là, devant un public qu'on ne voit pas… d'être chaque jour pendant deux heures quelqu'un d'autre, un prince, un voleur, un soldat, un mari trompé… Ce n'est pas normal à nos âges d'être encore un enfant chaque soir pendant deux heures… ce n'est pas normal d'être immortel. » On croirait entendre Arditi lui-même : « L'acteur fait semblant de mourir et se relève toujours à la fin »[3]. Ou Claude Lelouch, qui estime que les acteurs sont souvent plus forts sous les feux des projecteurs que dans leur vie quotidienne. « Quand ils font semblant sur un plateau, observe le cinéaste, ils ont tous les courages,

1. *Ibid.*
2. Entretien avec l'auteure, 25 septembre 2023.
3. Entretien avec l'auteure, 10 octobre 2023.

ils se sentent protégés et plus sûrs d'eux. Dans la réalité, on ne fait pas semblant, c'est pour cette raison que les acteurs sont souvent des infirmes dans la vie. Ils sont un peu perdus[1]. »

De fait, le metteur en scène trouve que Pierre Arditi ne déroge pas à la règle et se montre plus à l'aise sur une scène ou devant une caméra que dans son quotidien. « Il n'est pas le seul, dit-il. Les acteurs, ce sont des enfants qui ont à peine grandi et, surtout, qui ont un peu plus besoin d'amour que les autres. Quand cinq cents personnes vous applaudissent, ce sont cinq cents personnes qui vous disent : "Je t'aime." À la maison, c'est plus difficile d'avoir une standing-ovation ! »

⋆

Le destin est parfois cruel et imprévisible. Le soir du 27 septembre 2023, au moment où, après quelques jours de relâche, le duo Robin-Arditi reprend *Lapin*, Pierre Arditi est victime d'un malaise vagal et d'une crise d'hypoglycémie, une vingtaine de minutes après le début de la représentation. Comprenant qu'il se passe quelque chose d'anormal, Muriel Robin fait signe à quelqu'un dans les coulisses, puis aide Pierre Arditi à quitter la scène. Le rideau est baissé, les spectateurs, évacués, et le comédien, emmené par le Samu à l'hôpital Lariboisière, dans le 10e arrondissement de Paris. « Je me suis senti partir, je ne me souviens de rien », résume-t-il. Il se réveille entouré de sa femme, de son fils Frédéric et de Salomé.

La presse poubelle laisse entendre que le pire est arrivé et parle déjà de lui à l'imparfait. Pierre Arditi serait dans

1. Entretien avec l'auteure, 5 décembre 2023.

un état d'« urgence absolue » et aurait fait un « AVC », etc. Mais l'acteur rentre chez lui dans la nuit. Il reçoit plus de deux cents messages de soutien. Le lendemain matin, pour répondre aux inquiétudes du public, il s'exprime à la télévision et à la radio. « Il n'y a pas eu d'AVC, rien de tout ça, commence-t-il. [...] Bien sûr, ça fout la trouille, ça n'est quand même pas rien. Mais bon, ça va, c'est fini, je vais me reposer cinq jours et je recommencerai à jouer mercredi. » Et d'ajouter : « Je ne suis plus un perdreau de l'année... À un moment donné, malheureusement, l'âge entre en compte... De toute façon, je vais mourir en faisant du théâtre. La retraite n'existe pas chez les acteurs. Pour eux, c'est la mort, or je ne suis pas mort, je vais continuer encore un peu[1]. »

Quelques jours passent. Arditi répète : « Je suis fatigué, mais c'est normal, je vais me reposer, ça va aller. Je dois faire attention à moi. » L'incident lui a rappelé qu'il bénéficiait d'un énorme capital de sympathie auprès du public. « Voir que les gens m'aiment bien, c'est à la fois très angoissant et très agréable. Je ne savais pas que cela pouvait m'émouvoir à ce point-là », confie-t-il, touché, presque surpris.

Muriel Robin, qui l'a « un peu grondé », donne des nouvelles rassurantes dans les médias. Les jours suivants, son ami passe de nouveaux examens médicaux. « Je fais gaffe, quand même. Je commence à comprendre que je ne vais pas pouvoir continuer à faire le pitre comme ça, à ce rythme-là. Ça ne va pas être possible », dit-il. Signe inquiétant, il n'a pas spécialement d'appétit : « Ça m'arrangerait plutôt, comme ça, je vais maigrir, c'est mieux, s'esclaffe-t-il. J'ai un peu la trouille de la reprise, mais c'est normal[2]. »

1. Entretien avec l'auteure, novembre 2023.
2. Entretien avec l'auteure, 4 octobre 2023.

Deux jours avant la reprise, le 4 octobre, l'acteur confie qu'il ne craint pas d'avoir un trou de mémoire, mais plutôt de manquer de « l'énergie qu'il faut pour jouer ». Il a tort : il reprend *Lapin* avec une ardeur de jeune homme, quoique d'un pas plus lent que d'habitude. À la fin de la représentation, une « standing ovation » salue sa prestation. Les applaudissements sont encore plus nourris que les fois précédentes. Ému, il tient la main de Muriel Robin, salue la salle et fait la révérence à plusieurs reprises. Il pleure et n'arrive pas à quitter le plateau.

Bien qu'il réfute avoir eu un AVC, il vit désormais en s'inquiétant davantage pour sa santé : « J'ai eu la trouille, quand même. C'était un petit avertissement [...]. Ça ressemblait à un AVC, mais ça n'en était pas un. Il semblerait que ce soient des séquelles de quelque chose que j'aurais eu il y a très longtemps, et qui, subitement, aurait repointé le bout de son pif[1]. »

Malheureusement, le 11 octobre, victime d'un « gros coup de fatigue », Arditi doit une nouvelle fois annuler la représentation. Ce soir-là, c'est Samuel Benchetrit qui prévient les spectateurs. Pierre Arditi n'a pas pris suffisamment soin de sa santé. Par ailleurs, malgré ses problèmes de diabète, il s'est abstenu de déjeuner. « J'ai repris trop tôt, je dois accepter que je suis "fatigable" », concède-t-il.

Selon l'attachée de presse de la pièce, Nicole Sonneville, et Évelyne Bouix, Pierre Arditi n'a pas été raisonnable : « Il n'a sans doute pas passé tous les examens qu'il aurait dû passer ni vu les médecins qu'il aurait dû voir. Il doit absolument se reposer le temps

1. *Quelle époque !*, France 2, 3 février 2024.

qu'il faudra[1]. » Arditi se soumet enfin à l'avis des médecins. La reprise de *Lapin* est repoussée au 8 novembre. Tous ses autres projets sont annulés : il n'ira pas, comme il l'avait prévu, à La Piscine de Roubaix lire avec ses sœurs, Catherine, Danièle et Rachel, la correspondance de leur père[2]. Il assurera seulement en partie la promotion de *Clemenceau, la force d'aimer*. Par ailleurs, le théâtre Femina, à Bordeaux, annule sa rencontre avec le public en octobre. Bien sûr, contraint par les médecins et par des questions d'assurances de rester au repos chez lui, il n'assiste pas non plus à la projection de *Clemenceau* à France Télévisions, à la mi-octobre. Mais il attend de savoir si le film est bien reçu. « Il était comme un ours en cage, raconte en riant Nathalie Saint-Cricq. Je lui ai dit : "Une soupe et au lit", mais ce n'est pas le genre[3]. » « Pierre a compris qu'il devait ralentir pour retrouver un niveau de jeu absolu[4] », observe de son côté Rachel Arditi.

⋆

« Je dois arrêter de faire le con », assure le comédien, qui suit désormais un régime draconien. « L'avantage, c'est que je maigris », pouffe-t-il. Il se permet tout de même quelques sorties, comme le 7 novembre à l'hôtel Swann, à Paris, où il remet le prix Jean-René-Huguenin à Jean-Pierre Montal pour son livre *Leur chamade*. Quelques jours plus tard, il se réjouit de remplir de

1. Entretien avec l'auteure, 11 octobre 2023.

2. Notamment des lettres de Georges Arditi adressées à Yvonne et à Georges Canetti.

3. Lors de la présentation du téléfilm.

4. Entretien avec l'auteure, 20 octobre 2023.

nouveau, et enfin, le théâtre Édouard-VII. « Vous êtes le meilleur médicament au monde », lance-t-il au public.

Le 6 décembre 2023, il reçoit un Brigadier d'honneur pour l'ensemble de sa carrière, au théâtre Montparnasse, à l'instar de Stéphane Hillel, ancien directeur du théâtre de Paris[1]. Il est récompensé le même jour que Christine Murillo. La comédienne se voit quant à elle remettre le prix du Brigadier pour avoir ressuscité la comédienne Pauline Carton à la Scala.

Dans la salle se mêlent des proches et des personnalités du théâtre : Catherine Arditi, Catherine Bluwal, Florence Darel, Françoise Dorner, Fabio Marra, Lisa Martino, Cristiana Reali, Jean-Michel Ribes, Stéphanie Tesson, Marie-France Mignal, Béatrice Agenin, Claude Aufaure (qui a joué le père de Pierre Arditi dans *La Belle Époque* de Nicolas Bedos), Jean-Marie Galey, Laurent Bentata (le directeur général de Stage Entertainment France, qui se réjouit de remplir le Casino de Paris avec *Mamma Mia*), Nikos Aliagas…

« Tu as gardé une grande simplicité auprès du public, Pierre », lui assure le producteur Jean-Claude Houdinière après avoir passé sa carrière en revue. « C'est moins que pour Murillo, mais quand même, je te remercie pour cet éloge funèbre ! » commente Arditi, les yeux rieurs. Il en profite pour donner de ses nouvelles : il va bien, même s'il a une « perte d'équilibre de temps en temps », dit-il. « Le théâtre, c'est ma vie, ma vie, c'est le théâtre. On arrive à la fin, au sens beckettien du terme. » Les spectateurs protestent. Arditi reprend : « Vous faites partie de ma famille. Ce soir, j'ai une pensée pour Myriam Feune de Colombi[2]. Comme elle, vous faites partie de

1. Prix fondé en 1960 par l'Association de la régie théâtrale (ART).
2. Directrice du théâtre Montparnasse.

ma vie pour toujours, je n'ai pas envie de foutre le camp, je vous aime. Et je ne vous quitterai jamais, car sans vous, je ne suis rien. » Un tonnerre d'applaudissements retentit. Tout le monde se lève.

Comme le veut la tradition, Arditi frappe ensuite les fameux trois coups – un pour le théâtre, un pour le roi, un pour Dieu. « C'est difficile de passer après Pierre Arditi, il a fait rire tout le monde », ironise Danielle Mathieu-Bouillon, à la tête de l'Association de la régie théâtrale[1]. « Je suis un peu comme lui : si j'arrête de pédaler, je tombe », confie celle qui a aussi été directrice du théâtre Comédia. Et de remettre l'art dramatique en perspective : « Nous exerçons ce métier avec amour depuis le VIIIe siècle avant Jésus-Christ. » Attentif, Pierre Arditi sourit, faussement outré : « Peux-tu éviter de me désigner quand tu parles du VIIIe siècle ? » Tout le monde s'esclaffe. Malgré lui, il éclipse les autres par sa simple présence. Ses homologues ne s'en offusquent pas. « Pour qui donc sont venus tous ces gens ? Pas pour moi ! » lui fait remarquer Stéphane Hillel avec un clin d'œil, la main sur l'épaule. Son ami fait mine de protester. « Tu m'as rappelé des tas de souvenirs », lui confie de son côté Évelyne Dandry, qui a autrefois incarné à ses côtés Joséphine de Beauharnais tandis qu'il revêtait le costume de Bonaparte. « Tu m'as fait pleurer », murmure carrément Jean Barney, avec qui l'acteur a fait le doublage du *Fou de guerre*, un film de Dino Risi avec Coluche (1985) – Arditi y prête sa voix à Beppe Grillo.

« Où est-ce que je vais mettre ça ? » se demande le comédien à la fin de la cérémonie en parlant de son Brigadier qui vient de tomber. Comme à son habitude, il s'apprête à filer à moto-taxi. « Je vais le fourguer à

1. Pendant trente-sept ans, et également honorée d'un Brigadier.

Bertrand Thamin ! » s'exclame-t-il, goguenard. Le directeur du théâtre Montparnasse lui propose de le lui faire porter, mais Arditi refuse de s'en séparer.

De son côté, assis au quatrième rang, Alain Sachs attend que les participants quittent la scène pour répéter *Freud et la femme de chambre* avec son vieux copain François Berléand. « Cette cérémonie est à part, il n'y a pas une caméra », signale le metteur en scène, ravi. « Vous avez vu ? demande Arditi en sortant. Je suis aimé, je les aime, je les respecte. » Le lendemain, il est de nouveau à l'honneur : France 3 rediffuse le téléfilm *Meurtres à Colmar*. Chirurgien humanitaire, l'acteur y enquête sur la mort de son frère.

Las, deux jours plus tard, un nouveau coup de fatigue le contraint à s'arrêter pendant une représentation. « Il va devoir lever le pied pour ne plus faire que l'essentiel[1] », observe Claude Lelouch. L'acteur ne baisse pas les bras : il veut absolument reprendre le lendemain – alors que deux représentations sont prévues coup sur coup ce jour-là –, mais sa famille, qui craint pour sa vie, et les médecins l'obligent à rester chez lui. « Il va beaucoup mieux, après un léger malaise hier soir. Il est rentré chez lui », assure Nicole Sonneville. Salomé Lelouch confirme que le pire est passé[2]. « Je dois absolument me reposer », admet l'intéressé. Il reprendra finalement le 13 décembre, bien qu'une trentaine de représentations aient été annulées.

*

Il y a un avant et un après. Pierre Arditi a compris qu'il était mortel. Il décide de ralentir. « Depuis ses malaises,

1. Entretien avec l'auteure, 5 décembre 2023.
2. Entretien avec l'auteure, 13 décembre 2023.

il se sent moins tout-puissant, constate Agathe Natanson. Il se sent fragile. Il a perdu de sa superbe : au théâtre de la Pépinière, je l'ai trouvé très émouvant et humble[1]. »

Le 6 janvier 2024, lors de la dernière de *Lapin*, à Paris, Arditi finit sur les genoux, patraque. Son agenda est allégé en urgence pour raisons de santé. Il doit annuler sa venue au théâtre Femina, à Bordeaux prévue en février. Intitulé *90 minutes avec Pierre Arditi*, ce spectacle, conçu par le producteur David Becker, devait revenir sur le parcours de l'acteur, accompagné par un orchestre[2]. Dans la bande-annonce, on voit le comédien en train de s'étouffer : « Je meurs et je reviens ! » prévient-il en riant.

Arditi a déjà reporté plusieurs projets à l'année 2025, dont *Le Prix. Toute médaille a son revers* de Cyril Gely, avec Ludmila Mikaël, prévu au théâtre Hébertot[3] : les retrouvailles de deux scientifiques, Otto Hahn et Lise Meitner, dans une chambre d'hôtel de Stockholm. Il a également fait décaler *Je me souviendrai de presque tout* (titre provisoire), un spectacle écrit pour lui par l'humoriste et acteur Alexis Macquart, qu'il devait jouer avec Nicolas Briançon.

« La première lecture entre Ludmila Mikaël et Pierre Arditi a été un grand moment de théâtre, ça faisait quarante ans qu'ils se cherchaient[4] », s'emballe le metteur en scène Tristan Petitgirard.

« Je suis fatigué, confie alors Pierre Arditi d'une voix lente et rauque, en toussant. À un moment donné, il faut

1. Entretien avec l'auteure, 15 mai 2024.
2. Une représentation a été captée à Clermont-Ferrand en 2018.
3. Livre paru chez Albin Michel en 2019.
4. Entretien avec l'auteure, 15 avril 2024.

écouter ce que dit son corps. Si on veut abréger sa vie, on sait ce qu'il faut faire, mais ce n'est pas mon cas. Je dois me reposer[1]. » « Il a 79 ans, il doit s'arrêter, estime pour sa part François Berléand. Il y a tellement d'adrénaline sur scène… Ne plus jouer doit représenter un drame absolu pour lui. Il a dû prendre un sacré coup sur la tête[2] ! »

Cloîtré chez lui, à Paris, l'acteur reçoit un médecin après l'autre et n'intervient plus sur les plateaux de télévision. Il passe quelques jours dans sa maison en Normandie. « On m'a fait comprendre, dit-il, non pas que je devais renoncer à mon métier, mais qu'il fallait mettre la pédale douce, ne pas tourner trois films et jouer deux pièces à la fois, sans compter le doublage, l'enregistrement de nouveaux textes, la lecture… On m'a dit : "Faites tout ça si vous voulez, mais pas en même temps." Voilà… Ils ont raison, d'ailleurs. Mes collègues, eux, m'ont rassuré : "Ça va, ne t'inquiète pas, ce n'est pas un problème. Il faut que tu te reposes." J'aurais été incapable de jouer, de toute façon, je n'étais pas en état d'apprendre le texte[3]… »

Pierre Arditi assure que cela lui fait « un bien fou » d'avoir pris cette décision, de ne plus vivre à un rythme stressant. Il redécouvre qu'on peut vivre sans travailler, « quand on a la chance de pouvoir se le permettre », ajoute-t-il en souriant. Attention, il n'entend pas rester inactif : « Je vais écrire, moins sur moi que sur la vie, mais quand même, avec mon regard à moi. Et puis lire les livres que je n'ai pas eu le temps de lire, dire à ma femme, ce que je n'ai pas fait depuis très longtemps :

---

1. Entretien avec l'auteure, 10 décembre 2023.
2. Entretien avec l'auteure, 9 janvier 2024.
3. Entretien avec l'auteure, 15 janvier 2024.

"Tiens, on a huit jours devant nous, on s'en va." On peut aussi rester tranquillement dans l'appartement, écouter de la musique, regarder un film, discuter. Jouer, en particulier au théâtre, c'est un stress, qu'on le veuille ou non, quel que soit notre âge. La reconnaissance, et je ne peux pas me plaindre de ce côté-là, c'est aussi une forme de stress, c'est fatigant[1]. »

⋆

Refusant pourtant de tout abandonner, il décide de faire une lecture de ses « auteurs de chevet » deux fois par semaine au théâtre de la Pépinière, à Paris[2]. « C'est moins fatigant que de jouer, observe-t-il. Et puis, je ne voulais pas faire comme si je n'étais plus dans le circuit. Après tout, le cinéma, tout ça, c'est très bien, mais la grande affaire de ma vie, c'est le théâtre[3]. » Autrefois, le lieu s'appelait le théâtre de La Potinière. Arditi l'explique au public : « À 17 ans, je suis venu ici avec ma sœur et mon père rencontrer le directeur, Christian Gérard, mais on n'a jamais eu de nouvelles. Je suis retourné chez Tania Balachova[4]. »

L'acteur commence à répéter une semaine avant, chez lui et au théâtre : il va lire *Heureux les heureux* de Yasmina Reza ainsi que *Les Mots que j'aime* et *Mille et Un Morceaux* de Jean-Michel Ribes (il garde sous le coude *La Plus Précieuse des marchandises* de Jean-Claude Grumberg[5] et la préface

1. *Ibid.*
2. Du 13 février au 24 avril 2024.
3. *Théâtral magazine*, mars-avril 2024.
4. À la première du spectacle, le 13 février 2024.
5. Texte qu'il a déjà lu notamment à la Maison de l'Amérique latine et enregistré en CD (Lizzie, 22 août 2019).

de *Cosmos* de Michel Onfray qui écrit sur la mort de son père). Mais, comme il le dit, il faudrait consacrer une heure à chaque œuvre. Ce travail de préparation le remet néanmoins en selle. Ses proches le disent « en pleine forme ». « Bien sûr qu'il avait le trac, précise Frédéric Arditi. Mais ce trac a évolué avec le temps, il a appris à mieux le gérer. Salomé ne voulait pas qu'il sache qu'il y avait des gens qu'il connaissait dans le public. Elle sait que ça lui met la pression[1]. »

Le soir de la première, il y a foule devant le théâtre, rue Louis-le-Grand. De nombreux fidèles figurent parmi les quelque trois cents personnes. Un feutre noir sur le crâne, Salomé Lelouch est à l'accueil : elle a tout organisé et veille au grain. Des gens de la mairie de Paris viennent retirer leur billet. Dans le hall d'entrée, une dame est accompagnée par « le médecin de Françoise Fabian ». « Quand on a une passion, il ne faut jamais l'abandonner », prescrit le docteur, affable. Plus loin dans la foule, Évelyne Buyle salue une connaissance tandis que Claude Lelouch est rejoint par sa femme, l'écrivaine Valérie Perrin. Salomé soulève son chapeau en voyant Jean-Michel Ribes retirer le sien. « Mes hommages », lui lance-t-elle, un large sourire aux lèvres. L'acteur Charles Berling s'installe à côté de Frédéric Arditi. « Pierre ne sait pas que je suis là[2] », confie ce dernier. Au bout de la rangée prend place Jean-Claude Houdinière, le producteur de *La Machine de Turing*, tout sourire, certain de passer une bonne soirée. Tout comme Jean-Paul Bordes, Sébastien Castro, Lisa Martino et Stéphane Hillel, qui ne se quittent pas.

1. Entretien avec l'auteure, 23 février 2024.
2. *Ibid.*

Sur scène, en pull et pantalon noirs, Pierre Arditi est comme chez lui, si ce n'est qu'à la place de ses chaussons, il porte des chaussures. Il s'avance d'un pas lent, les épaules en avant, s'accroche à la servante, cette lampe qui reste toujours allumée dans chaque théâtre même quand les lieux sont déserts. Retentit alors la chanson *Les Rois du monde*, issue de la comédie musicale *Roméo et Juliette*. « Une idée du régisseur... C'est consternant, une chanson de shampouineuse ! » observe l'acteur, hilare (plus tard, il dira « de shampouineur »).

« La lecture, c'est l'essence même de mon métier », commence le comédien, qui rappelle que sa tante Denise, on l'a vu, leur lisait, à Catherine et lui, des aventures de *Cigale en Chine* imaginées par Paul d'Ivoi lorsqu'ils étaient enfants. « Ça fait soixante ans que je raconte des histoires. C'est comme une petite madeleine de Proust. Ce soir, je serai votre tante Denise, j'espère ne pas vous endormir ! » Avant de s'asseoir derrière une table où est posé un verre d'eau et de chausser sa paire de lunettes, Pierre Arditi rassure le public, qui n'a pas oublié les trois malaises dont il a été victime fin 2023 : « Ça va, ça va mieux. Normalement, cette fois-ci, je vais aller jusqu'au bout », s'esclaffe-t-il, malicieux. La salle rit. « Je bois une gorgée d'eau pour éliminer le stress, prévient-il en s'installant, ses notes sous les yeux. Je vais vous lire deux ouvrages de Jean-Michel Ribes, *Les Mots que j'aime* et *Mille et Un Morceaux*. J'ai moi-même joué dans *Bataille*, la pièce qu'il a écrite avec Roland Topor, accompagné de François Berléand[1] ! »

Dans *Mille et Un Morceaux*, l'ancien directeur du théâtre du Rond-Point se raconte à travers des anecdotes

1. Créée au théâtre du Rond-Point en février 2008 et filmée par Jean-Michel Ribes en mars 2008.

savoureuses. « Il ne se casse pas le bonbon », se moque Pierre Arditi en lui jetant un regard affectueux. L'acteur convoque également les ombres de Jean Le Poulain, Jacques Villeret, Antoine Vitez, Eugène Ionesco... Plié en deux, il fait mine de se gifler à deux reprises : « Arrête, ce n'est pas toi qui dois rire, ce sont eux. » Il lit ensuite un texte de Yasmina Reza, *Heureux les heureux*, qui relate une inénarrable scène de ménage entre Odile et Robert dans un supermarché. « Yasmina Reza brosse le portrait d'êtres humains qui nous ressemblent », observe Pierre Arditi, qui a eu « la chance », rappelle-t-il, de jouer 500 fois sa pièce *Art*.

À la fin, la salle entière salue sa lecture. « Je ne suis pas encore mort, et si vous dites à vos amis que je suis encore capable de jouer quelque chose, ça me rendrait service ! Vous êtes le meilleur médicament du monde, je vous remercie. Même vieux, rien ne m'empêchera de continuer à jouer ! »

Arditi est invité partout pour faire la promotion du spectacle. « Ça marche pas mal, se réjouit-il, invité à la Cité du vin à Bordeaux. Les mardis et les mercredis sont plus creux. Ça me rappelle mes jeunes années, il m'est arrivé de jouer dans des salles qui n'étaient pas pleines. Bon, l'essentiel est que les critiques sont bonnes[1]. » Certains journalistes en profitent pour lui tirer les vers du nez : que lui est-il arrivé exactement pendant les représentations de *Lapin* ? Il le répète : « C'est un mauvais souvenir qui s'efface, ma vie continue[2] ! »

1. Entretien avec l'auteure, 19 mars 2024.
2. *Ibid.*

24

De gauche pour toujours

En juin 2024, après des élections européennes marquées par un score inédit de l'extrême droite, Pierre Arditi est remonté quand il apprend qu'Emmanuel Macron va dissoudre l'Assemblée nationale. « Ce n'est pas une bonne nouvelle ! fulmine-t-il. Ça pose des problèmes[1]. »

Il se dit « viscéralement » de gauche et entend le rester jusqu'à sa mort, même s'il est parfois déçu par les personnalités politiques qui la représentent. « À 21 ans, Pierre était farouchement contre la guerre du Vietnam, d'ailleurs tout le monde l'était, se souvient Viviane Blassel. Il était plutôt à gauche, et il l'est resté, sincère, pas militant, mais avec une envie de défendre des valeurs justes[2]. » « Il s'est toujours beaucoup engagé : c'était un ami de Michel Piccoli, une vraie personnalité de gauche, il a toujours été très sincère[3] », confirme Dominique Blanc.

Son copain Bernard Murat, qui était membre de l'Organisation communiste internationaliste (OCI), l'a poussé

1. Entretien avec l'auteure, 10 juin 2024.
2. Entretien avec l'auteure, 6 janvier 2024.
3. Entretien avec l'auteure, 29 avril 2024.

à adhérer à la Ligue communiste révolutionnaire (LCR). « À l'époque, il y avait aussi Alain Krivine, Daniel Bensaïd, et Henri Weber, le mari de Fabienne Servan-Schreiber, raconte Pierre Arditi. J'ai eu une carte au Parti communiste, pas très longtemps, quand même. Mon père avait été adhérent, lui aussi. J'ai toujours eu une affection pour les "cocos", comme on disait – comme on dit toujours, d'ailleurs. C'est un terme qu'on entend beaucoup dans la culture, à cause de la création artistique très riche dans les banlieues et en province, qui a été défendue par les communistes[1]. »

Pierre Arditi se remémore notamment l'ancien maire d'Aubervilliers, Jack Ralite, « qui a été ministre de la Santé, alors qu'il aurait dû être ministre de la Culture. Moi qui étais communiste, j'ai justement joué à Aubervilliers avec mon copain Didier Bezace et Gabriel Garran[2] ». Durant cette période, quand Johnny Hallyday l'aperçoit, il lui dit : « Voilà le communiste[3] ! » Les deux hommes se connaissent suffisamment bien pour se permettre de telles familiarités. « Nos vies nous ont fait nous croiser, raconte Arditi. Nous avons passé l'an 2000 ensemble dans la réserve du Maasai Mara, au Kenya, emmenés par Jean-Claude Darmon, Daniel Ceccaldi[4]… »

D'après Claude Lelouch, c'est Arditi qui aurait inventé la « gauche caviar ». Le cinéaste a le sentiment que l'acteur

1. Entretien avec l'auteure, 4 avril 2024.

2. L'acteur et metteur en scène, fondateur du théâtre de la Commune à Aubervilliers, est mort en 2022.

3. Entretien avec l'auteure, 10 juin 2024.

4. Dans les années 1995-1996, le comédien avait parlé de ce lieu dans une série animalière, *Chronique de l'Afrique sauvage*, diffusée sur France 3 puis sur La Cinquième.

joue à être de gauche : « Il me fait marrer quand je le vois prendre position. Je ne crois pas aux acteurs qui ont des engagements politiques, c'est trop loin de leurs rêves[1]. » Selon Patrice Kerbrat aussi, Arditi serait bourré de contradictions. Le metteur en scène explique : « Il dit des choses qui ne seraient pas déplacées dans la bouche de quelqu'un de droite, mais il se dit de gauche. Cela n'empêche pas que je suis presque toujours d'accord avec lui[2]. »

« Elle est où, la gauche, aujourd'hui ? » se défend Pierre Arditi en septembre 2023. « J'ai malheureusement un âge qui me permet d'avoir connu d'autres époques… C'est quoi, l'identité actuelle de la gauche ? Je ne la reconnais pas… Quand les gens vont-ils comprendre qu'on est en train de faire le berceau de tout ce dont on ne veut pas dans ce pays ? Qu'on est en train de faire le berceau de l'extrême droite[3]… ? »

Au début des années 1980, l'acteur enregistre des spots radiophoniques de soutien au PS. S'il n'a pas la carte du parti, il a toujours cru en François Mitterrand et a toujours admiré Robert Badinter, « l'homme qui ouvre les bras au monde ». « Je n'étais qu'un compagnon de route du parti, je n'ai jamais eu ma carte, mais enfin, j'étais totalement… eh bien oui, j'étais un vieux mitterrandiste, mais pas seulement[4]. »

D'après Macha Méril, quand Mitterrand a été élu président de la République une première fois, Murat et Arditi ont eu la prétention « d'être les représentants

1. Entretien avec l'auteure, 5 décembre 2023.
2. Entretien avec l'auteure, 28 novembre 2023.
3. *C'est à vous*, France 5, 6 septembre 2023.
4. Entretien avec l'auteure, 4 avril 2024.

de la gauche[1] » dans le monde du spectacle. Ils soutiennent toujours l'homme à la rose lors de sa réélection. En 2003, Arditi lit un de ses textes pour l'inauguration du Quai François-Mitterrand. « Quand vous redeviendrez de gauche, vous saurez où nous trouver ! » écrira-t-il avec Juliette Greco, Maxime Le Forestier et Michel Piccoli en mai 2009 dans une lettre à Martine Aubry, premier secrétaire du Parti socialiste, après le refus du PS de voter la loi Création et Internet. « La gauche – notre famille –, c'était le refus d'un ordre purement marchand. C'était la protection du faible contre le fort. En particulier pour la culture. En ne les abandonnant pas à la seule loi du marché, la gauche avait sauvé les artistes dans notre pays. C'était vrai, en particulier, des dispositions prises sous François Mitterrand… »

« C'est ma mentalité, je suis un homme de gauche même quand je vote à droite, assure Pierre Arditi, qui reçoit *Le Figaro*. Je n'ai jamais été abonné à *Libé*, j'aimais pourtant beaucoup ce journal autrefois, mais moins maintenant[2]. » Son père, lui, lisait *Le Monde*.

En 1995, « comme tout le monde », le comédien rappelle qu'il a voté pour Jacques Chirac contre Jean-Marie Le Pen et le revendique. Dans les années 2010, la politique de François Hollande ne correspond pas à ce qu'il espérait, mais il veut continuer à croire en lui. C'est d'ailleurs l'ancien président qui le promeut au grade d'officier de la Légion d'honneur en 2016. « Cela m'a fait plaisir : dans son discours, il a cité plusieurs fois *Le Sang de la vigne*, il appelait quasiment Pierre par le nom de son personnage, Benjamin Lebel, se souvient la productrice Lissa Pillu. Après la cérémonie, nous sommes allés dîner

1. Entretien avec l'auteure, 5 décembre 2023.
2. Entretien avec l'auteure pour *Le Figaro*, 4 septembre 2015.

chez Drouant. Il était une heure du matin, nous allions partir quand François Hollande nous a rejoints[1] ! »

Selon l'essayiste Éric Naulleau, Pierre Arditi est un homme de gauche « à l'ancienne ». Un homme qui se sent concerné par la société dans laquelle il vit. « Mon métier, c'est de regarder le monde autour de moi et de tenter de le reproduire, assure d'ailleurs l'acteur. En tout cas, de reproduire ou ce qui me plaît, ou ce qui me choque, d'avoir une opinion et de voir quel est mon pouvoir par rapport à ce monde. Il y a des gens qui croient vivre, alors qu'ils ne vivent pas. C'est leur problème. Je connais aussi des gens qui n'ont aucun centre d'intérêt, qui passent au travers de cette chose qui s'appelle la vie. »

Lors de l'élection présidentielle de 2017, le comédien milite pour Emmanuel Macron, le candidat d'En marche !. Il est d'ailleurs présent à la mythique brasserie parisienne La Rotonde pour célébrer sa qualification pour le second tour, aux côtés de Jacques Attali, Stéphane Bern, Erik Orsenna, François Berléand et Line Renaud. « Le menu n'avait rien de somptueux. Il y avait quelques radis, des croque-monsieur coupés en quatre et des coupes de champagne. C'était très simple. Il n'y avait rien de bling-bling, au contraire, ou alors le prix du radis a singulièrement flambé[2] ! » justifie Stéphane Bern après la polémique déclenchée par cette réunion.

En mars 2019, Arditi participe à son premier débat sur La Chaîne parlementaire (LCP) avec Pierre Sled, dans l'émission *Politique matin*. Un peu plus tard, en plein Covid, il défend le gouvernement d'Emmanuel Macron, qui fait selon lui « ce qu'il peut ». « On peut toujours

1. Entretien avec l'auteure, 15 avril 2024.
2. *Le Figaro*, 24 avril 2017.

dire : “Y a qu’à, faut qu’on…”, mais encore faut-il comprendre ce qui se passe ailleurs, s’enflamme-t-il. On peut certes ne pas avoir voté pour ce président, ne pas être d’accord avec une partie de sa politique, penser autrement. Mais on est le seul pays au monde à avoir pris des mesures pour essayer de protéger les travailleurs au chômage partiel, en attribuant des aides aux entreprises[1]… »

Lors de la présidentielle de 2022, aux côtés de plus de cinq cents personnalités, Pierre Arditi déclare dans une tribune qu’il votera pour le président sortant au second tour du 24 avril. Soit Emmanuel Macron, le but étant de faire barrage à Marine Le Pen, la candidate du RN, « dont le programme reste celui de la xénophobie et du repli sur soi ».

*

Au théâtre comme dans la vie, Pierre Arditi défend parfois des valeurs politiques paradoxales. C’est ce qu’il fait dans *Comme s’il en pleuvait* (2012), la comédie que Sébastien Thiery a écrite en pensant à lui. Dans la pièce, un couple ordinaire découvre chaque soir des billets de banque dans son salon, « comme s’il en pleuvait ». Le personnage joué par le comédien s’emporte : « Bon, ça va, maintenant ! Hein, ça va ! Être de gauche, ce n’est pas forcément porter un pull qui gratte et manger du pâté de foie en boîte ! On peut être socialiste et se faire plaisir, non ? On n’est pas condamné, sous prétexte qu’on a des valeurs humaines, à s’habiller comme un con et à bouffer de la merde ! » « C’était intéressant de voir un homme de gauche se retrouver en contradiction avec ses idéaux, un syndicaliste qui s’enrichit malgré lui

1. Entretien avec l’auteure pour *Le Figaro*, 20 octobre 2021.

et devient un homme de droite. J'y ai vu la possibilité de faire une farce[1] », explique Sébastien Thiery.

Selon Pierre Arditi, être un « bon » homme de gauche, c'est parfois avoir le courage de ne pas être d'accord avec les siens. « Je crois que c'est Raymond Aron qui a dit ça le premier, explique-t-il au moment de la pandémie. Ça ne m'arrange pas du tout, que la gauche soit dans l'état où elle est. J'ai connu une gauche qui semblait plus créatrice, plus intéressante et entraînante. Je ne suis pas devenu un homme de droite, mais j'ai pris par exemple le parti de Bruno Le Maire sur certains sujets. Ce n'est pas quelqu'un qui m'enthousiasme, mais il fait le job. Soit on est de mauvaise foi et on le critique, soit on reconnaît la valeur de ce qu'il a fait. Je suis en désaccord avec des gens qui râlent beaucoup, mais ne proposent rien. Qu'est-ce qu'ils auraient fait à sa place[2] ? »

Toutefois, comme le constate Lorraine Lévy, Pierre Arditi n'est pas « enfermé dans une sorte de nomenclature, il est sain et juste[3] » dans ses convictions. C'est aussi l'opinion de Lissa Pillu : « Quand il a quelque chose à dire, il le dit, et ce n'est pas forcément ce à quoi on s'attendait. Mais il a un vrai discours, il sait prendre position – peu ont ce courage – sans abuser de son statut. Il parle quand certaines situations l'offusquent, c'est souvent juste, d'ailleurs[4]. »

Arditi est également indépendant d'esprit, d'après Bruno Podalydès : « Il a des espèces de garde-fous moraux, une ligne un peu hors parti qu'il arrive à tenir. Pierre a des convictions, il est courageux, il restera

1. Entretien avec l'auteure, 27 novembre 2023.
2. Entretien avec l'auteure pour *Le Figaro*, 20 octobre 2021.
3. Entretien avec l'auteure, 24 août 2023.
4. Entretien avec l'auteure, 22 avril 2024.

fidèle à ses croyances premières[1]. » Parmi celles-ci figure incontestablement la foi en son prochain. À 39 ans, le comédien se présentait déjà comme un « extraverti à qui les autres sont indispensables. Ils sont mon miroir et mon refuge. Comment, dans ces conditions, les rejeter ? J'ai foi en l'homme. Ne pas croire en l'humanité est une attitude réactionnaire. Je veux faire crédit aux hommes, penser qu'ils peuvent se bonifier[2] ».

Depuis toujours, Évelyne Bouix est plus réservée. « Moi, j'aime les gens s'ils sont formidables, qu'ils soient à droite ou à gauche, dit-elle. Je suis plutôt instinctivement de gauche, mais ça peut changer, j'ai confiance dans les gens. Je n'ai pas envie de débattre sur la politique. Pierre, lui, a souvent envie d'en parler. Il y a des gens qui se sentent concernés en tant que citoyens, d'autres de façon plus privée, c'est très intime, la politique. Si Pierre en éprouve le besoin, qu'il parle. Ça dépend des personnalités[3]. » Son mari résume en riant : « Évelyne fait partie de la France silencieuse, moi, de la France qui parle[4] ! »

---

1. Entretien avec l'auteure, 15 septembre 2023.
2. *Le Figaro*, 11 juin 1983.
3. Entretien avec l'auteure, 25 septembre 2023.
4. Entretien avec l'auteure, 20 octobre 2021.

25

« Ce parti d'opposition qui s'appelle la vie »

Sur les questions politiques ou sociales, dès qu'un interlocuteur l'énerve, Pierre Arditi cite Balzac : « J'appartiens à ce parti d'opposition qui s'appelle la vie. » Pour lui, quoi qu'en pense son entourage, « c'était mieux avant ». Il ne faut pas trop chatouiller le comédien, toujours prompt à la repartie. Il aime cependant débattre : tout le monde a des opinions, estime-t-il.

« J'ai cet avantage – ou cet inconvénient, d'ailleurs, parfois – d'exprimer des opinions qui ne sont pas forcément celles de tous, assène-t-il. On ne peut pas plaire à tout le monde, ce n'est pas possible. Mais, contrairement à autrefois, et même si je n'ai rien abandonné de mes convictions, je suis moins manichéen. La vie, ce n'est pas tout blanc ou tout noir[1]. »

L'acteur ne s'embarrasse pas de compromis : « Nos libertés n'appartiennent qu'à nous, affirme-t-il. La seule privation de liberté, c'est la mort. Je peux vous en parler puisque, petit à petit, celle-ci s'approche de moi. » Il insiste : « La seule chose qui soit liberticide, c'est la mort. Il n'y a pas plus liberticide parce que c'est l'arrêt

1. *Le Pays d'Auge*, 9 décembre 2022.

de la vie. Comme disait Jean d'Ormesson [Pierre Arditi l'imite] : "À partir du jour où l'on naît, on commence à vieillir." »

L'acteur et l'écrivain ont failli se donner la réplique dans *Mon père avait raison*, de Sacha Guitry : « Il devait jouer mon père, se souvient Arditi. Il était très bien, d'ailleurs, plus vrai que nature. » Les deux hommes s'entendent bien, mais leur collaboration est de courte durée : « Jean, vous pourriez jouer combien de temps ? » s'enquiert Arditi. Et l'académicien de répondre : « Oh, quinze jours... Peut-être un mois. Au-delà, ce serait compliqué ! »

Prolixe, disponible, Pierre Arditi prend tout au long de sa carrière la parole plus souvent qu'à son tour sur les plateaux de télévision, et à propos de tout. Il entend « chambouler » l'ordre établi, bousculer les esprits, provoquer enfin un sursaut. « Pourquoi est-ce qu'un acteur ne serait pas aussi un citoyen ? Ça commence à bien faire, ce raisonnement à la con ! Ça veut dire : "Joue et tais-toi !" Mais non. Les gens de scène sont aussi des citoyens, ils ont le droit d'avoir des opinions. Je n'oblige personne à penser comme moi. J'ai beaucoup évolué : plus jeune, évidemment, je vilipendais ceux qui ne pensaient pas comme moi. J'ai évolué – non pas que j'aie changé, mais j'ai plus d'espérances aujourd'hui qu'il y a trente ou quarante ans. Je suis moins sectaire[1]. »

Ennuyée et agacée malgré tout par la véhémence de son mari, Évelyne Bouix profite de ses apparitions télévisées pour aller au cinéma ou se promener. « Je pense qu'on écoute davantage les gens quand ils sont calmes, mais ce n'est pas le mode de fonctionnement de Pierre,

1. Entretien avec l'auteure pour *Le Figaro*, 21 octobre 2021.

il s'emporte vite », confie-t-elle. « Je revendique l'engagement de salon », s'enorgueillit son époux, qui espère toutefois ne pas se transformer en donneur de leçons. Brigitte Fossey constate de son côté : « Quelquefois, Pierre est animé d'une sainte colère. Il s'embrase et fonce quand il estime cela en vaut la peine[1]. » D'après Patrice Kerbrat, le comédien se montrerait d'ailleurs parfois soupe au lait : « Au moins une fois par spectacle, il se met à hurler parce qu'il trouve qu'on ne le respecte pas suffisamment, que le metteur en scène est nul, ou parce qu'un partenaire l'agace. Souvent, on ne sait même pas pourquoi, c'est son angoisse qui s'évacue comme ça, j'imagine. Dans *Art*, il y avait une scène où il devait disparaître derrière un canapé, cette seule idée l'a rendu fou[2] ! » Une scénariste qui préfère ne pas être citée l'a elle aussi vu s'emporter. « Pendant une lecture, si un comédien avait le malheur de ne pas connaître son texte, qu'est-ce qu'il prenait dans la figure ! Pour Pierre, c'était insupportable. À voir sa colère, vous aviez envie de vous cacher sous une chaise[3]. »

Ses coups de gueule ont également marqué les annales du petit écran, par exemple au moment de la Coupe du monde de football de 1998. Le comédien, fan des Bleus, assène à qui veut l'entendre que les médias doivent arrêter de considérer l'équipe de France et son entraîneur (Aimé Jacquet) comme des « ringards ». « Cessez de demander à cet homme d'être prêt avant son heure [...]. Qu'on lui foute la paix et qu'on le laisse travailler, on en reparlera après[4] ! » s'insurge-t-il. Il cosigne d'ailleurs sur

1. Entretien avec l'auteure, 4 septembre 2023.
2. Entretien avec l'auteure, 28 novembre 2023.
3. Entretien avec l'auteure, 9 novembre 2023.
4. *Tous en finale*, TF1, 8 octobre 1998.

le sujet la préface d'un livre d'Alexandre Fiévée, *Seule contre tous ! Coupe du monde 98, l'histoire d'une équipe. L'aventure des Bleus par le prisme médiatique*[1].

Dix ans plus tard, Pierre Arditi félicite Didier Deschamps lors de la victoire de 2018. En tournage à Colmar (Haut-Rhin), il a regardé la finale de la Coupe du monde avec quelques clients et des employés à l'hôtel des Têtes. « Je ne sais pas quel impact ça aura, mais la France va s'apercevoir qu'elle ne perd pas toujours, et c'est bon pour l'état d'esprit de tout le monde[2] », lance-t-il, heureux de la victoire des Bleus.

*

Au besoin, il partage ses idées sur les plateaux de télévision, comme c'est le cas le 11 janvier 2011. Ce jour-là, sur France 2, Arditi présente avec l'économiste Daniel Cohen et l'écrivain Erik Orsenna « Fric, krach et gueule de bois : le roman de la crise », un magazine didactique consacré à l'histoire économique depuis les années 1970. Pierre Arditi joue le candide, pose les questions que tout le monde se pose.

Philippe Lançon, qui a vu l'émission, brosse de lui un portrait en demi-teinte : « Troubadour domestique, il pointe vers le téléspectateur ses yeux noirs et brillants, son pelage souple et grisonnant, son beau museau frémissant, et, avec enthousiasme et générosité, fait la fête et sa publicité ; et cela, à toute heure : dans les premières parties de soirée, dans les journaux télévisés, dans les films, les téléfilms et les pièces de théâtre filmées, et encore tard dans la nuit. Il a aidé Christine Bravo dans

1. *Amphora*, 24 mai 2018.
2. *Le Parisien*, 16 juillet 2018.

sa première émission du samedi sur l'Europe, il a rongé son petit os de gauche chez Thierry Ardisson, dans *Tout le monde en parle*. Car il a son avis sur tout, sur rien, et c'est aussi pour ça que la télé l'aime : en prolongeant à l'écran, comme un écho ménager, les lieux communs de nos conversations, il décomplexe, détend, et permet d'apprivoiser la banalité[1]. »

De fait, aucun sujet n'échappe à l'acteur. En janvier 2018, Arditi se fait l'avocat de Catherine Deneuve sur le plateau de *C'est à vous*. La star vient de susciter un tollé en signant une tribune collective dans *Libération* défendant « la liberté d'importuner » des hommes au nom de la « liberté sexuelle ». Tribune dont elle finira par s'excuser.

Pour la défendre, l'acteur déclame une réplique d'Elmire à son mari Orgon dans *Tartuffe*, de Molière : « Est-ce qu'au simple aveu d'un amoureux transport / Il faut que notre honneur se gendarme si fort ? / Et ne peut-on répondre à tout ce qui le touche / Que le feu dans les yeux et l'injure à la bouche ? / Pour moi, de tels propos je me ris simplement / Et l'éclat là-dessus ne me plaît nullement / J'aime qu'avec douceur nous nous montrions sages / Et ne suis point du tout pour ces prudes sauvages / Dont l'honneur est armé de griffes et de dents / Et veut au moindre mot dévisager les gens… »

En mars 2018, aux côtés notamment d'Isabelle Adjani, de Juliette Binoche et de Marion Cotillard, le comédien signe une pétition pour que la lutte contre le réchauffement climatique devienne une priorité politique en France. Intitulée « Le plus grand défi de l'histoire de l'humanité », celle-ci fait la une du journal *Le Monde*

1. *Libération*, 17 février 1999.

sous le titre « L'appel de 200 personnalités pour sauver la planète » : « Nous considérons qu'un gouvernement qui ne ferait pas du sauvetage de ce qui peut encore l'être son objectif premier et revendiqué ne saurait être pris au sérieux. »

L'engagement d'Arditi ne s'arrête pas là. À l'instar de Valeria Bruni-Tedeschi, il défend Woody Allen lorsque celui-ci devient la cible des médias et de l'opinion publique. « On a déjà gueulé là-dessus, Emmanuelle Devos et moi, il y a quelque mois. Ce n'est pas possible d'être traité comme ça. À un moment, le politiquement correct devient très incorrect. C'est un monde dans lequel je ne peux pas vivre, je suis trop vieux, ça doit être pour ça : j'ai vécu dans un monde plus libre, plus intelligent, plus imaginatif[1]. »

En octobre 2019, Arditi réitère. Il signe, avec quarante personnalités du monde du spectacle et de la culture parmi lesquelles Patrick de Carolis, Denis Podalydès, Jean Reno et l'ex-ministre de la Culture Françoise Nyssen, un appel contre l'interdiction de la corrida aux mineurs, que la députée Samantha Cazebonne souhaite introduire dans une proposition de loi sur le bien-être animal. « On ne peut pas regarder l'Histoire avec une gomme[2] », lance un peu plus tard Pierre Arditi à Yves Thréard, à propos du « wokisme » et de la « *cancel culture* ». En juin de la même année, il milite pour l'inscription des bistrots parisiens au patrimoine immatériel de l'Unesco. Sans ces lieux où il aime observer les gens, il se sentirait orphelin, assure-t-il avec emphase.

Plus récemment, le comédien s'insurge contre la guerre en Ukraine, dans un pays « seulement à trois

1. *Le Petit Bulletin de Saint-Étienne*, 6 février 2019.
2. LCP Assemblée nationale, 19 février 2022.

heures de Paris… », mais aussi contre le conflit israélo-palestinien, et contre toutes les barbaries. Y compris les violences faites aux femmes, en France et à l'étranger. « Au bout de la vingtième ou de la trentième gifle, qu'est-ce qui se passe dans la tête de celui qui les donne ? » demande-t-il en pensant à Marie Trintignant, morte en 2003 sous les coups de son compagnon, le chanteur Bertrand Cantat. Il critique aussi bien la société spectacle que la nocivité d'Internet ou les fausses informations. « La société dans laquelle vivent nos enfants est devenue terrible. Les parents ne sont pas forcément derrière, et puis il y a les réseaux sociaux, les jeunes sont intoxiqués par des tas de trucs. Nous, on pouvait parfois mal se conduire, mais on était seulement des galopins. C'était moins grave[1]. »

Arditi déclare aussi avoir horreur du virtuel ou de l'écriture inclusive. Le dimanche 3 mars 2019, sur le plateau de Thomas Sotto, à l'instar de Josiane Balasko, Pierre Arditi prend la défense de son ami François Berléand qui a osé dire que les Gilets jaunes le « faisaient chier ». Ses propos ont déclenché un déferlement d'insultes sur Internet. Pierre Arditi trouve ces réactions inadmissibles. « Il a le droit d'avoir cette opinion, qui d'ailleurs n'est qu'une opinion d'humeur, car je suis certain que Berléand comprend parfaitement qu'une partie de ces gens soient en grande souffrance. Mais la manière dont c'est traité sur les réseaux sociaux est complètement condamnable, et qu'on ait pu appeler à l'empêcher de jouer au théâtre, c'est intolérable. On est en démocratie, chacun peut dire ce qu'il pense. »

L'acteur se moque d'être connecté et ne cache pas son mépris des commentaires en ligne. « Je ne fréquente

1. Entretien avec l'auteure, 4 avril 2024.

pas les poubelles, les marécages. Eux me font la peau quand ce que je dis ne leur convient pas, c'est d'un niveau pathétique. Pas de temps à perdre avec ça. Ce n'est pas mon monde, je suis un homme d'une autre époque, je lis encore les journaux papier. Sauf si on me dit : "Tu devrais lire ça, c'est intéressant", mais alors il faut qu'on m'envoie un lien. Twitter, je ne sais même pas ce que c'est. »

Le comédien reproche d'ailleurs à Emmanuel Macron de tourner une vidéo avec les youtubers McFly et Carlito au palais de l'Élysée, le 24 mai 2021. D'après lui, le président de la République n'a pas besoin de s'exposer ainsi. Ni les hommes politiques en général. À son habitude, il ne mâche pas ses mots. « On a les héros qu'on mérite », se désole-t-il face à Cyril Hanouna, qui a pris l'habitude d'inviter l'ancien membre du Rassemblement national Jean Messiha dans son émission. À l'époque, l'éditorialiste du *Figaro* Éric Zemmour ne s'est pas encore présenté à la campagne présidentielle.

« Il faut se bagarrer contre la prédominance de la communication, insiste Pierre Arditi. Ces gens pensent qu'ils font de la politique, et que c'est bien d'aller dans des shows télévisés. Mais ce qu'on leur demande, c'est de résoudre des problèmes pour que les Français aillent mieux, ou moins mal. C'est ça, leur fonction : le reste, on n'en a absolument rien à foutre[1] ! »

*

Pourtant, même s'il trouve souvent des raisons de protester, Pierre Arditi reste attaché à son pays : « La France ne ressemble à aucun autre pays au monde, c'est

1. *On est en direct*, France 2, 10 octobre 2021.

ce qui fait sa qualité[1] », observe-t-il. Il est d'ailleurs exaspéré quand il l'entend critiquer. Il fait siens les mots de celui qu'il a combattu plus jeune, le général de Gaulle : « La France est quelque chose de très grand, très particulier [...], très considérable, très valable et elle doit avoir dans le monde, quel qu'il soit et à toute époque, naturellement, d'après les circonstances, un rôle à elle... Et pour qu'elle joue son rôle, il faut qu'elle soit la France. »

Le théâtre lui permet de défendre cette vision de son pays. Certaines pièces, parce qu'elles sont engagées, l'exposent cependant à la vindicte populaire. Ainsi, en janvier 2003, il commence fort en lisant *Une leçon de savoir-vivre*, une sorte de « conférence spectacle consacrée à la haine criminelle », caustique et pleine d'ironie, signée Jean-Claude Grumberg[2]. L'auteur y dénonce l'antisémitisme et estime faire œuvre de « salubrité publique ». Il évoque en particulier un ouvrage paru avant la guerre de 1914, une « chose infecte » intitulée *Comment reconnaître le juif ?* de George Montandon, « l'ami très cher de Louis-Ferdinand Céline ».

À l'origine, Pierre Arditi n'a prévu d'en donner qu'une lecture au studio Hébertot et une autre au musée d'Art et d'Histoire du judaïsme. Mais Jean-Michel Ribes souhaite l'accueillir au théâtre du Rond-Point, dans la salle Renaud-Barrault. Jean-Claude Grumberg a écrit le texte dans le but de faire rire et réfléchir, mais celui-ci est mal reçu. Il raconte : « Quand j'ai proposé à Pierre de reprendre la pièce, il aurait pu refuser, mais il a accepté par conviction. Il a eu beaucoup de courage. Il se faisait

1. Europe 1, 19 décembre 2022.
2. Jean-Claude Grumberg, *Une leçon de savoir-vivre*, Paris, Seuil, 2003.

insulter, il recevait des menaces de mort. Les gens sortaient au milieu de la pièce, ils pensaient qu'on crachait sur nous-mêmes[1]. »

Parfois, l'auteur passe prendre Arditi au théâtre. Ils sont agressés. « Pas par des antisémites, mais par des juifs qui ne comprenaient pas le texte et trouvaient les mots insultants et provocateurs, déplore Grumberg. Au début, les spectateurs riaient pendant cinq minutes. Après, ils se décomposaient. Ils s'attendaient à passer une soirée agréable pendant laquelle on allait évoquer l'antisémitisme, mais elle se révélait désagréable. C'était comme un piège qu'on leur aurait tendu tous les deux[2]. »

Contre vents et marées, Pierre Arditi défend la liberté d'expression et refuse de tomber dans la déprime ambiante ou d'être trop passéiste. Il loue la culture française qui, il aime à le rappeler, rayonne dans le monde entier. Se félicite de voir les chiffres du chômage baisser mais, utopiste au fond, espère que les Français exercent un métier qui leur plaît et dans lequel ils s'épanouissent. Il n'hésite pas non plus à évoquer l'importance de l'éducation, en songeant à celle, « excellente » selon ses mots, qu'il a lui-même reçue.

*

Toujours prêt à s'embarquer dans de nouveaux projets avec l'énergie qu'on lui connaît, Pierre Arditi se dit éternellement reconnaissant envers son public. Mais, même si son nom attire les foules, il continue de se poser des questions. Il refuse de se reposer sur son savoir-faire

1. Entretien avec l'auteure, 16 novembre 2023.
2. *Ibid.*

et son expérience. « Il m'a fallu toutes ces années pour comprendre qui j'étais et ce que je pouvais en faire. Je veux bien m'améliorer, me remettre en cause, mais pas tout détruire. Je ne suis pas obligé de flatter les spectateurs là où ils m'attendent. Quelquefois, je les attends ailleurs. Tant mieux pour eux, et pour moi quand je réussis : c'est mon métier. J'ai, je crois, à la fois une grande humilité et aucune modestie, ce qui n'a rien à voir. La modestie est un défaut. Par exemple, il arrive qu'on me dise : "Vous êtes un mauvais acteur, je n'aime pas trop ce que vous faites." Bon, ça me glisse dessus. Mais si ma concierge me dit : "Dites donc, vous ne vous êtes pas cassé la tête pour cette pièce", ça m'empêche de dormir pendant quinze jours. Je remets tout en cause. Ça s'appelle l'humilité. »

26

Agapes

On l'a vu, Pierre Arditi a un penchant certain pour le bon vin, divin nectar qu'il a appris à aimer à 38 ans. Il lui a en effet fallu du temps pour apprécier la boisson : alors qu'il a 15 ou 16 ans, son père lui fait goûter au fil des occasions festives du Canteval, un coteau de Bercy, un quart de Midi ou d'Algérie – et parfois des alcools plus mystérieux. L'adolescent a l'impression d'avaler du vinaigre ! Aujourd'hui, son palais s'est affiné : « S'il n'était pas acteur, Pierre pourrait être œnologue, vigneron, cuisinier ou décorateur[1] », estime Isabelle Kindinis Abriol. L'intéressé fait profiter son entourage de son savoir. « Les vignerons sont des créateurs et des maîtres du temps. Pas comme moi, qui courrai derrière le temps de façon échevelée jusqu'à ma mort. Je peux juste reconnaître tel ou tel vin, observer sa robe et m'émerveiller[2] », explique-t-il.

« Servez-lui un vin sans étiquette, il le reconnaîtra, assure Yoann Denaive. Pour la première fois de ma vie, grâce à lui, j'ai bu un Château d'Yquem. Au début du tournage de la série *Le Sang de la vigne*, il m'a offert une caisse

1. Entretien avec l'auteure, 8 septembre 2023.
2. *TV Magazine*, 14 janvier 2017.

de trente bouteilles de grands crus classés. Je n'ai jamais osé lui dire que ma cave avait été cambriolée[1] ! »

Par ailleurs, Pierre Arditi est membre de la Confrérie des chevaliers du Tastevin et l'auteur de billets d'humeur dans le magazine *Terre de vins*[2]. Depuis 2015, il est aussi le parrain de la collection « Connaître et choisir le vin », coéditée par Hachette et *Le Monde*. Il a bien sûr lu les livres d'Émile Peynaud, le père de l'œnologie moderne. Depuis mai 2016, avec Robert Parker du *Guide Parker*, il est l'un des ambassadeurs de la Cité du vin à Bordeaux. Il a également milité pour le classement au patrimoine de l'Unesco des climats du vignoble de Bourgogne.

Pour lui, le vin, c'est la vie, et il faut la célébrer avant qu'elle s'achève. Il précise : « Ne disons pas qu'il faut boire avec modération, mais qu'il faut boire avec raison. » Il est aussi enthousiaste quand il s'agit de parler de vin que de théâtre. Ses parents, eux, ne partageaient hélas pas cette passion. « Ma mère a connu des problèmes d'alcool, et le vin était pour elle un ennemi plus qu'autre chose. Mon père n'y connaissait rien et buvait de la piquette[3] », confie-t-il.

⋆

Son plus beau souvenir en la matière remonte au 1er décembre 1984, alors qu'il est en tournée pour *Tailleur pour dames*. Fêtant à l'époque ses 40 ans, Pierre Arditi invite Maurice Bacquet et Claude Evrard au restaurant gastronomique d'Émile Jung, Le Crocodile, à Strasbourg. « Pour accompagner le plat de résistance,

---

1. Entretien avec l'auteure, 26 septembre 2023.
2. Créé en 1999. L'acteur a arrêté d'y écrire en janvier 2024.
3. *Le Monde*, 8 juin 2015.

je me suis fendu d'une bouteille de Petrus 1970. Bacquet et Evrard en pleuraient. C'était extraordinaire. Leur bonheur, leurs larmes, notre complicité, et ce vin magnifique… Ce n'était pas du vin, c'était une récompense. C'est comme si on nous avait dit : "Vous avez gagné le droit d'être heureux"[1]. »

Heureux, Pierre Aditi l'est encore le jour de ses 60 ans, quand Évelyne Bouix lui offre une bouteille de romanée-conti. Il décrypte ce qu'il ressent au moment d'y goûter : « La seule façon dont je pourrais décrire cette émotion, c'est en la comparant aux tonneaux que j'avais faits dans un biplan de la guerre de 1914 pour les besoins d'une série, *Passeur d'enfants*. Je ne savais plus où j'habitais… La romanée-conti, quand on en boit un verre, on fait de la voltige[2]. »

Tous les souvenirs associés au bon vin ne sont certes pas aussi glorieux : Pierre Arditi a notamment un peu honte d'une cuite mémorable qu'il a prise en 1988. Alors en tournée, il s'enivre avec Marcel Maréchal avant une représentation de *Dom Juan* : Michel Durafour, le maire de Saint-Étienne à l'époque, leur a organisé une visite à Ampuis, le fameux domaine de Marcel Guigal. Les deux comédiens participent à une dégustation de côte-rôtie, et goûtent des vins précieux comme La Mouline, La Landonne et La Turque, de 10 heures à 14 heures. « Je ne vais quand même pas recracher devant tout le monde », se dit Arditi après chaque gorgée. Il n'est pas encore complètement familiarisé avec l'exercice de la dégustation ! À la fin de la journée, les deux acteurs rentrent à l'hôtel bien imbibés. Boivent beaucoup d'eau

1. *Terre de vins*, 4 août 2023.
2. *Le Monde*, 8 juin 2015.

et de café, mais rien n'y fait. Résultat, le soir, Arditi joue Don Juan « comme un porc ». En Sganarelle, Maréchal ne vaut pas mieux. Pas dupe, le public les applaudit sans conviction. L'aventure lui sert de leçon.

Enfin, pas tout à fait. En 1995-1996, en tournée pour *Art* aux côtés de Jean-Louis Trintignant et Pierre Vaneck, il fait une nouvelle halte chez Marcel Guigal, qui leur fait goûter des côtes-rôties comme autrefois. Farrah Fawcett est de la partie. « Nous étions complètement torchés, raconte en riant Patrice Kerbrat. Je ne sais pas comment ils ont pu jouer ce soir-là[1]. »

⋆

« Je bois du vin parce que tout va bien. Non, pour aller mieux », telle pourrait être la devise d'Arditi. Dans sa cave parisienne, « conditionnée, isolée, climatisée », qu'il enrichit depuis le début des années 1980, parfois en vidant ses poches, dorment des vins de soif, de nombreux bordeaux, tous les vins de Juliénas, et d'autres grands crus (il en stocke aussi chez les vignerons).

L'acteur, qui a par ailleurs acquis des manuscrits rares de Molière et de Proust et des planches originales de *Tintin*, considère sa cave – ou plutôt *ses* caves – comme une bibliothèque. Il aime penser que certains vins lui survivront. Il en parle comme un poète : « Quand vous avalez une gorgée, si le vin est bon, c'est comme si vous buviez d'abord l'âme de celui ou de celle qui l'a fait. Puis la gorgée suivante vous titille l'imaginaire. Apparaissent des souvenirs de choses vécues, ou des pressentiments de choses à vivre[2]… »

1. Entretien avec l'auteure, 28 novembre 2023.
2. *Le Point*, 21 octobre 2017.

Évelyne Bouix surveille vaguement la ligne de son mari, mais celui-ci n'en fait qu'à sa tête. Il déteste le sport, même la marche. Sauf à la télévision, où il suit les jeux Olympiques 2024. « À Paris, ça va être trop compliqué, on n'arrive plus à circuler. J'aurais eu 20 ans de moins, je serais sans doute resté, mais là, j'ai envie d'être au calme[1]. » En revanche, il est toujours prêt à goûter un liquide précieux ou à se mettre à table. Il refuse rarement une invitation culinaire. « Il faut avoir la forme, le mental, comme disent les sportifs, observe Pierre Arditi. Je ne fais pas de sport, je suis comme Churchill : "*No sport.*" Mais je surveille un peu ce que je mange. Je ne bois ni ne mange jamais avant d'entrer en scène. Pendant les représentations, je fais aussi des pauses[2]. »

*

Dès qu'il le peut, il répond aux sollicitations du monde viticole. « Du côté de Perpignan, mon ami Hervé Bizeul élabore de très beaux vins. Il possède un joli domaine appelé Le Clos des fées, dont j'apprécie les cuvées La Petite Sibérie et Les Petites Sorcières. Parmi les vignerons que j'aime beaucoup, il y a le regretté Aimé Guibert, du Mas de Daumas Gassac. J'aime aussi beaucoup le travail de Laurent Vaillé, La Grange des pères, près d'Aniane, dans l'Hérault[3]. » En avril 2024, il se rend à Bordeaux « pour les primeurs » en compagnie de son ami Éric Beaumard, le directeur du restaurant triplement étoilé Four Seasons de l'hôtel George-V et vice-champion du monde de sommellerie. « Un type absolument délicieux

1. Entretien avec l'auteure, 10 juin 2024.
2. Entretien avec l'auteure, 10 octobre 2023.
3. *Airlife Magazine*, 1, avril-juin 2016.

et une pointure énorme[1]. » Et, avec Jacques Dupont, le chroniqueur vin pour *Le Point*.

Certaines rencontres sont mémorables. Le 29 mars 2013, il a participé à la première édition du Déjeuner des Vingt, qui réunit vingt personnalités pour leur faire goûter des productions viticoles. Les invités s'assoient successivement à deux grandes tables : d'abord au Laurent, avenue Gabriel, puis chez Apicius, à quelques mètres de là, rue d'Artois. Dans le premier restaurant, aux côtés d'autres joyeux épicuriens, dont François Berléand et Ariane Massenet, Pierre Arditi teste la cuvée du champagne AR Lenoble 1996, un givry premier cru, Clos du Cellier aux Moines, pour accompagner le pâté en croûte et le chutney de fruits. Il déguste ensuite un Margaux 2005, Château Dauzac avec une *fregola sarda* truffée, sauce poulette au savagnin. Les agapes se poursuivent dans le second restaurant où l'on sert un grand cru classé de saint-émilion, Château Laroze 2010, avec un carré de veau de lait de Corrèze à la broche et un petit ragoût de veau aux dernières truffes (on en salive !).

Ce n'est pas terminé. Les privilégiés goûtent à la grande réserve blanc 2011 et à la grande réserve rosé 2012 du Domaine de la Rouillère, côtes-de-provence, pour accompagner le fromage et découvrent le Sangue d'Oro 2009 Passito di Pantelleria, le vin que Carole Bouquet cultive sur ses terres italiennes (elle était absente ce jour-là à cause d'un lumbago) pour le dessert, en l'occurrence une tarte à la mangue et un soufflé mangue-passion. Vers 16 heures, un cognac Baron Otard Extra vient clore le repas.

---

1. Entretien avec l'auteure, 4 avril 2024.

Les proches de Pierre Arditi savent tous qu'il aime boire et manger. « Le repas est toujours à la hauteur et les bonnes bouteilles sont là quand on mange chez lui, assure Claude Lelouch. À la maison ou au théâtre, je ne suis jamais déçu[1]. » Comme le constate Patrice Kerbrat, cela s'explique en partie par le fait que le comédien a des journées épuisantes. Quand arrive « l'heure de la soupe », il dévore donc son assiette pour reconstituer ses forces, même s'il est plus gourmet que gourmand.

En 2013, Jean-Yves Clément, éditeur au Cherche midi, sollicite le fin gastronome pour publier *Pensées gourmandes*, qui rassemble des réflexions de Francis Blanche, Philippe Bouvard, Jacques Dutronc, W. C. Fields, Jean Yanne ou encore Montesquieu autour de la bonne chère. Farceur, Pierre Arditi choisit une pensée de Pierre Dac pour la préface : « Il vaut mieux prendre ses rêves pour des réalités que son slip pour une tasse à café. » Lorsque l'ouvrage paraît, le comédien exulte : « Toutes ces éminentes personnalités se font une joie de nous rappeler que la bonne chère, la bonne bouffe, le joli casse-dalle, le petit coup sur le bord du zinc, bref, ce plaisir que nous prenons à nous faire plaisir, non seulement n'est pas condamnable, mais est même chaudement recommandé, jusqu'à la seconde où il nous transforme en poètes, en titilleurs d'imaginaire, en compagnons de jeu que seule réunit la volonté de rire de soi avant d'être obligé de se taire. »

L'acteur est également un « fou des pâtes » selon sa femme. Et apprécie les œufs à la coque. En guise de cantine, le couple a jeté son dévolu sur L'Atelier de Joël Robuchon, le restaurant Récamier ou le Costes. Du côté de Saint-Germain-des-Prés, Pierre Arditi apprécie

1. Entretien avec l'auteure, 5 décembre 2023.

également les millefeuilles et les macarons de Pierre Hermé. « Il m'a fait connaître des tables superbes, il va toujours dans des restaurants "très honnêtes"[1] », remarque le scénariste et réalisateur Jacques Santamaria. Nicolas Briançon est lui aussi dithyrambique quant au fin palais mais aussi à la générosité de son ami : « Il organise toujours des pots après les représentations, il propose des planches de charcuteries, il régale, c'est un seigneur, comme Jean Marais. Il a gardé cette magnificence des acteurs[2]. »

Yoann Denaive garde pour sa part un joli souvenir partagé avec Arditi. Un soir, à la fin d'une journée de tournage, il sort de sa loge mal habillé, avec un « tee-shirt troué » et « un jean dégoûtant ». « Pierre m'a dit : "Va voir Flora, la costumière, et demande-lui de te prêter une belle chemise. Tu lui diras que je t'emmène au restaurant." » L'acteur a oublié l'adresse en question, mais elle était sans aucun doute renommée. Les deux amis arrivent sur place. L'établissement affiche complet, ce qui ne les arrête pas. « On a dîné dans la cuisine du restaurant et on a trinqué avec la brigade, ils nous avaient dressé une belle table[3] », raconte Yoann Denaive.

Lors du tournage de *Clemenceau, la force d'aimer*, Pierre Arditi n'oublie pas non plus de régaler ses partenaires. Acteur principal du téléfilm, il met un point d'honneur à offrir son pot. Lorraine Lévy en reste émerveillée. « Il avait réservé une salle dans la plus grande brasserie de Nantes, La Cigale, où nous avions tourné une demi-journée, raconte-t-elle. Il a invité toute l'équipe, on était soixante-dix. C'était un buffet de montagnes de fruits de

1. Entretien avec l'auteure, 28 octobre 2023.
2. Entretien avec l'auteure, 6 juillet 2023.
3. Entretien avec l'auteure, 26 septembre 2023.

mer, de pâtés en croûte, de fromages… Le tout à volonté, arrosé de champagne, d'un menetou-salon blanc et d'un menetou-salon rouge de la maison Clément. Pierre est généreux, il faut se battre pour l'inviter. Il aime le bonheur, le partage[1]. » De son côté, Élizabeth Bourgine a encore en mémoire les mets les plus fins accompagnés d'« un vin par plat et apportés par des serveurs, comme à l'époque. C'était sans ostentation, d'une grande classe, élégant et joyeux, comme Pierre[2] », dit-elle.

⋆

Pierre Arditi ne laisse passer aucune occasion de célébrer la cuisine française. « Avec lui, c'est impossible de faire un régime[3] », s'amuse Isabelle Kindinis Abriol. Parfois, il concilie plaisir et travail, pour autant que jouer la comédie soit un travail pour lui. Les metteurs en scène en profitent pour faire des clins d'œil à son amour de la bonne chère : « Derrière chaque pot-au-feu, il y a du carnage ! » hurle-t-il ainsi dans *Adieu Paris*, un film d'Édouard Baer où il partage la table d'un bistrot parisien avec des convives de choix (Gérard Depardieu, Jackie Berroyer, Bernard Le Coq, Isabelle Nanty ou encore Daniel Prévost). Déjà dans *Jupiter 81* de Maurice Frydland, tourné en 1982, François, le personnage qu'il incarne, fiancé à Catherine Allégret, imagine une publicité pour des raviolis. Dans une autre scène, il fait la grimace en partageant une dinde avec ses collègues : « J'ai rarement mangé quelque chose d'aussi dégueulasse, lâche-t-il, je sens que je ne vais pas le digérer. »

1. Entretien avec l'auteure, 24 août 2023.
2. Entretien avec l'auteure, 16 décembre 2023.
3. Entretien avec l'auteure, 8 septembre 2023.

Naturellement, la série *Le Sang de la vigne* lui offre souvent l'opportunité de conjuguer ses deux passions. Au fil des tournages, il perfectionne ses connaissances dans le domaine en « grossissant à vue d'œil » ! Les réalisateurs tournent parfois dans de véritables caves comme celle du Château Lagrézette, à Caillac, ou au Château du Cayrou à Puy-l'Évêque. Pierre Arditi reste émerveillé par tous ces lieux visités : « Le Bordelais et la Bourgogne sont magnifiques, mais j'ai vraiment été surpris par le Jura. Dans ces territoires d'une beauté à couper le souffle est produit ce qu'on appelle le vin jaune. C'est un vin particulier que j'aime bien. Un verre de château-chalon avec un morceau de comté, c'est admirable. Nous avons tourné dans un endroit magnifique, le lac de Vouglans. Quand on est là-bas, avec cette eau turquoise, on a l'impression d'arriver à Tahiti[1]. » En octobre 2013, Pierre Arditi, Claire Nebout, Lissa Pillu et le réalisateur Régis Musset sont même intronisés Ambassadeurs du vin jaune dans les caves de la mairie d'Arbois. « On a rencontré des gens fantastiques, Pierre est toujours en contact avec eux[2] », signale la productrice.

L'un des épisodes, intitulé *Vengeance tardive* et réalisé par Marc Rivière, est filmé dans le vignoble alsacien. Dans *La Robe de Margaux*, du même réalisateur, où sa demi-sœur Rachel interprète sa fille, Arditi – ou plutôt Benjamin Lebel – est dans le Bordelais. « Je m'invite chez toi et c'est moi qui fais la cuisine », lance-t-il à Claire Nebout alors qu'ils viennent de sortir d'un mauvais restaurant.

⋆

1. *Le Parisien*, 21 janvier 2017.
2. Entretien avec l'auteure, 22 avril 2024.

En mars 2014, Pierre Arditi inaugure avec Anne-Sophie Pic, la cheffe triplement étoilée du restaurant qui porte son nom à Valence, le Salon professionnel de l'équipement, de la gastronomie, de l'agro-alimentaire, des services et du tourisme de Strasbourg (Egast). Avec son copain François Berléand, il est « élu » « Maître restaurateur ». « Je suis en quelque sorte un ambassadeur du bien manger, dit-il. Mon métier me conduit en tournée sur les routes de France, alors je fais étape en région et je m'attable chez les grands chefs qui sont tous des copains [...]. Je me réjouis toujours à l'avance de retrouver mes copains Émile Jung, Marc Haeberlin, Gérald Passedat, Georges Blanc, Michel Roth, Jean-François Piège ou encore Éric Briffard, pour n'en citer que quelques-uns[1]. »

En 2022, dans le Salon d'honneur de la Monnaie de Paris, le chef Mory Sacko revisite avec l'aide du comédien l'os à moelle « entre terre et mer, avec de l'anguille et de la bonite fumée ». Pour sa part, Pierre Arditi partage volontiers sa recette des langoustines à l'estragon. Il raffole en outre des bistrots du marché aux poissons bruxellois, comme L'Écailler du Palais Royal et Le Vieux-Saint Martin. Parmi ses « cantines » belges, il compte aussi L'Ogenblik, La Roue d'or, la brasserie Aux armes et Le Pistolet original, ouvert par Valérie Lepla, la femme du comédien belge Alain Leempoel.

1. *Les Nouvelles Gastronomiques*, 3 mars 2014.

27

Acteur populaire et fier de l'être

« Personne ne rend à sa génération un service plus grand que celui qui, soit par son art, soit par son existence, lui apporte le don d'une certitude », a déclaré James Joyce. Cette phrase va comme un gant à Pierre Arditi. « Je peux la revendiquer », dit-il.

Son nom suffit à ouvrir les portes de tous les théâtres. Son succès au cinéma ne l'a jamais empêché de poursuivre sa trajectoire sur les planches. Jean-Claude Grumberg en est sûr : « Si vous arrivez en disant : "J'ai une pièce, Pierre Arditi veut la jouer", on vous demandera juste dans quel théâtre, on ne prendra pas la peine de lire la pièce[1]. »

« Je fais ce métier comme je respire, affirme l'intéressé. Mon seul plan de carrière, c'est mon désir. J'ai envie, ou j'ai pas envie. Ce qui est bon pour moi, c'est ce que j'aime. Si c'est bon pour mon plaisir, je le fais[2]. » Arditi promet d'arrêter le jour où il n'aura plus cette passion. On en est loin. « Il y aura toujours des gens qui diront : "Oh, il faut faire ci ou ça", mais cela m'est complètement égal. C'est moi qui décide, y compris quand je

1. Entretien avec l'auteure, 16 novembre 2023.
2. Entretien avec l'auteure, 4 avril 2024.

me trompe. Je ne me suis absolument jamais trompé sur ce que je voulais faire. Cela étant, je n'ai pas forcément tout réussi. Mais jamais je ne me suis dit : je vais faire ça parce que c'est bon pour ma carrière. »

Évelyne Buyle le considère comme un « trésor national vivant ». Un monument du patrimoine français. Un monument d'ailleurs couvert de récompenses. Après la Légion d'honneur en 2016 et le Brigadier d'honneur en décembre 2023, l'acteur reçoit les insignes de commandeur dans l'Ordre du mérite national en avril 2024. « Ils ont peur que je meure avant », plaisante l'heureux récipiendaire.

« Pierre n'est jamais mauvais[1] », résume Isabelle Kindinis Abriol. « Il est l'un des plus grands acteurs aujourd'hui, notamment de théâtre. Pour moi, il a remplacé François Périer, il est du même acabit[2] », assure de son côté Catherine Arditi. Jean-Claude Grumberg est de son avis : « Il sait tout faire, jouer des conneries et d'autres choses plus sérieuses. Pour *Hamlet*, il est un peu vieux, mais il peut jouer *Macbeth*[3]. »

« Pierre est un stradivarius[4] », estime pour sa part Claude Lelouch. Mais un stradivarius qui choisit ses morceaux, et ne tient par exemple pas à jouer *Le Roi Lear* qu'on lui a pourtant proposé une cinquantaine de fois. « Je ne sais pas quelle histoire ça raconte, ça m'ennuie[5] », jette Pierre Arditi.

Le comédien a d'autres projets : il reste notamment ébloui par Orson Welles dans *Falstaff* (1965). « J'ai encore un peu de temps devant moi pour le jouer… On vieillit

1. Entretien avec l'auteure, 8 septembre 2023.
2. Entretien avec l'auteure, 5 septembre 2023.
3. Entretien avec l'auteure, 16 novembre 2023.
4. Entretien avec l'auteure, 5 décembre 2023.
5. Entretien avec l'auteure, 15 janvier 2024.

mieux aujourd'hui qu'à cette époque. Mais comment jouer comme ça ? se demande Pierre Arditi. À près de 80 ans, il y a encore des choses qui restent mystérieuses pour moi. Une série de choses qui nous échappent alors qu'on croit les saisir. Parfois, on croise un gamin de 20 ans qui nous épate. Et on se demande : pourquoi je n'ai pas pensé à ça ? » Il compare Pierre Niney à Gérard Philipe. « Il a la grâce, quoi[1] ! »

Pas star, mais fier de ses accomplissements quand même, Arditi est conscient de sa notoriété. Quand on lui reproche d'être cabot et de faire du Pierre Arditi, il s'insurge. L'acteur prolifique au regard matois vit ce qu'il a rêvé de vivre, et c'est ce qui importe : « Qui peut se targuer de cela[2] ? » interroge-t-il. « Quand j'y réfléchis, je crois que j'ai atteint le but de ma vie : être reconnu par les autres, non pour flatter mon ego, mais parce que j'aime embrasser le monde et être embrassé par lui[3] », confie-t-il.

Il aime toujours se « mettre en danger », et se verrait bien jouer des pièces de Molière comme *L'Avare* ou d'Harold Pinter, sans oublier Florian Zeller. « C'est réjouissant de voir quelqu'un qui, à ce degré de maîtrise de son métier, est toujours aussi rafraîchissant[4] », admire Nicolas Briançon. « Je ne suis pas en pilotage automatique : quand j'entre sur scène, j'entre en vie », confirme Pierre Arditi. Il étonne toujours Brigitte Fossey par sa « présence, son humour, son ironie et son autorité. Au théâtre, il est chez lui[5] ».

1. *Ibid.*
2. *TV Magazine*, 18 octobre 2022.
3. *Générations*, 1er mai 2022.
4. Entretien avec l'auteure, 6 juillet 2023.
5. Entretien avec l'auteure, 4 septembre 2023.

Jean-Michel Ribes raconte qu'il est entré dans le *Livre Guiness des records* après avoir eu un fou rire interminable – il aurait duré huit heures – lors du tournage d'un sketch de la série *Palace* intitulé *Robert et Georges sur la terrasse*. À un moment, Pierre Arditi dit : « Je suis fou de toi ! » « Très bien, allons-y, enlève ton pantalon », rétorque le personnage de Pierre Mondy. « C'est à cette réplique que surgit le premier éclat de rire, vers 10 heures, explique l'ancien directeur du théâtre du Rond-Point. Puis cela enfla, alternant secousses et étouffements jusqu'à 1 heure du matin. Ni son épouse, appelée à la rescousse sur les lieux, ni SOS Médecins ni les pompiers convoqués en urgence ne parvinrent à éteindre ce rire qui, tel un incendie, était devenu dévastateur. Une fois ses forces consumées, Pierre s'écroula par terre, il respirait encore, mais le rire était mort[1]. » Pour sa part, Pierre Mondy, habituellement facile à dérider, ne bronche pas. « C'est lui qui m'a tout appris dans la comédie, se souvient Jean-Luc Moreau. Il m'avait dit : "Quand on joue un drame, les boulons sont serrés à fond, mais pour la comédie, on les dessert d'un quart de tour."[2] »

*

Nostalgique, Pierre Arditi n'aime pourtant pas revoir les films, ni les photographies de lui jeune : « J'ai l'air bête, ma voix est tarte, ma posture ne convient pas… Quand je me vois jeune, je vois tout ce qu'il me manque, et quand je me vois vieux, je vois tout ce que je n'ai

1. Jean-Michel Ribes, *Dictionnaire de mes amis recommandables*, Arles, Actes Sud, 2023.

2. Entretien avec l'auteure, 12 juin 2024.

plus[1] », déplore-t-il. Mais il est heureux et fier d'être un acteur populaire : « Il n'y en a pas tant que ça. J'ai bientôt soixante ans de métier, les gens me connaissent. À force, je fais partie de la famille[2]. »

⋆

D'après Évelyne Buyle, l'acteur est un être accompli qui a totalement réussi sa vie. Être en accord avec lui-même lui permet d'être ouvert à ceux qui l'entourent. « Il devient de plus en plus attentif à son entourage[3] », affirme la comédienne. « Attentif et attentionné, ajoute Brigitte Fossey. Un jour, on a perdu un ami commun, un technicien. Pierre a vu que j'étais choquée. Alors il m'a emmenée déjeuner. Il sait se mettre à la place des autres[4]. »

Il n'hésite pas non plus à venir au secours de ses contemporains. Le 22 décembre 2009, il signe une pétition de SOS-Racisme dans *Le Parisien*, à l'instar d'une pléiade de personnalités : Isabelle Adjani, Josiane Balasko, Jane Birkin, Geneviève de Fontenay, Lionel Jospin, Martine Aubry, Laurent Fabius, François Hollande, Daniel Cohn-Bendit ou encore Bernard-Henri Levy. L'association estime que « les débats sur l'identité nationale sont apparus comme des espaces de libération d'une parole raciste, prompte à remettre en cause, de façon insidieuse ou explicite, la légitimité de la présence sur le sol national de catégories entières de la population ».

Parfois, Pierre Arditi s'affiche pour soutenir des causes humanitaires. En 2012, il prête sa voix pour

1. *Le Parisien*, 10 mars 2017.
2. Entretien avec l'auteure, 10 octobre 2023.
3. Entretien avec l'auteure, 23 juin 2023.
4. Entretien avec l'auteure, 4 septembre 2023.

un spot publicitaire dans le cadre de la première campagne d'appel aux dons au profit de l'association ATD Quart Monde. En septembre 2015, avec Évelyne Bouix, il fait partie des 66 artistes français à signer une pétition pour soutenir les réfugiés et appeler les gouvernements occidentaux à agir. À donner de l'argent, aussi.

Pour Lorraine Lévy, l'acteur est « un gentleman, même s'il parle beaucoup. Il est aussi respectueux de la petite habilleuse que du metteur en scène[1] ». Isabelle Kindinis Abriol confirme : « Quand je lui demande de m'expliquer un mot que je ne connais pas, Pierre ne se moque pas de moi. Et si j'ai un problème, il me dit : "Ma p'tite poule, qu'est-ce que je peux faire pour toi ?" » Un jour, la maquilleuse le prévient qu'elle doit retirer de l'argent. Arditi la retient, lui met dans les mains deux cents euros qu'elle lui remboursera le lendemain. « Je tiens à lui payer un restaurant de temps en temps[2] », dit-elle, reconnaissante.

Pierre Arditi brille également par sa sincérité. Responsable du service de presse du théâtre du Rond-Point, Hélène Ducharne est intimidée à l'idée de le rencontrer pour la première fois, mais elle le trouve très accessible et d'une grande simplicité. « Deux heures avant d'entrer en scène, il venait boire un thé avec nous[3] », raconte-t-elle.

« Je ne suis pas sûre qu'il fasse la différence entre l'homme et l'artiste, il est naturel, souligne de son côté Salomé Lelouch. On a accès à ce qu'il est vraiment. Quand il est heureux, il est heureux, quand il est triste,

1. Entretien avec l'auteure, 24 août 2023.
2. Entretien avec l'auteure, 8 septembre 2023.
3. Entretien avec l'auteure, 13 septembre 2023.

il est triste, quand il est en colère, il est en colère[1]... » Selon Jean-Michel Ribes, Arditi réussit « l'extravagant exploit d'être toujours lui-même sur scène et sans cesse comédien dans la vie[2] ». Évelyne Buyle approuve : « Pierre ne se montre pas avec un costume tout fait, à présenter une image qu'il aurait de lui et qu'il chercherait à maintenir à tout prix. Il est vrai. Très intelligent, il ne se prend pas au sérieux, il est différent de l'idée qu'on peut se faire de lui quand on le voit à la télévision[3]. » « Je ne l'ai jamais entendu dire du mal de quelqu'un : je sais dans ses yeux quand il aime ou pas une personne, observe pour sa part Isabelle Kindinis Abriol. Si l'autre ne lui plaît pas, il n'en parle pas[4]. »

⋆

L'intéressé dit admirer les « vraies » étoiles, telle Romy Schneider, qu'il regrette de ne pas avoir connue (il est intarissable sur la scène de sa rencontre avec Philippe Noiret dans *Le Vieux Fusil*, de Robert Enrico). « Star, c'est une chose qu'on est en puissance sans le savoir. Ça ne s'apprend pas. C'est là, en nous, ou bien ce n'est pas là. Philippe Noiret racontait ça très bien : "Moi, je ne suis qu'un acteur connu. Mais quand je mange à La Coupole, par exemple, il y a là de vraies vedettes." Il parlait de Catherine Deneuve, je crois, ou de Brigitte Bardot, peut-être. Quand l'une de ces femmes entrait quelque part, tout s'arrêtait. Tandis que quand lui était

1. Entretien avec l'auteure, 23 juin 2023.
2. Jean-Michel Ribes, *Dictionnaire de mes amis recommandables*, *op. cit.*
3. Entretien avec l'auteure, 23 juin 2023.
4. Entretien avec l'auteure, 8 septembre 2023.

en train de manger, les gens le reconnaissaient, certes, mais la vie continuait. La lucidité, ça fait partie du talent. Et Dieu sait s'il en avait[1] ! »

À propos de Brigitte Bardot, Pierre Arditi raconte : « Je l'ai rencontrée aux studios de Boulogne, où j'essayais d'avoir un rendez-vous avec le premier assistant. À un moment, la porte s'est ouverte et je l'ai vue. Elle devait avoir, disons, 30 ans. Elle portait un jean en velours beige clair à fines côtes, des boots, un ras-du-cou en cachemire clair, pas de soutien-gorge, elle était à tomber. Elle a seulement dit : "Bonjour !" Et tout s'est arrêté. On aurait entendu une mouche voler pendant les vingt secondes qui ont suivi. C'est long, vingt secondes[2]. »

Autre objet de fascination, Alain Delon représente, selon lui, « l'exemple de la beauté pure ». « Un jour, il m'a appelé : "Bonjour, Pierre, c'est Alain", comme s'il n'y avait qu'un seul Alain au monde. "Peut-on se retrouver dans un café place des Invalides ?" Le jour dit, un garde du corps attendait au fond du bistrot, où il n'y avait absolument personne. Delon m'a dit : "Marcel Jullian fait un film sur ma carrière, j'aimerais que ce soit vous qui enregistriez la voix." J'ai dit oui. En même temps, je pensais que ce n'était pas nécessaire de prendre des précautions pareilles. Il lui suffisait de me le demander au téléphone. Je m'apprêtais à partir, je lui ai dit que je devais aller chercher ma femme. Il m'a accompagné. Un vent léger soufflait sur l'esplanade. Quand Delon marche dans le vent, ses cheveux sont toujours dans le bon sens. Je le regardais du coin de l'œil. Il portait une sorte de joli cache-poussière, un imper très léger. Il avait l'air de ne pas toucher le sol. Avec sa belle gueule,

1. Entretien avec l'auteure, 4 avril 2024.
2. Entretien avec l'auteure, 10 octobre 2023.

c'est normal qu'il lui soit arrivé ce qui lui est arrivé. C'était un archange, divinement beau, et en plus il savait jouer : *Monsieur Klein*, *Plein soleil*, *Le Samouraï* ou *Rocco et ses frères*… Cette traversée de l'esplanade à ses côtés est restée gravée en moi. J'ai vu ce qu'on appelle une star. Aujourd'hui, c'est un mot galvaudé[1]. »

Le comédien a aussi une prédilection pour Gérard Depardieu, qui « invente tout » et à qui il a donné la réplique dans *Mon oncle d'Amérique*, ou encore pour Jean Rochefort qui l'a ému dans *L'Étrange Voyage d'Alain Cavalier*. Parmi les acteurs américains, il est fan de Dustin Hoffman, Al Pacino, Robert De Niro, Brad Pitt, Leonardo DiCaprio… des comédiens qui « osent tout ». Selon lui, Gary Grant est un acteur capable de jouer aussi bien la comédie que le drame : « *La Mort aux trousses* n'a pas pris une ride, s'émerveille-t-il. Grant occupe l'espace d'une manière extraordinaire, chose que je ne saurai jamais faire[2]… »

Pour Arditi, il est parfois douloureux de se comparer à ses idoles. « Pierre doit faire le beau, il arrive qu'il force un peu pour qu'on le trouve beau, c'est pour cela qu'il est dans la séduction, estime Claude Lelouch. Delon, lui, n'a pas besoin de ça, il suffit qu'il ouvre une porte… Quant à Gabin, c'était encore différent, il était beau sans être beau[3]… »

⋆

En plusieurs décennies de carrière, Pierre Arditi a changé, il a appris à cultiver son jardin. Au sens figuré

1. Entretien avec l'auteure, 10 juin 2024.
2. Story Classique, *Si le ciné m'était conté*, *op. cit.*
3. Entretien avec l'auteure, 5 décembre 2023.

comme au sens propre. S'il a détesté la campagne pendant quarante ans, il se réjouit aujourd'hui de regarder pousser des légumes et des fleurs. Parisien heureux, il a cependant longtemps habité diverses maisons plutôt que des appartements. Il apprécie les escapades dans la nature, en particulier du côté de Beaumont-en-Auge, en Normandie. Pas loin du manoir de Claude Lelouch. Avec Évelyne Bouix, il a fait restaurer un presbytère datant du XIXe siècle. Il y a quelques années, ils possédaient encore une maison à Trouville.

La nature permet sans doute au comédien d'oublier le temps qui file. À l'opposé des rues parisiennes, qui lui rappellent ce qu'il a été. « J'ai détesté la campagne dès ma tendre enfance. Ma mère faisait bouillir la marmite ; avec mon père, ils ne pouvaient pas s'occuper de Catherine et moi. J'avais 7 ans quand on nous a envoyés à la campagne, à Pantin, je crois. Les gens qui nous gardaient étaient très gentils, mais on était malheureux comme les pierres ! Ma mère était encore plus triste que nous, d'ailleurs elle a fini par revenir nous chercher. C'était l'hiver, il faisait froid, la nature semblait morte, ce paysage morne est resté gravé en moi toute ma vie. On croit que la nature est morte, mais elle fait des pieds de nez à la vie[1]. »

Plus que jamais, Pierre Arditi veut jouir du moment présent et se réjouir de ceux à venir. Il n'a pas fini de rêver. « Il est vorace, car il aime la vie, et la vie le lui rend bien, souligne Lorraine Lévy. Il sait que le compteur tourne et n'a pas envie que ça s'arrête, c'est un jouisseur, il n'arrêtera jamais de courir[2]. » Comme pour

1. Conversation intime avec Catherine Ceylac, théâtre Antoine, 31 mai 2023.

2. Entretien avec l'auteure, 24 août 2023.

mieux repousser l'échéance fatale, lui qui vit plusieurs journées en une n'entend pas gaspiller la moindre seconde. « J'essaie de gagner du temps sur le temps qui me reste à vivre », répète à l'envi ce collectionneur de montres.

Si l'exactitude est la politesse des rois, alors Pierre Arditi est sans aucun doute un monarque. Mais il est toujours impatient. « Il faut que ça tourne, que ça aille vite[1] », remarque Isabelle Kindinis Abriol. « Il fait tout, tout, tout, comme s'il allait mourir demain, il a toujours été comme ça[2] », renchérit Michelle Podroznik. « Cela ne doit pas être facile d'être lui tous les jours », s'exclame de son côté Chloé Lambert, qui observe dans sa course contre le temps des « ressources de désirs et une énergie décuplée dès la naissance, une vitalité hors du commun[3] ». Lorraine Lévy voit elle aussi en Pierre Arditi un « homme pressé » et un « affamé de la vie »[4].

Lors des tournages de téléfilms humoristiques, il fait rire les scénaristes, Pierre Colin-Thibert et Jean-Claude Islert. Son angoisse, c'est de ne pas tourner pendant une journée. Il tourne les pages de son agenda chaque jour pour vérifier que celui-ci est plein. Un jour, Jean-Claude Islert lui balance : « Ton problème, c'est la mort. Si tu as un jour de libre, tu vas mourir[5]. »

Carpe Diem ! doit penser bien souvent Pierre Arditi, qui voudrait sans doute que la « rose fût encore au rosier[6] » (une variété de rosier blanc et parfumé porte

1. Entretien avec l'auteure, 8 septembre 2023.
2. Entretien avec l'auteure, 21 septembre 2023.
3. Entretien avec l'auteure, 24 août 2023.
4. *Ibid.*
5. Entretien avec l'auteure, 14 février 2024.
6. Vers de la chanson *À la claire fontaine* qui aurait été composée par un jongleur de rue au XVe ou au XVIe siècle.

d'ailleurs son nom). Mais est-il capable d'apprécier aussi l'existence ? Oui, assure Salomé Lelouch. « Je vois que maintenant, il prend le temps : soit il travaille, soit il peut faire la cuisine, éplucher des légumes, couper du poisson, puis faire une sieste, savourer ce plaisir méditerranéen. Le soir, on reprend l'apéro et on se demande de nouveau ce qu'on va manger. Pierre est une femme au foyer ! » Nicolas Briançon la contredit cependant : « On perçoit une certaine angoisse chez Pierre, notamment quand il fumait. On ne le sent jamais vraiment en vacances, on ne l'imagine pas un mois sur la plage sans rien faire, il est toujours dans un rôle à venir, il est dévoré par ce métier[1]. »

1. Entretien avec l'auteure, 6 juillet 2023.

Épilogue

Vieil enfant

Arditi le répète : « Je suis un enfant. L'essence même de mon métier, c'est de savoir rester un enfant. Et de jouer avec les autres, bien sûr. C'est pour ça, d'ailleurs, que c'est un métier – et en même temps, ça n'en est pas un. Disons que c'est un métier où il n'y a pas de règles, pourtant il faut les connaître, comme dirait l'autre[1]. »

Selon Frédéric Arditi, son père est effectivement « resté un enfant, et c'est ça qui nous plaît chez lui[2] ». L'artiste a raison. Pierre a toujours des envies de gamin : « L'un des plus grands rêves de ma vie, c'est d'acheter tous les jouets que je n'ai pas eus quand j'étais petit. Je n'ai jamais eu de train électrique, par exemple. Je pourrais ranger ça dans ma maison en Normandie, dans une grande pièce, une caverne à jouets. Des circuits de bagnoles, des jeux de société qui n'existent plus. Je ferais jouer les enfants avec moi[3]. » Le comédien aime aussi les voitures miniatures, les figurines de cyclistes ou les soldats de plomb. « Je comprends qu'Alain Duhamel les collectionne. » Naturellement, les jouets n'ont pas

1. Entretien avec l'auteure, 4 avril 2024.
2. Entretien avec l'auteure, 24 février 2024.
3. *Ibid.*

été totalement absents de son enfance. Il se souvient en particulier d'un téléphérique qu'il a reçu en cadeau, un Noël, avec une poignée pour le faire monter et descendre. Et de son premier Meccano. « À l'époque, il n'y avait pas encore la couleur sur les pièces. »

« J'adore lui offrir des cadeaux de Noël, parce que je choisis des choses que j'aimerais m'acheter à moi-même, explique Frédéric Arditi. Comme lui, je suis passionné par les jouets. J'essaie de trouver des cadeaux qui ramènent mon père à sa propre enfance. Pour Noël, en 2023, je lui ai offert six disques de 25 centimètres, des histoires de Tintin racontées par des acteurs des années 1960. Et un disque en 25 centimètres de *La Marque jaune* de Blake et Mortimer[1]. »

⋆

Le comédien sait bien qu'à 15 ans, on croit que tout est possible, mais qu'en vieillissant, on s'aperçoit que l'horizon se réduit de plus en plus. Pourtant, le temps qui passe a également des avantages. Le seul intérêt de vieillir, estime-t-il en prenant exemple sur Edgar Morin, qui a passé la centaine, c'est d'être davantage touché par les êtres et les choses : « C'est beau, un homme qui sait se désarmer, qui ne fait rien pour se blinder contre la vie. Quand on est adolescent, on est souvent faible et vulnérable à l'intérieur, mais on a une petite carapace très dure, que l'âge fait perdre en nous rendant plus ouverts et plus réceptifs, plus perméables à tout ce qui nous arrive[2]. »

D'un point de vue professionnel, « contrairement à ce qu'on pourrait penser, c'est un métier où prendre

1. Entretien avec l'auteure, 23 février 2024.
2. *Le Figaro*, 19 août 1985.

de l'âge est utile. Quand on est très jeune, il y a toute une série de choses dont on doit se débarrasser, or c'est bizarre de se débarrasser de sa jeunesse, mais il faut quand même le faire. Je joue bien mieux aujourd'hui, à près de 80 ans, que je ne jouais quand j'en avais 30[1] ».

L'acteur le dit souvent : « J'ai l'âge où l'on est sans cesse renvoyé à ce qu'on ne pourra bientôt plus faire ou à ce qu'on ne peut déjà plus faire. L'avantage est que je ne m'encombre plus d'idées préconçues, je suis un homme libre, maintenant. » Pas tant que ça ! Car Pierre Arditi confie qu'il se pose une question « idiote » : combien de pièces peut-il encore jouer dans le temps qui lui est imparti ? « Il m'en reste raisonnablement, si rien ne vient altérer ce magnifique cerveau… Je peux encore espérer faire quinze pièces, si j'en joue une par an[2]… »

Il entend jouer jusqu'au bout, à condition que son état physique le lui permette. « Pour les chanteurs, c'est pire : s'ils ont un problème de voix, ils sont obligés d'annuler leur concert, observe Pierre Arditi. En revanche, un acteur peut jouer même s'il a un problème de voix. Petit à petit, avec l'âge, celle-ci se modifie, se fragilise. C'est comme ça pour nous, les artistes, les saltimbanques. Mais quand on est au théâtre, on est dans un autre monde. Alors rien du monde ordinaire ne peut intervenir[3]. »

Si son existence est bien remplie, le comédien a connu un gros regret il y a quelques années : ne plus pouvoir avoir d'enfants. « Je n'ai eu qu'un seul enfant. Bon, j'ai

1. Entretien avec l'auteure, 15 janvier 2024.

2. Conversation intime avec Catherine Ceylac, théâtre Antoine, 31 mai 2023.

3. Entretien avec l'auteure, 4 avril 2024.

élevé la fille de ma femme, ce n'est déjà pas mal, mais j'aurais adoré en avoir d'autres... Maintenant, je ne peux plus voir un petit enfant sans être déchiré. C'est merveilleux à regarder, les petits enfants qui tiennent la main de leur papa ou de leur maman, comme si – ils ont raison, d'ailleurs – il s'agissait d'un trésor précieux. C'est un âge où les parents ne se rendent même pas compte que leurs enfants les regardent comme un trésor. Quelques années plus tard, ça changera. Un jour, je vais écrire sur le regard qu'un vieil enfant comme moi peut avoir sur les petits[1]. »

Le vieil enfant a pourtant encore « beaucoup à dire » d'après Brigitte Fossey. « Quand Pierre me parle, j'apprends des choses, il est clairvoyant et sage[2]. » Le présent d'Arditi, c'est aussi sa petite-fille, Gabrielle, la fille de Salomé Lelouch née en 2014, dont il est fou. « Les petits-enfants, c'est délicieux, merveilleux. Le plus beau cadeau de l'existence, ce sont eux qui le font[3]... » confie-t-il. Depuis l'annonce de l'arrivée de la petite, Arditi avait hâte de devenir « Papi Pierrot ». Il est désormais comblé : « Je suis un grand-père totalement gâteux. Il faut dire qu'elle est belle comme un astre, vive, charmante... C'est un escroc aux sentiments, cette gamine[4] ! »

« Ses » enfants, Frédéric et Salomé, sont désormais à l'abri du besoin. « En ce qui me concerne, je n'ai pas peur de manquer, mais je m'inquiète pour mes proches. C'est ma plus grande angoisse. Voilà pourquoi je ne pourrais jamais mourir avant d'être certain qu'ils ont ce qu'il faut. Par bonheur, c'est le cas aujourd'hui[5]. »

---

1. Entretien avec l'auteure, 10 octobre 2023.
2. Entretien avec l'auteure, 4 septembre 2023.
3. *Ibid.*
4. *Le Figaro Magazine*, 9 mars 2018.
5. Entretien avec l'auteure, 10 octobre 2023.

Au moment de la sortie du *Grand Appartement* de Pascal Thomas, en 2006, Laetitia Casta ne cache pas ce qu'elle pense de son partenaire lors d'un entretien croisé : « Tu es aussi un enfant, et même un enfant capricieux, et c'est tout ce que j'aime chez toi. On voit ton assurance, mais derrière cette apparence il y a une vulnérabilité, une part de féminité que tu assumes tout à fait, une remise en question, un besoin de renouvellement[1]. »

Le « galopin » s'est-il assagi ? « Il le dit, mais il garde son tempérament de feu, comme l'a noté Emmanuel Macron quand il a fait son discours de remise de médaille[2] », rappelle Lissa Pillu. « Je suis plus calme, j'ai moins de choses à prouver, confie l'intéressé. Je m'angoisse parfois concernant certains objectifs, ceux que je n'ai pas encore atteints, mais j'ai appris à me calmer. Avant, je n'étais pas un homme calme. Bien sûr, ça bout encore en moi, je ne suis pas devenu un mollusque, mais j'ai appris à faire le tri. Je me veux un peu moins de mal qu'il y a trente ans. Surtout, la seule personne à qui j'ai encore besoin démontrer des choses, c'est moi-même[3]. »

*

Arditi évoque les personnalités qui l'ont marqué au cours de sa carrière. « J'ai connu deux rencontres bouleversantes dans ma vie, dit-il. La première, en regardant Arthur Rubinstein jouer du piano à différentes époques de sa vie. À la fin, il ne bougeait plus, toute la musique passait dans ses doigts, il jouait sublimement. La seconde, avec Pierre Dux : je l'avais vu incarner et

1. *VSD*, 22 décembre 2006.
2. Entretien avec l'auteure, 22 avril 2024.
3. Entretien avec l'auteure, 10 octobre 2023.

monter *Le Misanthrope* en costume de ville[1]. Il était bien. Le métier permet de voir grandir et vieillir. » Il a également applaudi *L'Amante anglaise* de Marguerite Duras, mis en scène par Claude Régy, au théâtre du Rond-Point en 1982 : « Il y avait quand même Madeleine Renaud et Michael Lonsdale, mais on ne les reconnaissait plus. Ils jouaient – enfin, lui ne jouait plus du tout, il était enfoncé dans son personnage, sans le moindre affect. Il *était*. J'espère avoir atteint moi aussi cet état de grâce. Il y a tout un tas de scories que j'ai mises de côté dans ma vie et, je l'espère, dans le travail[2]. »

*

Qu'en est-il de son ennemie de toujours, la mort ? « Pendant assez longtemps, dans ma vie, j'étais le plus jeune parmi mon entourage proche, et puis un jour je suis devenu le plus vieux. Mais avec une sorte de sérénité, ou plutôt non : avec moins d'inconscience et moins d'insouciance, puisque je sens bien que le terme n'est plus si loin. Il n'y a pas de sérénité là-dedans[3]. »

Pierre Arditi nargue la camarde à sa façon. Il a songé à écrire un *Dictionnaire amoureux de la vie* pour les éditions Plon. Il veut être enterré avec le portrait de sa mère dessiné par son père : « Il m'appartient[4] », affirme-t-il. Au journaliste de *Terre de vins* qui lui demande ce qu'on boira le jour de ses obsèques, il répond en souriant : « Je préparerai une très belle dégustation. On boira du Petrus, évidemment, tous les grands crus

1. C'était à la Comédie-Française, en mai 1977.
2. Entretien avec l'auteure pour *Le Figaro*, 4 septembre 2015.
3. Entretien avec l'auteure, 4 avril.
4. Entretien avec l'auteure, 15 janvier 2024.

classés de Bordeaux, Haut-Brion, Pavie, Cheval Blanc… On boira de la romanée-conti, on boira du meursault de chez Roulot, les Beaux Bruns de Ghislaine Barthod [chambolle-musigny], du Clos Rougeard… On videra ma cave. On ne sera pas triste. On écoutera les Beatles et Miles Davis, et on dispersera mes cendres – je me ferai incinérer – au-dessus d'un pont de Paris. C'est interdit, mais on le fera en "loucedé"[1]… »

Taraudé par le poème intitulé *L'Horloge* de Baudelaire, où le poète écrit sur ce « joueur avide » qu'est le temps, Pierre Arditi se réfère aussi à un passage d'*À la recherche du temps perdu* de Marcel Proust : « J'ai beaucoup aimé la vie, j'ai beaucoup aimé les arts. Maintenant, tous ces trésors anciens me semblent très précieux. Je m'ouvre à moi-même mon cœur comme une espèce de vitrine, je regarde une à une toutes ces amours que les autres n'auront pas eues et je me dis que ce sera bien embêtant de quitter tout cela. »

1. « Sur le divin », *Terre de vins*, hors-série *La Cité du vin*, 1er juin 2023.

Bibliographie

Frédéric Arditi, *Maman Collapse*, Paris, Hyperbien/L'École d'art, 2024.

Pierre Arditi, *Les Répliques les plus drôles du théâtre*, Paris, Le Cherche midi, 2008.

Pierre Arditi (avec Christophe Casazza), *Le Goût de ma vie*, Paris, Hugo Doc, 2019.

Rachel Arditi, *J'ai tout dans ma tête*, Paris, Flammarion, 2023.

Françoise Canetti et Véronique Mortaigne, *Brassens l'appelait Socrate. Jacques Canetti, révélateur de talents*, Paris, L'Archipel, 2022.

Patrick Ferla, *Conversations avec Marcel Maréchal*, Paris, Pierre-Marcel Favre, 1983.

Florence Giorgetti, *Do you love me ?*, Paris, Sabine Wespiser, 2010.

Florence Moncorgé, *Quitte à avoir un père, autant qu'il s'appelle Gabin*, Paris, Le Cherche midi, 2004.

Agathe Natanson, *Chantons sous les larmes. Lettres à Jean-Pierre Marielle*, Paris, Seuil, 2024.

Jean-Michel Ribes, *Dictionnaire de mes amis recommandables*, Arles, Actes Sud, 2023.

Chronologie

1964 : *Élocoquente* de Georges Limbour, mise en scène de Marcel Maréchal ; *L'Opéra du monde* de Jacques Audiberti, mise en scène de Marcel Maréchal.

1965 : *Marie Tudor*, téléfilm d'Abel Gance, d'après Victor Hugo.

1966 : *Capitaine Bada* de Jean Vauthier, mise en scène de Marcel Maréchal ; *Mille Francs de récompense* de Marcel Maréchal et Bernard Ballet, d'après l'œuvre de Victor Hugo, mise en scène de Marcel Maréchal ; *La 99e minute*, dramatique de François Gir.

1967 : *Cripure* de Louis Guilloux, mise en scène de Marcel Maréchal ; *En votre âme et conscience*, épisode *L'Affaire Jobard* de Jean Bertho ; *La Répétition* de Christian Megret (série « Auteurs d'aujourd'hui »).

1968 : *Ma déchirure, un conte dramatique en seize tableaux* de Jean-Pierre Chabrol, d'après son roman *Je t'aimerai sans vergogne*, mise en scène de Gabriel Garran ; *La Poupée* de Jacques Audiberti, mise en scène de Marcel Maréchal avec Bernard Ballet ; *L'Homme de Picardie*, feuilleton de Jacques Ertaud ; *Rosy la rouge* de Pierre Boursaux ; *Thibaud ou les Croisades*, série de Joseph Drimal.

1969 : *Ombre et soleil* de Jean Le Marois, mise en scène de François Perrot ; *Allô police. L'enquête visible* d'Adonis Kyrou ; *Les Menottes* de Christian-Jaque (série *S.O.S. fréquence 17*).

1970 : *La Femme de craie* et *Amande amère* de Gilles Segal, mise en scène de Gilles Léger ; *Reportage sur un squelette ou Masques et bergamasques* de José Bergamín, téléfilm de Michel Mitrani ; *Madame Filoumé*, pièce d'Eduardo De Filippo, réalisé par Jeannette Hubert ; *Allô police*, série télévisée de Jean Dewever et Pierre Gouta ; *Alyse et Chloé* de René Gainville, d'après le roman de Marie-Louise Villiers ; *Les Aventures de Zadig* de Claude-Jean Bonnardot ; *Un crime pour vingt carats*, épisode d'*Un mystère par jour*, série de Jacques Audoir, Jean-Paul Carrère et Guy Jorre ; *Le Dernier Saut* d'Édouard Luntz, d'après le roman de Bartolomé Bennassar, adaptation d'Antoine Blondin ; *L'Illusion comique* de Pierre Corneille, réalisé pour la télévision par Robert Maurice.

1971 : *Roméo et Juliette* de William Shakespeare, adaptation de Jean Vauthier, mise en scène de Marcel Maréchal ; *La Cerisaie* d'Anton Tchekhov, adaptation d'Elsa Triolet, mise en scène de Pierre Debauche ; *Haggerty, où es-tu ?* de David Mercer, adaptation de Roland Dubillard, mise en scène d'André Barsacq ; *Le Jeu de Robin et Marion*, mise en scène de Georges Peyrou ; *Blaise Pascal*, téléfilm de Roberto Rossellini ; *Albert Einstein*, « enquête imaginaire » de Gérard Chouchan ; *Vacances à Miami* de Gert Hofmann, adaptation française ; *Roger Richard*, téléfilm de Guy Lessertisseur ; *Le Bouton de rose* de François Gir ; *Les Complices* de Jeannette Hubert ; *Les Oiseaux de lune*, d'après Marcel Aymé, réalisé par André Barsacq.

1972 : *Paix à ses cendres* de Louis Rognoni, réalisé par Guy Lessertisseur ; *Les Misérables*, d'après le roman de Victor Hugo, mise en scène de Pierre Debauche.

1973 : *Smoking ou Les Mauvais Sentiments* de Jean-Pierre Bisson, mise en scène de l'auteur ; *Le plus malin s'y laisse prendre* de Jacques Pierre, d'après Alexandre Ostrovski ; *Le Jeune Homme* de Jean Audureau, mise en scène de Pierre Debauche ; *Sarcelles-sur-Mer ou la Passion est impossible entre 4 H.L.M.* de Jean-Pierre Bisson, mise en scène de Jean-François Prévand et Jean-Pierre Bisson ; *L'Étang de la Breure*, feuilleton d'après le roman de Jacqueline Pelletier-Doisy, réalisé par Claude Grimberg ; *Le Noctambule* de Frédéric Christian, réalisé par Philippe Arnal ; *Là-haut, les quatre saisons,* feuilleton écrit et réalisé par Guy Lessertisseur.

1974 : *Hölderlin* de Peter Weiss, mise en scène de Marcel Maréchal avec Bernard Ballet ; reprise de *La Poupée* de Jacques Audiberti, mise en scène de Marcel Maréchal avec Bernard Ballet pour le Festival d'Avignon ; *Les Caprices de Marianne* d'Alfred de Musset, mise en scène de Jean-Pierre Bisson ; *Amoureuse Joséphine*, fiction de Guy Lessertisseur ; *Eugène Sue. Un dandy à la recherche d'une conviction* de Jacques Nahum ; *Le Pain noir*, mini-série de Serge Moati d'après l'œuvre éponyme de Georges-Emmanuel Clancier ; *Léo Burckart et les étudiants* de Gérard de Nerval, adaptation de Gilbert Sigaux, réalisé par Jeannette Hubert.

1975 : *Rosencrantz et Guildenstern sont morts* de Tom Stoppard, traduction de Lisbeth Schaudinn et Éric Delorme, mise en scène de Jean-François Prévand ; *Barbe-Bleue et son fils imberbe*, de Jean-Pierre Bisson, mise en scène de l'auteur ; *La Guerre des demoiselles*, mise en scène de Guy Vassal ; *Les Exilés* de James Joyce, adaptation de Jean-Dominique de La Rochefoucauld, téléfilm de Guy Lessertisseur ; *Marie Tudor* de Claude Dagues.

1976 : *Meurtres sous contrôle* (*God Told Me To*) de Larry Cohen (voix de Richard Lynch).

1977 : *L'Amour violé* de Yannick Bellon ; *Trois Lits pour huit* (*Bedroom Farce*) d'Alan Ayckbourn, adapté par Victor Lanoux, mise en scène de Pierre Mondy ; *La Lettre écarlate* de Marcel Cravenne, adapté du roman de Nathaniel Hawthorne ; *Châteaux en campagne* de Guy Lessertisseur, scénario de Jean Cosmos (série *Les Cinq Dernières Minutes* de Claude Loursais).

1978 : *Caligula* d'Albert Camus, mise en scène d'Éric Nonn ; *La Femme rompue* de Josée Dayan, d'après Simone de Beauvoir ; *Gibier de potence* de Guy Seligmann.

1978-1986 : doublage de Christopher Reeve dans *Superman*.

1979 : *Diderot à corps perdu* de Denis Diderot, mise en scène de Jean-Louis Barrault.

1980 : *Mon oncle d'Amérique* d'Alain Resnais ; *Pile ou face*, scénario de Michel Audiard et Gary Graver, d'après le roman *Suivez le veuf* d'Alfred Harris, réalisé par Robert Enrico ; *Légitime défense* de Paul Andréota, réalisé par Claude Grinberg ; *L'Affaire Brouchaud* de Nat Lilenstein (23e épisode de la série *Messieurs les jurés*) ; *Les Amours des Années folles. Les sœurs Hortensias* de Dominique Giuliani ; *Audience et vernissage* de Václav Havel, traduction Marcel Aymonin, mise en scène de Stéphan Meldegg, réalisé par Édouard Logereau « en différé du théâtre de l'Atelier ».

1981 : *Pa* de Hugh Leonard, mise en scène de Georges Wilson ; *L'Arme au bleu*, téléfilm de Maurice Frydland d'après Jean Yvane ; *Monsieur Vernet*, d'après le roman *L'Écornifleur* de Jules Renard, mise en scène de Robert Manuel ; *Le Traité d'Auteuil* de

Louis Verneuil, mise en scène de Robert Manuel ; *Une sacrée famille* de Georges Beer et Louis Verneuil, mise en scène de Robert Manuel ; *Mademoiselle ma mère* de Georges Beer et Louis Verneuil, mise en scène de Robert Manuel ; *Le Serment d'Heidelberg*, téléfilm d'André Farwagi.

1982 : *Les Strauss, père et fils* d'après un argument de Georges Coulonges, mise en scène de Jean-Louis Barrault au théâtre du Rond-Point ; *Jupiter 81* de Maurice Frydland ; *Les Secrets de la princesse de Cadignan* de Jacques Deray, d'après l'œuvre d'Honoré de Balzac, adapté par Jean-Claude Carrière ; *Nestor Burma, détective de choc* de Jean-Luc Miesch, d'après le roman de Léo Malet *M'as-tu vu en cadavre ?*

1982 : *L'Épingle noire*, série créée par Dominique de Saint-Alban d'après son roman éponyme, réalisée par Maurice Frydland.

1983 : *Les Exilés* de James Joyce, mise en scène d'Andreas Voutsinas au théâtre du Rond-Point ; *La Vie est un roman* d'Alain Resnais ; *Jusqu'à la nuit* de Didier Martiny ; *Le Secret de Monsieur L.*, téléfilm de Pierre Zucca ; *Jane*, téléfilm de Claudine Guilmain, scénario de Maria Pacôme.

1984 : *L'Amour à mort* d'Alain Resnais, scénario de Jean Gruault ; *Les Enfants* de Marguerite Duras ; *Femmes de personne* de Christopher Frank ; *Pauline ou l'écume de la mer (emmenez-moi au théâtre)* de Gabriel Arout, réalisation Patrick Bureau.

1985 : *Tailleur pour dames* de Georges Feydeau, avec la collaboration artistique de Jean Poiret, mise en scène de Bernard Murat ; *Strictement personnel* de Pierre Jolivet ; *Adieu Blaireau* de Bob Decout ; *Une vie comme je veux*, série de Jean-Jacques Goron ; *Jusqu'à la nuit* de Didier Martiny, d'après un scénario de Yasmina Reza ; *L'Homme de pouvoir*, téléfilm de

Maurice Frydland ; *Le Fou de guerre* de Dino Risi (doublage).

1986 : *Mélo* d'Alain Resnais (César du meilleur acteur dans un second rôle) ; *Un métier de seigneur* d'Édouard Molinaro ; *L'État de grâce* de Jacques Rouffio ; *Suivez mon regard* de Jean Curtelin ; *La Répétition ou l'Amour puni* de Jean Anouilh, mise en scène de Bernard Murat (Molière du meilleur second rôle masculin) ; *Le Deuil des roses* d'André Pieyre de Mandiargues, mise en scène de Jean-Pierre Grandval ; *Triple sec*, court-métrage d'Yves Thomas.

1987 : *Le Parfait Amour*, téléfilm de Jean-Pierre Marchand (Sept d'or du meilleur comédien) ; *De guerre lasse* de Robert Enrico, d'après Françoise Sagan, scénario de Jean Aurenche et Didier Decoin ; *Agent trouble* de Jean-Pierre Mocky, d'après Malcolm Bosse ; *La Petite Allumeuse* de Danielle Dubroux ; *Flag* de Jacques Santi ; *Patte de velours*, téléfilm de Nelly Kaplan ; *L'Éloignement* de Loleh Bellon, mise en scène de Bernard Murat ; *Un homme amoureux* de Diane Kurys (doublage).

1988 : *La Vraie Vie* de Tom Stoppard, adaptation de Jean-Claude Carrière, mise en scène d'Andreas Voutsinas ; *Bonjour l'angoisse* de Pierre Tchernia ; *La Passerelle* de Jean-Claude Sussfeld ; *Poker* de Catherine Corsini ; *Dom Juan* de Molière, mise en scène de Marcel Maréchal au théâtre de la Criée.

1989 : *Vanille fraise* de Gérard Oury ; *Radio Corbeau, plus pourri, t'es sourd* d'Yves Boisset, assisté de Frédéric Noiret et Catherine Puertas ; *Natalia* de Bernard Cohn ; *Les Grandes Familles*, série d'Édouard Molinaro d'après l'œuvre de Maurice Druon ; *Condorcet* de Michel Soutter.

1990 : *L'Idée fixe* de Paul Valéry, adaptation de Pierre Franck et Pierre Fresnay, mise en scène de Bernard Murat ;

Largo desolato, traduction et adaptation de la pièce de Václav Havel ; *Stéphan Meldegg*, téléfilm d'Agnieszka Holland ; *Maître Puntila et son valet Matti*, texte de Bertolt Brech, mise en scène de Marcel Maréchal ; *Les gens ne sont pas forcément ignobles*, téléfilm de Bernard Murat.

1991 : *Plaisir d'amour*, téléfilm de Nelly Kaplan ; *L'Ombre* de Claude Goretta ; *Les Clefs du paradis* de Philippe de Broca.

1992 : *Oh, pardon tu dormais*, téléfilm de Jane Birkin.

1993 : *La Petite Apocalypse* de Costa Gavras, d'après l'œuvre de Tadeusz Konwicki ; *Smoking / No Smoking* d'Alain Resnais (César du meilleur acteur) ; *L'Aide-mémoire* de Jean-Claude Carrière, mise en scène de Bernard Murat.

1994 : *Art* de Yasmina Reza, mise en scène de Patrice Kerbrat ; *L'Affaire Dreyfus*, téléfilm d'Yves Boisset ; *Le Raisin d'or*, téléfilm de Joël Séria.

1995 : *Le Hussard sur le toit*, adapté du roman éponyme de Jean Giono par Jean-Paul Rappeneau ; *J'ai deux amours*, téléfilm de Caroline Huppert ; *L'Enfant de Cuba*, téléfilm de Franck Apprederis ; *L'Enfant de Soweto*, téléfilm de Franck Apprederis ; *Une femme dans mon cœur*, téléfilm de Gérard Marx ; *Chronique de l'Afrique sauvage*, série documentaire de Frédéric Lepage, réalisée par Laurent Frapat (voix).

1996 : *Les Caprices d'un fleuve* de Bernard Giraudeau ; *Hommes, femmes, mode d'emploi* de Claude Lelouch ; *La Peau du chat*, téléfilm de Jacques Otmezguine ; *En attendant Godot* de Samuel Beckett, mise en scène de Patrice Kerbrat ; *Faisons un rêve* de Sacha Guitry, captation de Jean-Michel Ribes ; *Une clinique au soleil*, téléfilm de Josée Dayan d'après le roman de Heinz G. Konsalik ; *Le Parfum de Jeannette*, téléfilm de Jean-Daniel Verhaeghe d'après un scénario de Françoise Dorner, adaptation Jean-Claude Carrière.

1997 : *Le Mari, la Femme et l'Amant* de Sacha Guitry, mise en scène de Bernard Murat ; *On connaît la chanson* d'Alain Resnais ; *Messieurs les enfants* de Pierre Boutron et Carole Golzio ; *L'Enfant d'Israël*, téléfilm de Franck Apprederis ; *L'Amour dans le désordre*, téléfilm d'Élisabeth Rappeneau ; *Le Prix de l'espoir*, téléfilm de Jean Yanne ; *Quand le chat sourit*, documentaire de Sabine Azéma.

1997-2000 : *Un et un font six*, série de Franck Apprederis.

1998 : *Hasards ou coïncidences* de Claude Lelouch ; *Que la lumière soit !* d'Arthur Joffé (voix de Dieu) ; *Un amour de cousine* de Pierre Joassin ; *Le Comte de Monte-Cristo* d'Alexandre Dumas, mini-série de Josée Dayan ; *Week-end*, téléfilm d'Arnaud Selignac ; *Rêver peut-être* de Jean-Claude Grumberg, mise en scène de Jean-Michel Ribes ; *Chroniques de l'Afrique sauvage* (2 CD-rom, Montparnasse éditions).

1999 : *L'Enfant de La Nouvelle-Orléans* de Franck Apprederis ; *Être père, c'est l'enfer* de Franck Apprederis ; *Un chat dans la gorge* de Jacques Otmezguine, adaptation par Jean-Claude Grumberg de *La nuit tous les chats sont gris* ; *Le Château des singes* de Jean-François Laguioni (voix du roi).

2000 : *Les Acteurs* de Bertrand Blier ; *Le Dernier Plan* de Benoît Peeters ; *Joyeuses Pâques* de Jean Poiret, mise en scène de Bernard Murat ; *La Fausse Suivante* de Benoît Jacquot ; *Chacun chez soi*, téléfilm d'Élisabeth Rappeneau ; *Les Enfants du printemps*, téléfilm de Marco Pico ; *On n'est pas là pour s'aimer*, téléfilm de Daniel Janneau ; *Paroles* de Jacques Prévert, mise en scène de Robert Fortune (voix).

2001 : *L'École des femmes* de Molière, mise en scène de Didier Bezace ; *L'Île bleue*, téléfilm de Nadine Trintignant ;

Un couple modèle, téléfilm de Charlotte Brändström ; *Jalousie*, téléfilm de Marco Pauly ; *Les Trois Musées. Le Centre Pompidou, le Grand Louvre, le musée d'Orsay* (Prestige Emme), *Le Grand Louvre, Le Musée d'Orsay* (Emme).

2001-2012 : *Sauveur Giordano*, série.

2002 : *Une Ferrari pour deux*, téléfilm de Charlotte Brändström ; *Patron sur mesure*, téléfilm de Stéphane Clavier ; lecture de textes d'Aragon pour Lire en fête (19 octobre, Maison Elsa-Triolet-Aragon, Moulin de Villeneuve, Saint-Arnoult-en-Yvelines).

2003 : *Pas sur la bouche* d'Alain Resnais, d'après le livret original d'André Barde ; *Le Mystère de la chambre jaune* de Bruno Podalydès, d'après le roman de Gaston Leroux ; *Les Clefs de bagnole* de Laurent Baffie ; *Mon père, inventaire* suivi de *Une leçon de savoir-vivre*, lecture de textes de Jean-Claude Grumberg ; *Mathilde* de Véronique Olmi, mise en scène de Didier Long ; *Une villa pour deux*, téléfilm de Charlotte Brändström.

2004 : *Lune de miel* de Noël Coward, adaptation d'Éric-Emmanuel Schmitt, mise en scène de Bernard Murat ; *Victoire* de Stéphanie Murat ; *La Première Fois que j'ai eu 20 ans* de Lorraine Lévy ; *Pourquoi (pas) le Brésil ?* de Lætitia Masson, d'après le roman de Christine Angot ; *Du côté de chez Marcel*, téléfilm de Dominique Ladoge (Prix du public au Festival de Monte-Carlo) ; *L'Insaisissable*, téléfilm d'Élisabeth Rappeneau ; *Tout va bien, c'est Noël*, téléfilm de Laurent Dusseaux ; *Julie, chevalier de Maupin*, téléfilm de Charlotte Brandström.

2005 : *L'un reste, l'autre part* de Claude Berri ; *Le Courage d'aimer* de Claude Lelouch ; *Le Parfum de la dame en noir* de Bruno Podalydès ; *La Séparation*, documentaire fiction de Bruno Fulugini, réalisé par François

Hanss ; *Le Grand Louvre, Les Trois Musées, Le musée d'Orsay* (DVD-rom + DVD vidéo + CD audio, Emme).

2006 : *La Danse de l'albatros* de Gérald Sibleyras, mise en scène de Patrice Kerbrat ; *Cœurs* d'Alain Resnais, scénario de Jean-Michel Ribes d'après la pièce *Petites peurs partagées* d'Alan Ayckbourn ; *Coup de sang* de Jean Marbœuf ; *Le Grand Appartement* de Pascal Thomas ; *Aller-retour dans la journée*, téléfilm de Pierre Sisser ; préface de *Le Mans, le guide* (Éditions du Patrimoine CMN).

2007 : *L'Idée fixe* de Paul Valéry, adaptation de Pierre Franck et Pierre Fresnay, mise en scène de Bernard Murat ; *Batailles* de Jean-Michel Ribes et Roland Topor, mise en scène de Jean-Michel Ribes ; *Les Liens du sang*, téléfilm de Régis Musset ; *Nos amis les Terriens* de Bernard Werber (voix off) ; *Faisons un rêve* de Sacha Guitry, mise en scène de Bernard Murat (en direct pour la télévision).

2008 : *Elle est là* de Nathalie Sarraute, mise en scène de Didier Bezace ; *Je vais te manquer* d'Amanda Sthers ; *Musée haut, musée bas* de Jean-Michel Ribes ; *Le Grand Alibi*, scénario de Pascal Bonitzer et Jérôme Beaujour d'après le roman d'Agatha Christie ; *Le Vallon*, de Pascal Bonitzer ; *Tu peux garder un secret* d'Alexandre Arcady, d'après un scénario d'Isabelle Alexis ; *Contes et nouvelles du* XIXe *: Le Petit Vieux des Batignolles*, téléfilm de Claude Chabrol d'après le livre d'Émile de Gaboriau ; *Tailleur pour dames* de Feydeau, réécriture de Jean Poiret, retransmis en direct sur France 2 ; *Kung Fu Panda* de Mark Osborne et John Stevenson (doublage) ; *Ma mère de Georges Bataille* (livre CD, Éditions des Femmes Antoinette Fouque), *La Rêveuse d'Ostande* d'Éric-Emmanuel Schmitt (livre CD, Audiolib).

2009 : *Sentiments provisoires* de Gérald Aubet, mise en scène de Bernard Murat ; *Le code a changé* de Danièle Thompson ; *Bambou* de Didier Bourdon ; *Bancs publics (Versailles rive droite)* de Bruno Podalydès ; *De Gaulle, l'autre guerre*, téléfilm de Serge Moati ; *Les Méchantes*, téléfilm de Philippe Monnier ; *Dernière lettre à Théo* de Metin Arditi (livre CD, Actes Sud).

2010 : *Streamfield, les carnets noirs* de Jean-Luc Miesch ; *Vivace*, téléfilm de Pierre Boutron ; *Roses à crédit* d'Amos Gitaï, d'après Elsa Triolet ; *Les Fausses Confidences* de Marivaux, mise en scène de Didier Bezace ; *Le Grand Restaurant*, émission de Pierre Palmade.

2010-2017 : *Le Sang de la vigne*, série France 3 ; *Ensemble, c'est trop* de Léa Fazer ; *Je ne vous oublierai jamais* de Pascal Kané.

2011 : *La Vérité* de Florian Zeller, mise en scène de Patrice Kerbrat ; *Late Bloomers* de Julie Gavras ; reprise d'*Art* de Yasmina Reza.

2012 : *Comme s'il en pleuvait* de Sébastien Thiéry, mise en scène de Bernard Murat ; *Moi, je crois pas* de Jean-Claude Grumberg, mise en scène de Bernard Murat ; *La Fleur de l'âge* de Nick Quinn ; *Adieu Berthe. L'enterrement de Mémé*, de Bruno Podalydès ; *Vous n'avez encore rien vu* d'Alain Resnais.

2013 : *Grande Nuit Léo Ferré*, mise en scène de Richard Martin ; *Je vais passer pour un vieux con* de Philippe Delerm (livre CD, Audiolib).

2014 : *Le Mensonge* de Florian Zeller, mise en scène de Bernard Murat ; *Comme un avion* de Bruno Podalydès ; *Coup de cœur*, téléfilm de Dominique Ladoge ; *La Danse de l'albatros*, téléfilm de Nathan Miller ; *Le Roman de l'euro*, documentaire de David Pujadas, Daniel Cohen, Bernard Faroux et Ted Anspach (commentaires) ; *Œdipus Rex* d'Igor Stravinski par l'Orchestre national de France (narration).

2015 : *L'être ou pas* de Jean-Claude Grumberg, mise en scène de Charles Tordjman ; *Contes russes* (CD, Frémeaux et associés) ; *Les Misérables, le musical*, mise en scène de Mohamed Bouregat (voix off de Victor Hugo).

2016 : *Capitaine Marleau*, épisode *En trompe-l'œil*, série de Josée Dayan ; *Les Mots que j'aime* (Points).

2017 : *Le Cas Sneijder* de Jean-Paul Dubois, mise en scène de Didier Bezace ; *Monsieur & madame Adelman* de Nicolas Bedos.

2018 : *Tartuffe* de Molière, mise en scène de Peter Stein ; *Quelque part dans cette vie* d'Israel Horovitz, mise en scène de Bernard Murat, traduction de Jean-Loup Dabadie ; *Quelque chose a changé*, téléfilm de Jacques Santamaria ; *Arditi lit ce qu'il aime*, préface au livre *Les Deux Magots* (Le Cherche midi).

2019 : *Compromis* de Philippe Claudel, mise en scène de Bernard Murat ; *La Belle Époque* de Nicolas Bedos ; *Les Estivants* de Valeria Bruni-Tedeschi ; *Meurtres à Colmar*, téléfilm de Klaus Biedermann ; *Quand sort la recluse*, téléfilm de Josée Dayan adapté du roman de Fred Vargas ; *Les Éveilleurs de mots* de Pascal Bruckner (livre CD, Glénat Jeunesse) ; *La Plus Précieuse des marchandises* de Jean-Claude Grumberg (livre audio, Lizzie).

2020 : *I Love your Coiffure*, téléfilm de Muriel Robin ; *Le Neveu de Rameau* de Denis Diderot, mise en scène de Didier Bezace.

2021 : *Les Choses humaines* d'Yvan Attal, adaptation du roman de Karine Tuil ; *Le Trésor du petit Nicolas* de Julien Rappeneau ; *Ils s'aiment… enfin presque !*, téléfilm de Hervé Brami ; *Mémoire trouble*, téléfilm de Denis Malleval ; *Le Grand Restaurant*, émission de Pierre Palmade.

2021-2022 : *Fallait pas le dire !* de Salomé Lelouch, mise en scène de l'autrice.

2022 : *Maestro* de Bruno Chiche ; *Adieu Paris* d'Édouard Baer ; *Ce que Pauline ne vous dit pas*, mini-série de Rodolphe Tissot ; *Le Grand Restaurant*, émission de Pierre Palmade ; préface de *Vivre ses rêves afin de rêver sa vie*, de Stéphane Manigold (Le Cherche midi).

2023 : *Le Premier Venu*, téléfilm de Michel Leclerc ; *Alphonse*, série de Nicolas Bedos (Prime Video) ; *Clemenceau, la force d'aimer*, téléfilm de Lorraine Lévy ; *Lapin*, de Samuel Benchetrit, mise en scène de l'auteur ; *Killers of The Flower Moon* de Martin Scorsese (doublage de Robert De Niro).

2024 : *Le Voyage en pyjama* de Pascal Thomas ; *Je lis ce que j'aime. La Pépinière de Pierre Arditi* (lectures).

2025 : *Le Prix* de Cyril Gely ; *Je me souviendrai de presque tout* (titre provisoire) d'Alexis Macquart ; *Maudits*, téléfilm de Chloé Micout.

2025-2026 : *Monsieur Pierre* de Jérôme Enrico.

Remerciements

En premier lieu, je tiens à remercier Pierre Arditi qui m'a fait patienter trois ans avant de me dire « oui » ! Mais aussi Catherine Arditi, qui m'a reçue et a toujours répondu rapidement à mes questions et à mes e-mails, Frédéric Arditi, bienveillant et généreux, Rachel Arditi, dont l'écoute attentive m'a encouragée et qui m'a transmis une partie de la correspondance de Georges Arditi, Salomé Lelouch et Évelyne Bouix pour leur franchise, Danièle Arditi pour son aval, Isabelle de La Patellière, Fabienne Simon (fidèle), Pascal Petitpez et Pascal Violleau (le roi de la Toile).

Sans oublier d'autres personnes dont le soutien m'a été essentiel : à commencer par Thierry Billard, Julie Ackerer et Isaure Auzou pour leur précieuse relecture. Puis, Sabine Azéma (« Je suis bavarde ! »), Béatrice Agenin (réactive), François Berléand, Dominique Blanc, Viviane Blassel (classe), Élizabeth Bourgine, Nicolas Briançon, Évelyne Buyle, Isabelle Candelier, Émilie Caen, Sophie Charnavel, Ludivine de Chastenet, Pierre Cordier, André Dussollier, Brigitte Fossey, Nicole Garcia, Catherine Hiegel, Pierre Colin-Thibert, Évelyne Dandry, Hélène Ducharne, Jean-Pierre Guérin, Jean-Claude Grumberg,

Nicole Herbaut de Lamothe, Jean-Claude Islert, Lissa Pillu, Patrice Kerbrat, Isabelle Kindinis Abriol, Chloé Lambert, Claude Lelouch, Lorraine Lévy, Macha Méril, Christine Miller, Serge Moati, Jean-Luc Moreau, Bernard Murat, Agathe Natanson, Tristan Petitgirard, Bruno Podalydès, Michelle Podroznik, Jean-François Prévand, Jean Robert-Charrier, Daniel Russo, Gérald Sibleyras, Caroline Sihol, Nicole Sonneville, Josiane Stoléru, Sébastien Thiery, Pascal Thomas (« Ah, je vous avais oubliée ! »), Michel Vuillermoz et Florian Zeller.

Table des matières

Ce livre existe grâce au travail de toute une équipe.

Communication : Caroline Babulle, Solveig de Plunkett, Victoire Brulon, Inès Paulin, Adélaïde Yvert.

Coordination administrative : Martine Rivierre.

Studio : Pascaline Bressan, Barbara Cassouto-Lhenry, Joël Renaudat.

Fabrication : Muriel Le Ménez, Céline Ducournau, Bernadette Cristini, Sophia Paroussoglou, Isabelle Goulhot.

Commercial, relation libraires et marketing : Catherine Lauprêtre, Naïma Ruan, Anne-Laure Heugel, Élise Iwasinta, Armand Jamme, Julie Audouard, Joséphine Saint-Paul, Aurélie Scart.

Cessions de droits : Elisabeth Stempak, Benita Edzard, Lucile Besse, Sonia Guerreiro, Costanza Corri.

Gestion : Sophie Veisseyre, Isabelle Déxès.

Services auteurs : Viviane Ouadenni, Jean-François Rechtman, Catherine Reimbold, Anita Sevenant.

Ainsi qu'à toutes les équipes d'Interforum et d'Editis qui participent à la création, la diffusion et la distribution de ce livre.

Canoros Vehit Canentes

Imprimé en France par
CPI Brodard & Taupin
en octobre 2024

Composition réalisée par Facompo Lisieux

#lisez! engagé
www.lisez.com
Pour plus d'information :
Imprimé sur du papier issu de forêts gérées durablement.

N° d'édition : 67766/01 – N° d'impression : 3058483